国家社会科学基金（教育学）重大项目（VDA200004）阶段性研究成果
北京外国语大学"双一流"建设标志性项目（BW202018）阶段性研究成果

"一带一路"国家文化教育大系　　　　总主编　王定华

阿尔巴尼亚
文化教育研究

Republika e Shqipërisë
Kultura dhe Arsimi

陈逢华　靳乔　著

外语教学与研究出版社
FOREIGN LANGUAGE TEACHING AND RESEARCH PRESS
北京 BEIJING

图书在版编目 (CIP) 数据

阿尔巴尼亚文化教育研究 / 陈逢华，靳乔著. -- 北京：外语教学与研究出版社，2021.4
("一带一路"国家文化教育大系 / 王定华总主编)
ISBN 978-7-5213-2622-2

Ⅰ. ①阿… Ⅱ. ①陈… ②靳… Ⅲ. ①教育研究-阿尔巴尼亚 Ⅳ. ①G554.1

中国版本图书馆 CIP 数据核字 (2021) 第 090594 号

出 版 人　徐建忠
项目负责　孙凤兰　巢小倩
责任编辑　巢小倩
责任校对　赵　雪
装帧设计　李　高
出版发行　外语教学与研究出版社
社　　址　北京市西三环北路 19 号（100089）
网　　址　http://www.fltrp.com
印　　刷　北京盛通印刷股份有限公司
开　　本　787×1092　1/16
印　　张　21
版　　次　2021 年 5 月第 1 版　2021 年 5 月第 1 次印刷
书　　号　ISBN 978-7-5213-2622-2
定　　价　150.00 元

购书咨询：(010) 88819926　电子邮箱：club@fltrp.com
外研书店：https://waiyants.tmall.com
凡印刷、装订质量问题，请联系我社印制部
联系电话：(010) 61207896　电子邮箱：zhijian@fltrp.com
凡侵权、盗版书籍线索，请联系我社法律事务部
举报电话：(010) 88817519　电子邮箱：banquan@fltrp.com
物料号：326220001

"一带一路"国家文化教育大系编写委员会

顾　问： 顾明远　　马克垚　　胡文仲

总主编： 王定华

委　员（按姓氏音序排列）：

常福良	戴桂菊	郭小凌	金利民	柯　静	李洪峰
刘宝存	刘　捷	刘生全	刘欣路	钱乘旦	秦惠民
苏莹莹	陶家俊	王　芳	谢维和	徐　辉	徐建中
杨慧林	张民选	赵　刚			

"一带一路"国家文化教育大系编审委员会

主　任： 王　芳

副主任： 徐建中　　刘　捷

秘书长： 孙凤兰

委　员（按姓氏音序排列）：

蔡　喆	柴方圆	巢小倩	陈秋实	刘相东	刘真福
马庆洲	彭立帆	石筠弢	孙　慧	万作芳	杨鲁新
姚希瑞	苑大勇	张小玉	赵　雪		

从首都地拉那远眺达伊特山

萨兰达蓝眼睛泉夏景

发罗拉海湾

地拉那大湖公园

民族英雄乔治·卡斯特里奥蒂·斯坎德培（1405—1468）雕像

俯览吉诺卡斯特城

千窗之城培拉特

地拉那斯坎德培广场一角

夏节巴洛库慕甜饼

阿尔巴尼亚作家伊斯玛依尔·卡达莱

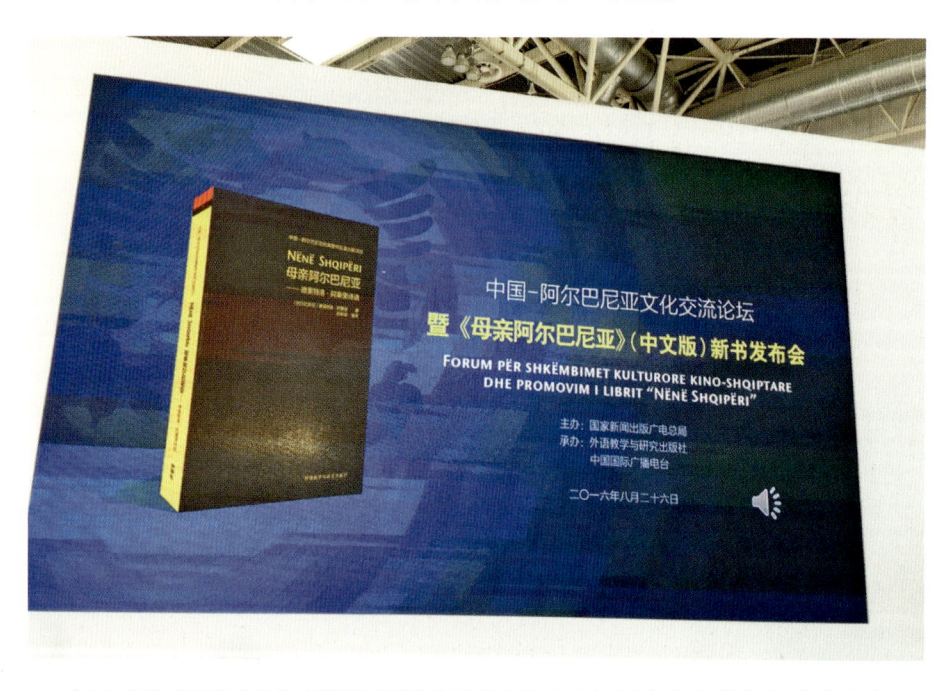

中国-阿尔巴尼亚文化交流论坛暨《母亲阿尔巴尼亚》(中文版)新书发布会

阿尔巴尼亚独立之父伊斯玛依尔·捷玛利（1844—1919）雕像

地拉那理工大学教学楼

地拉那大学孔子学院

阿尔巴尼亚总统伊利尔·梅塔（右五）会见北京外国语大学代表团（2019年）

北京外国语大学党委书记王定华（左）拜会阿尔巴尼亚议长格拉莫兹·鲁奇（2019年）

北京外国语学院阿尔巴尼亚语专业第一届师生北海课外活动留影（1962年）

北京外国语大学阿尔巴尼亚语专业师生参加阿尔巴尼亚开放与对话中心网络研讨会（2021年）

出版说明

2013年9月7日，国家主席习近平提出共建"丝绸之路经济带"重大倡议。2013年10月3日，习近平主席提出共建"21世纪海上丝绸之路"重大倡议。两者合称"一带一路"倡议。以2013年金秋为起点，"一带一路"倡议作为构建人类命运共同体的伟大设想，在开拓和平、繁荣、开放、绿色、创新、文明之路的非凡征程中，孕育生机和活力，汇聚信心和期待，在世界范围内广受欢迎和响应。

文化交流、文明互鉴是构建人类命运共同体的人文基础。文化发展，教育先行。作为"共和国外交官的摇篮"、文化教育的主动践行者、"一带一路"倡议的踊跃响应者和构建人类命运共同体的积极参与者，北京外国语大学在党委书记王定华教授的带领下，放眼世界，找准坐标，勇于担当，主动作为，深耕文化教育相关领域，研究、策划并组织编写了"一带一路"国家文化教育大系（以下简称大系）。国内相关高校和研究机构的众多专家学者献计献策，踊跃参加，形成了一个范围广泛、交流互动、共同进步的"一带一路"国家文化教育学术研究共同体。大系旨在填补国内相关研究领域的学术空白，实现"一带一路"国家教育研究全覆盖，为中国教育"走出去"和相关国家先进教育理念"请进来"提供科学理论和实践指导，具有重要的学术价值。同时，大系服务国家重大战略，通过分期分批出版，形成规模和品牌，向中国共产党建党一百周年和"一带一路"倡议提出十周年献礼，具有深远的意义。

作为国家社会科学基金（教育学）重大项目"新时代提升中国参与全球教育治理的能力及策略研究"、北京外国语大学"双一流"建设标志性项目"'一带一路'国家文化教育研究"的课题研究成果和北京外国语大学党委的"奋进之举"，大系秉承学术性与可读性兼顾的原则，对"一带一路"国家文化教育理论与实践问题展开深入研究，从国情概览、文化传统、教育历史、学前教育、基础教育、高等教育、职业教育、成人教育、教师教育、教育政策、教育行政、教育交流等方面，全景擘画"一带一路"国家的教育风貌，帮助读者了解"一带一路"国家教育的历史与现状、经验与特点，为我国教育的发展和对外交流合作提供有益的借鉴、思考与启迪。

肆虐全球的新冠肺炎疫情严重影响了各国人民的生产生活，带来了二战以来人类面临的最严重的全球性危机，同时也再次阐述了人类命运共同体深刻内涵的世界性意义。在疫情防控常态化背景下，大系所有专家学者不畏困难，齐心协力，直面挑战，守望相助，化危为机，切实履行了响应和支持"一带一路"倡议的承诺。在此，特别感谢大系总策划、总主编王定华教授，以及所有顾问、编委和作者的心血倾注、智慧贡献和努力付出。

外语教学与研究出版社对大系的编写和出版工作给予了高度重视。自2019年项目启动以来，外研社抽调精锐力量成立大系工作组，多次组织相关部门和人员召开选题论证会，商建编委会，召开全体作者大会，制订周密、科学的出版计划，以保证项目的顺利开展和图书的优质出版。目前，大系的出版工作已取得阶段性成果，预计在2023年"一带一路"倡议提出十周年之前，将分期分批推出数量和规模可观的、具有相当科研价值和学术价值的系列专著。期望大系的编写和出版能为"一带一路"建设、中外教育交流及我国文化教育发展发挥基础性、服务性、广远性的作用。

外语教学与研究出版社

2021年4月

总　序

王定华

改革开放以来，中国各项事业取得了巨大成就。中国经济和世界经济高度关联，中国一以贯之地坚持对外开放的基本国策，构建全方位开放新格局，深度融入世界经济体系。2013年9月和10月，习近平主席在出访中亚和东南亚国家期间，先后提出共建"丝绸之路经济带"和"21世纪海上丝绸之路"的重大倡议（以下简称"一带一路"倡议），得到国际社会的高度关注。其中，"丝绸之路经济带"东边牵着亚太经济圈，西边系着发达的欧洲经济圈，是世界上最长、最具发展潜力的经济大走廊；"21世纪海上丝绸之路"串起连通东盟、南亚、西亚、北非、欧洲等各大经济板块的市场链，发展面向南海、太平洋和印度洋的战略合作经济带，以亚欧非经济贸易一体化为发展的长期目标。

一、精准把握"一带一路"倡议的时代意蕴

"经济带"概念是对地区经济合作模式的创新。其中经济走廊涵盖中蒙

俄经济走廊、新亚欧大陆桥、中国-中亚-西亚经济走廊、孟中印缅经济走廊、中国-中南半岛经济走廊等，以经济增长极辐射周边，超越了传统发展经济学理论。"丝绸之路经济带"概念不同于历史上所出现的各类"经济区"与"经济联盟"，同后两者相比，经济带具有灵活性高、适用性广以及可操作性强的特点，各国都是平等的参与者，本着自愿参与、协同推进的原则，发扬古丝绸之路兼容并包的精神。

"一带一路"倡议是我国在新时代推进全方位对外开放的重要举措，为当今世界提供了一个充满东方智慧、实现共同发展的中国方案，也是对历史文化传统的高度尊重，凝聚了世界各国利益的最大公约数。丝绸之路是起始于古代中国，连接亚洲、非洲和欧洲的古代陆上商业贸易路线，最初的作用是运输古代中国出产的丝绸、瓷器等商品，后来成为东方与西方之间在经济、政治、文化等方面进行交流的主要通道。1877年，德国地质、地理学家李希霍芬（F. P. W. Richthofen）在其著作《中国》一书中，把公元前114年至公元127年，中国与中亚、中国与印度间以丝绸贸易为媒介的这条西域交通道路命名为"丝绸之路"，这一名词很快为学术界和大众所接受，并正式运用。其后，德国历史学家赫尔曼（A. Herrmann）在20世纪初出版的《中国与叙利亚之间的古代丝绸之路》一书中，根据新发现的文物考古资料，进一步把丝绸之路延伸到地中海西岸和小亚细亚，并确定了丝绸之路的基本内涵，即它是中国古代与中亚、南亚、西亚以及欧洲、北非的陆上贸易交往通道。进入21世纪，海上丝绸之路也被纳入丝绸之路的涵盖范围，即从中国沿海港口过南海到印度洋并延伸至欧洲，从中国沿海港口过南海到南太平洋。随着时代的发展，"丝绸之路"成为古代中国与西方所有政治经济文化往来通道的统称。

推进"一带一路"建设既是中国扩大和深化对外开放的需要，也是加强和世界各国互利合作的需要，中国愿意承担更多责任和义务，为人类和平发展做出更大的贡献。文明交流互鉴是构建人类命运共同体的重要途径，是推动人类文明共同进步、实现世界和平发展的重要动力。共建"一带一路"要顺应世界多极化、经济全球化、文化多样化、社会信息化的潮流，秉持开放的区域合作精神，致力于推动"一带一路"各国实现经济政策协调，开展更大范围、更高水平、更深层次的区域合作，共同打造开放、包容、均衡、普惠的区域经济合作架构，维护全球自由贸易体系和开放型世界经济格局。

"一带一路"贯穿亚欧非大陆，一头是活跃的东亚经济圈，一头是发达的欧洲经济圈，中间广大腹地国家经济发展潜力巨大。根据"一带一路"走向，陆上依托国际大通道，以中心城市为支撑，以重点经贸产业园区为合作平台，共同打造新亚欧大陆桥以及中蒙俄、中国-中亚-西亚、中国-中南半岛等国际经济合作走廊；海上以重点港口为基点，共同建设通畅安全高效的运输大通道。

"一带一路"建设是有关国家开放合作的宏大经济愿景，需要各国携手努力，朝着互利互惠、共同安全的目标相向而行：努力实现区域基础设施更加完善，安全高效的陆海空通道网络基本形成，互联互通达到新水平；投资贸易便利化水平进一步提升，高标准自由贸易区网络基本形成，经济联系更加紧密，政治互信更加深入；人文交流更加广泛深入，不同文明互鉴共荣，各国人民相知相交、和平友好。

"一带一路"倡议是具有开放性和包容性的友好建议。当今世界是一个开放的世界，开放带来进步，封闭导致落后。中国认为，只有开放才能发现机遇、抓住并用好机遇、主动创造机遇，才能实现国家的奋斗目标。"一带一路"倡议就是要把世界的机遇转变为中国的机遇，把中国的机遇转变为世界的机遇。正是基于这种认知与愿景，"一带一路"倡议以开放为导向，冀望通过加强交通、能源和网络等基础设施的互联互通建设，促进经济要素有序自由流动、资源高效配置和市场深度融合，开展更大范围、更高水平、更深层次的区域合作，打造开放、包容、均衡、普惠的区域经济合作架构，以此来解决经济增长和平衡问题。"一带一路"倡议的开放包容性是区别于其他区域性经济倡议的一个突出特点。

"一带一路"倡议是超越地缘政治的务实合作的广阔平台。"和平合作、开放包容、互学互鉴、互利共赢"的丝路精神是人类共有的历史财富，"一带一路"倡议就是秉承这一精神与原则提出的新时代重要倡议，通过加强相关国家间的全方位多层面交流合作，充分发掘与发挥各国的发展潜力与比较优势，形成互利共赢的区域利益共同体、命运共同体和责任共同体。在这一机制中，各国是平等的参与者、贡献者、受益者。因此，"一带一路"倡议从一开始就具有平等性、和平性特征。平等是中国坚持的重要国际准则，也是"一带一路"建设的关键基础。只有建立在平等基础上的合作才能是持久的合作，也才会是互利的合作。"一带一路"倡议平等包容的合作特征为其推进减轻了阻力，提升了共建效率，有助于国际合作真正"落地生根"。同时，"一带一路"建设离不开和平安宁的国际环境和地区环境，和平是"一带一路"建设的本质属性，也是保障其顺利推进所不可或缺的重要因素。这些就决定了"一带一路"倡议不应该也不可能沦为大国政治较量的工具，更不会重复地缘博弈的老路。

"一带一路"倡议是政府、企业、团体共同发力的项目载体。"一带一路"建设是在双边或多边联动基础上通过具体项目加以推进的，是在进行充分政策沟通、战略对接以及市场运作后形成的发展倡议与规划。2017年5月发布的《"一带一路"国际合作高峰论坛圆桌峰会联合公报》强调了建设"一带一路"的合作原则，其中就包括市场运作原则，即充分认识市场作用和企业主体地位，确保政府发挥适当作用，政府采购程序应开放、透明、非歧视。可见，"一带一路"建设的核心主体与支撑力量并不是政府，而是企业，根本方法是遵循市场规律，并通过市场化运作模式来实现参与各方的利益诉求，政府在其中发挥构建平台、创立机制、政策引导等指向性、服务性功能。

"一带一路"倡议是与现有相关机制对接互补的有益渠道。参与"一带一路"建设的国家要素禀赋各异,比较优势差异明显,互补性很强。有的国家能源资源富集但开发力度不够,有的国家劳动力充裕但就业岗位不足,有的国家市场空间广阔但产业基础薄弱,有的国家基础设施建设需求旺盛但资金紧缺。我国目前经济总量居全球第二,外汇储备居全球第一,优势产业越来越多,基础设施建设经验丰富,装备制造能力强、质量好、性价比高,具备资金、技术、人才、管理等综合优势。这就为我国与其他"一带一路"建设参与方实现产业对接与优势互补提供了现实可能与重大机遇。因而,"一带一路"倡议的核心内容就是要加强基础设施建设和促进互联互通,对接各国政策和发展战略,以便深化务实合作,促进协调联动发展,实现共同繁荣。由此可见,"一带一路"倡议不是对现有地区合作机制的替代,而是与现有机制互为助力、相互补充。实际上,"一带一路"建设已经与俄罗斯主导的欧亚经济联盟、印尼全球海洋支点发展规划、哈萨克斯坦光明之路经济发展战略、蒙古国草原之路倡议、欧盟欧洲投资计划、埃及苏伊士运河走廊开发计划等实现了对接与合作,并形成了一批标志性项目,如中哈(连云港)物流合作基地。作为新亚欧大陆桥经济走廊建设成果之一,中哈(连云港)物流合作基地初步实现了深水大港、远洋干线、中欧班列、物流场站的无缝对接。该项目与哈萨克斯坦光明之路经济发展战略高度契合。

"一带一路"倡议是促进人文交流的沟通桥梁。"一带一路"倡议跨越不同区域、不同文化、不同宗教信仰,但它带来的不是文明冲突,而是各文明间的交流互鉴。"一带一路"倡议在推进基础设施建设、加强产能合作与发展战略对接的同时,也将"民心相通"作为工作重心之一。民心相通是"一带一路"建设的社会根基。民心相通就是要传承和弘扬丝绸之路友好合作精神,广泛进行文化交流、学术交流、人才交流往来、媒体合作、青年和妇女交往、志愿者服务等,为深化双边和多边合作奠定坚实的民意基础。一是扩大相互间留学生规模,开展合作办学;国家间互办文化年、艺术节、电影节、电视周和图书展等活动，深化国家间人才交流合作。二是加强旅游合作，扩大旅游规模，联合打造具有丝绸之路特色的国际精品旅游线路和旅游产品。三是强化与周边国家在传染病疫情信息沟通、防治技术交流、专业人才培养等方面的合作，提高合作处理突发公共卫生事件的能力。四是加强科技合作，共建联合实验室（研究中心）、国际技术转移中心、海上合作中心，促进科技人员交流，合作开展重大科技攻关，共同提升科技创新能力。五是整合现有资源，开拓和推进参与国家在青年就业、创业培训、职业技能开发、社会保障管理服务、公共行政管理等共同关心领域的务实合作。六是充分发挥政党、议会交往的桥梁作用，加强国家之间立法机构、主要党派和政治组织的友好往来，互结友好城市。七是加强各国民间组织的交流合作，重点面向基层民众，广泛开展教育、医疗、减贫开发、生物多样性和生态环保等主题的各类公益慈善活动，改善贫困地区生产生活条件；加强文化传媒领域的国际交流合作，积极利用网络平台，运用新媒体工具，塑造和谐友好的文化生态和舆论环境；通过强化民心相通，弘扬丝绸之路精神，开展智力丝绸之路、健康丝绸之路等建设，在科学、教育、文化、卫生、民间交往等领域广泛合作，使"一带一路"建设的民意基础更为坚实，社会根基更加牢固。"一带一路"建设就是要以文明交流超越文明隔阂，以文明互鉴超越文明冲突，以文明共存超越文明优越，为相关国家人民加强交流、增进理解搭起新的桥梁，为不同文化和文明加强对话、交流互鉴织就新的纽带，推动各国相互理解、相互尊重、相互信任。

"一带一路"是促进共同发展、实现共同繁荣的友谊之路。共建"一带一路"旨在促进各国发展战略的对接和耦合，有利于发掘区域市场的潜力，推动经济要素有序自由流动、资源高效配置和市场深度融合，促进投资和消费，创造需求和就业，增进各国人民的人文交流与文明互鉴，从而让各国人民相逢相知、互信互敬，共享和谐、安宁、富裕的生活。共建"一带一路"符合国际社会的根本利益，彰显了人类社会的共同理想和美好追求，是国际合作及全球治理新模式的积极探索，将为世界和平发展增添新的正能量。中国政府倡议秉持和平合作、开放包容、互学互鉴、互利共赢的理念，全方位推进务实合作，打造政治互信、经济融合、文化包容的利益共同体、命运共同体和责任共同体。

"一带一路"倡议已经得到世界上众多国家和地区的积极响应，成为维护全球自由贸易体系和开放型世界经济的重要支撑。截至2021年1月30日，中国已经同171个国家和国际组织签署205份共建"一带一路"合作文件。[1] 特别是2017年5月第一届"一带一路"国际合作高峰论坛、2019年4月第二届"一带一路"国际合作高峰论坛和2019年5月亚洲文明对话大会的成功举办，充分彰显了我国开放、包容的大国外交风范。在此背景下，我们一方面应致力于向世界介绍中国，推动中国文化"走出去"，讲好中国故事；另一方面也应加强对"一带一路"国家的历史、文化、语言、教育、艺术等方面的介绍和研究，让中国人民更多地了解"一带一路"国家的具体国情，特别是文化传统和教育体系。

"一带一路"倡议合作范围不断扩大，合作领域愈加广阔。它不仅给参与各方带来了实实在在的合作红利，也为世界贡献了应对挑战、创造机遇、强化信心的智慧与力量。

当今世界，新冠肺炎疫情带来诸多挑战，局部战争风险依然存在，经济增长动能不足，"逆全球化"思潮涌动，地区动荡持续，恐怖主义蔓延。和平赤字、发展赤字、治理赤字带来的严峻问题，已摆在全人类面前。这充分说明现有的全球治理体系面临结构性问题，亟须找到新的破解之策与应对方略。作为一个新兴大国，中国有能力、有意愿同时也有责任为完善全球治理体系贡献智慧与力量。面对新挑战、新问题、新情况，中国给出

---

[1] 中国一带一路网. 我国已签署共建"一带一路"合作文件205份 [EB/OL]. （2021-01-30）[2021-02-23]. https://www.yidaiyilu.gov.cn/xwzx/gnxw/163241.htm.

的全球治理方案是：构建人类命运共同体，实现共赢共享。"一带一路"倡议正是朝着这个目标努力的具体实践。"一带一路"倡议强调各国的平等参与、包容普惠，主张携手应对世界经济面临的挑战，开创发展新机遇，谋求发展新动力，拓展发展新空间，共同朝着人类命运共同体方向迈进。正是本着这样的原则与理念，"一带一路"倡议针对各国发展的现实问题和治理体系的短板，创立了亚洲基础设施投资银行、丝路基金等新型国际机制，构建了多形式、多渠道的交流合作平台。这既能缓解当今全球治理机制代表性、有效性、及时性难以适应现实需求的困境，在一定程度上扭转公共产品供应不足的局面，提振国际社会参与全球治理的士气与信心，又能满足发展中国家尤其是新兴市场国家变革全球治理机制的现实要求，大大增强了新兴国家和发展中国家的话语权，是推进全球治理体系朝着更加公正合理方向发展的重大突破。

"一带一路"倡议涵盖了发展中国家与发达国家，实现了"南南合作"与"南北合作"的统一，有助于推动全球均衡可持续发展。"一带一路"建设以基础设施建设为着眼点，促进经济要素有序自由流动，推动中国与相关国家的宏观政策的对接与协调。对于参与"一带一路"建设的发展中国家来说，这是一次搭中国经济发展"快车""便车"，实现自身工业化、现代化的历史性机遇，有利于推动"南南合作"的广泛展开，同时也有助于增进"南北对话"，促进"南北合作"的深度发展。不仅如此，"一带一路"倡议的理念和方向同联合国《2030年可持续发展议程》也高度契合，完全能够加强对接，实现相互促进。联合国秘书长古特雷斯表示，"一带一路"倡议与《2030年可持续发展议程》都以可持续发展为目标，都试图提供机会、全球公共产品和双赢合作，都致力于深化国家和区域间的联系。

二、深入推动"一带一路"国家的教育交流

2020年6月印发的《教育部等八部门关于加快和扩大新时代教育对外开放的意见》指出，教育对外开放是教育现代化的鲜明特征和重要推动力，要以习近平新时代中国特色社会主义思想为指导，坚持教育对外开放不动摇，主动加强同世界各国的互鉴、互容、互通，形成更全方位、更宽领域、更多层次、更加主动的教育对外开放局面。

教育为国家富强、民族繁荣、人民幸福之本，在共建"一带一路"中具有基础性和先导性作用。教育交流为各国民心相通架设桥梁，人才培养为各国政策沟通、设施联通、贸易畅通、资金融通提供支撑。各国间教育交流源远流长，教育合作前景广阔，大家携手发展教育，合力共建"一带一路"，是造福各国人民的伟大事业。推进"一带一路"国家教育共同繁荣，既是加强与各国教育互利合作的需要，也是推进中国教育改革发展的需要，中国愿意在力所能及的范围内承担更多责任和义务，为区域教育大发展做出更大的贡献。

（一）教育合作的原则

"一带一路"国家教育合作应遵循四个重要原则。

一是育人为本，人文先行。加强合作育人，提高区域人口素质，为共建"一带一路"提供人才支撑。坚持人文交流先行，建立区域人文交流机制，搭建民心相通桥梁。

二是政府引导，民间主体。政府加强沟通协调，整合多种资源，引导教育融合发展。发挥学校、企业及其他社会力量的主体作用，活跃教育合作局面，丰富教育交流内涵。

三是共商共建，开放合作。坚持共商、共建、共享，推进各国教育发

展规划相互衔接，实现各国教育融通发展、互动发展。

四是和谐包容，互利共赢。加强不同文明之间的对话，寻求教育发展最佳契合点和教育合作最大公约数，促进各国在教育领域互利互惠。

（二）教育合作的重点

"一带一路"各国教育特色鲜明、资源丰富、互补性强、合作空间巨大。中国将以基础性、支撑性、引领性三方面举措为建议框架，开展三方面重点合作，对接各国意愿，互鉴先进教育经验，共享优质教育资源，全面推动各国教育提速发展。

1. 开展教育互联互通合作

一是加强教育政策沟通。开展"一带一路"国家教育法律、政策协同研究，构建各国教育政策信息交流通报机制，为各国政府推进教育政策互通提供决策建议，为各国学校和社会力量开展教育合作交流提供政策咨询。积极签署双边、多边和次区域教育合作框架协议，制定各国教育合作交流国际公约，逐步疏通教育合作交流政策性瓶颈，实现学分互认、学位互授联授，协力推进教育共同体建设。

二是助力教育合作渠道畅通。推进"一带一路"国家间签证便利化，扩大教育领域合作交流，形成往来频繁、合作众多、交流活跃、关系密切的携手发展局面。鼓励有合作基础、相同研究课题和发展目标的学校缔结姊妹关系，逐步深化和拓展教育合作交流。举办校长论坛，推进学校间开展多层次、多领域的务实合作。支持高等学校依托优势学科和专业，建立"产学研用"相结合的国际合作联合实验室（研究中心）、国际技术转移中心，共同应对各国在经济发展、资源利用、生态保护等方面面临的重大挑战与机遇。打造"一带一路"国家学术交流平台,吸引各国专家学者、青年学生开展研究和学术交流。推进"一带一路"国家优质教育资源共享。

三是促进语言互通。研究构建语言互通协调机制,共同开发语言互通开放课程,逐步将国家语言课程纳入各国的学校教育课程体系。拓展政府间语言学习交换项目,联合培养、相互培养高层次语言人才。发挥外国语院校人才培养优势,推进基础教育多语种师资队伍建设和外语教育教学工作。扩大语言学习国家公派留学人员规模,倡导各国与中国院校合作在华开办本国语言专业。支持更多社会力量助力孔子学院和孔子课堂建设,加强汉语教师和汉语教学志愿者队伍建设,全力满足不同国家的汉语学习需求。

四是推进民心相通。鼓励学者开展或合作开展中国课题研究,增进各国对中国发展模式、国家政策、教育文化等各方面的理解。建设国别和区域研究基地,与对象国合作开展经济、政治、教育、文化等领域研究。逐步将理解教育课程、丝路文化遗产保护纳入各国中小学教育课程体系,加强青少年对不同国家文化的理解。加强"丝绸之路"青少年交流,注重通过志愿服务、文化体验、体育竞赛、创新创业活动和新媒体社交等途径,增进不同国家青少年对其他国家文化的理解。

五是推动学历学位认证标准联通。推动落实联合国教科文组织《亚太地区承认高等教育资历公约》,支持联合国教科文组织建立世界范围学历互认机制,实现区域内双边、多边学历学位关联互认。呼吁各国完善教育质量保障体系和认证机制,加快推进本国教育资历框架开发,助力各国学习者在不同种类和不同阶段教育之间进行转换,促进终身学习社会的建设。共商、共建区域性职业教育资历框架,逐步实现就业市场的从业标准一体化。探索建立各国教师专业发展标准,促进教师流动。

2．开展人才培养培训合作

一是实施"丝绸之路"留学推进计划。设立"丝绸之路"中国政府奖学金，为各国专项培养行业领军人才和优秀技能人才。全面提升来华留学人才培养质量，把中国打造成为深受各国学子欢迎的留学目的地。以国家公派留学为引领，推动更多中国学生到"一带一路"其他国家留学。坚持"出国留学和来华留学并重、公费留学和自费留学并重、扩大规模和提高质量并重、依法管理和完善服务并重、人才培养和发挥作用并重"，完善全链条的留学人员管理服务体系，保障平安留学、健康留学、成功留学。

二是实施"丝绸之路"合作办学推进计划。有条件的中国高等学校开展境外办学要集中优势学科，选好合作契合点，做好前期论证工作，构建科学的人才培养模式、运行管理模式、服务当地模式、公共关系模式，使学校顺利落地生根、开花结果。发挥政府引领、行业主导作用，促进高等学校、职业院校与行业企业深度产教融合。鼓励中国优质职业教育配合高铁、电信运营等行业企业"走出去"，探索开展多种形式的境外合作办学，合作设立职业院校、培训中心，合作开发教学资源和项目，开展多层次职业教育和培训，培养当地急需的各类"一带一路"建设者。整合资源，积极推进与各国在青年就业培训等共同关心领域的务实合作。倡议国家之间开展高水平合作办学。

三是实施"丝绸之路"师资培训推进计划。开展"丝绸之路"教师培训，加强先进教育经验交流，提升区域教育质量。加强"丝绸之路"教师交流，推动各国校长交流访问、教师及管理人员交流研修，推进优质教育模式在各国的互学互鉴。大力推进各国优质教学仪器设备、教材课件和整体教学解决方案的输出，跟进教师培训工作，促进各国教育资源和教学水平均衡发展。

四是实施"丝绸之路"人才联合培养推进计划。推进国家间的研修访学活动。鼓励各国高等院校在语言、交通运输、建筑、医学、能源、环境工程、水利工程、生物科学、海洋科学、生态保护、文化遗产保护等国家发展急需的专业领域联合培养学生，推动联盟内或校际教育资源共享。

3．共建丝路合作机制

一是加强"丝绸之路"人文交流高层磋商。开展国家间的双边、多边人文交流高层磋商，商定"一带一路"教育合作交流总体布局，协调推动各国建立教育双边和多边合作机制、教育质量保障协作机制和跨境教育市场监管协作机制，统筹推进"一带一路"教育共同行动。

二是充分发挥国际合作平台作用。发挥上海合作组织、东亚峰会、亚太经合组织、亚欧会议、亚洲相互协作与信任措施会议、中阿合作论坛、东南亚教育部长组织、中非合作论坛、中巴经济走廊、孟中印缅经济走廊、中蒙俄经济走廊等现有双边、多边合作机制的作用，增加教育合作的新内涵。借助联合国教科文组织等国际组织力量，推动各国围绕实现世界教育发展目标形成协作机制。充分利用中国–东盟教育交流周、中日韩大学交流合作促进委员会、中阿大学校长论坛、中非高校20+20合作计划、中日大学校长论坛、中韩大学校长论坛、中俄综合性大学联盟等已有平台，开展务实的教育合作交流。支持在共同区域、有合作基础、具备相同专业背景的学校组建联盟，不断延展教育务实合作平台。

三是实施"丝绸之路"教育援助计划。发挥教育援助在"一带一路"教育共同行动中的重要作用，逐步加大教育援助力度，重点投资于人、援助于人、惠及于人。发挥教育援助在"南南合作"中的重要作用，加大对相关国家尤其是最不发达国家的支持力度。统筹利用国家、教育系统和民间资源，为相关国家培养培训教师、学者和各类技能人才。积极开展优质教学仪器设备、整体教学方案、配套师资培训一体化援助。加强中国教育培训中心和教育援外基地建设。倡议各国建立政府引导、社会参与的多元化经费筹措机制，通过国家资助、社会融资、民间捐赠等渠道，拓宽教育经费来源，做大教育援助格局，实现教育共同发展。

三、精心组织"一带一路"国家文化教育大系的编著出版

在编写"一带一路"国家文化教育大系过程中，应当全面了解国内外对"一带一路"倡议的响应情况，关注进展，总结做法；应当在新冠肺炎疫情得到控制后到对象国去走一走，看一看，实地感受其教育情况和发展变化；应当广泛收集对象国一手资料，认真阅读，消化分析，吐故纳新；应当多方检索专家学者已经开展的相关研究，虚心参阅已有的研究成果。肆虐全球的新冠肺炎疫情，给人类身体健康和生命安全带来了巨大威胁，对世界格局和世界治理体系产生了重大影响，给全球各行各业带来了巨大挑战。教育置身其间，影响十分明显。因而，对"一带一路"国家文化教育进行研究时，必须观察分析疫情对相关国家文化教育和全球教育治理的深刻影响。

"一带一路"倡议提出后，中外已形成多个"一带一路"多边大学联盟。2015年5月22日，由西安交通大学发起的新丝绸之路大学联盟成立，迄今已吸引38个国家和地区的150余所大学加盟。该联盟是海内外大学结成的非政府、非营利性的开放性、国际化高等教育合作平台，以"共建教育合作平台，推进区域开放发展"为主题，推动"新丝绸之路经济带"国家和地区大学之间在校际交流、人才培养、科研合作、文化沟通、政策研究、医疗服务等方面的交流与合作，增进青少年之间的了解和友谊，培养具有国际视野的高素质、复合型人才，服务"新丝绸之路经济带"及欧亚地区的发展建设。

2015年10月17日，丝绸之路（敦煌）国际文化博览会筹委会文化传承创新高端学术研讨会在敦煌举行。中国的复旦大学、北京师范大学、兰州大

学和俄罗斯乌拉尔国立经济大学、韩国釜庆大学等46所中外高校在甘肃敦煌成立了"一带一路"高校战略联盟,以探索跨国培养与跨境流动的人才培养新机制,培养具有国际视野的高素质人才。46所高校当日达成《敦煌共识》,联合建设"一带一路"高校国际联盟智库。联盟将共同打造"一带一路"高等教育共同体,推动"一带一路"国家和地区大学之间在教育、科技、文化等领域的全面交流与合作,服务"一带一路"国家和地区的经济社会发展。

2016年9月,中国、中亚及丝绸之路经济带沿线7个国家的51所高校共同发起成立了中国–中亚国家大学联盟,旨在打造开放性、国际化互动平台,深化"一带一路"科教合作。

此外,高等教育合作研讨会也日渐增多,既有官方推动形成的研讨会,也有民间自发举办的研讨会。比如,中外大学校长论坛、新加坡–中国–印度高等教育论坛、"一带一路"教育对话论坛,以及北京师范大学举办的"一带一路"国家教育交流与合作高端研讨会,北京外国语大学举办的"一带一路"与行业国际化人才培养高峰论坛,北京理工大学主办的"一带一路"高等教育研究国际会议,浙江大学举办的"一带一路"背景下的工程科技人才培养国际研讨会等。这些多边研讨会的召开,不仅吸引了大量"一带一路"沿线国家的教育研究者与实践者参会,推动了研究与实践合作,而且创新了教育合作模式,促进了国际化高端人才培养,为"一带一路"建设奠定了民意基础。

"一带一路"倡议提出之后,中国学术界迅速开展了关于"一带一路"的研究活动,有关"一带一路"主题的图书主要有以下五类。第一类是倡议解读类图书,一般是梳理"一带一路"倡议的提出、发展及其理论内涵与外延。第二类是经济贸易类图书,专业性较强,主要为理论研究型图书。第三类是国情文史类图书,多为介绍"一带一路"国家国情概览、历史情况、发展概况的工具书,语言平实,部分图书学术性较强。第四类是丝路历史类图书,一般回顾古代丝绸之路的形成与发展、丝绸之路上的人物和大事记等，追古溯源，以便更好地开启"一带一路"新篇章。第五类是法律税收类图书，多为法律指引、税务规范手册等。

可以看出，国内对"一带一路"国家的研究已有一定基础，但是囿于语言翻译的障碍，已经出版的"一带一路"图书，大多是政策解读、数据报告、概况介绍等，对对象国的研究广度和深度还很不够，尤其是针对"一带一路"国家文化教育的系统研究还比较少。

在"一带一路"国家中，遴选具有代表性的对象，对其文化、教育进行系统性的研究，并在此基础上编写"一带一路"国家文化教育大系，分期分批出版，对于帮助中国普通读者和研究人员了解"一带一路"国家的文化教育情况，以及对于拓展我国比较教育研究领域、丰富比较教育研究文献，乃至对于促进中外文明互通、更好地参与推进"一带一路"建设，都具有重要意义。基于对选题背景与意义、相关出版产品调研和北京外国语大学比较优势的分析，"一带一路"国家文化教育大系坚持学术性、可读性兼顾原则，分批次推出，不断积累，以形成规模和品牌。

大系在内容上，一方面呈现"一带一路"国家的文化概貌，展示"一带一路"国家教育发展的文化背景和社会依托。大系采用专题形式，力求用简洁平实的语言生动活泼地介绍"一带一路"国家的自然地理、人文景观、历史发展、风土人情、文化遗产等内容，重点呈现对象国独有的文化现象和独特风貌，集中揭示其民族文化内涵、民族精神、人文意蕴。另一方面，大系重点研究、评价、介绍"一带一路"国家教育的基本情况、发展历史、发展战略、政策法规、现存体系、治理模式与师资队伍等，这方面内容占较大篇幅，是全书的重点和主要内容。

"一带一路"倡议正在成为我国参与全球开放合作、改善全球治理体系、促进全球共同发展繁荣、推动构建人类命运共同体的中国方案。作为国家社会科学基金（教育学）重大项目"新时代提升中国参与全球教育治理的能力及策略研究"的部分研究成果和北京外国语大学"双一流"建设重大标志性成果，"一带一路"国家文化教育大系计划在 2021 年中国共产党建党 100 周年和北京外国语大学建校 80 周年之际，推出首批图书。2023 年"一带一路"倡议提出 10 周年时，推出该项目二期成果。同时积极参与党和国家相关主题纪念活动，以及国家重大图书项目的申报评选工作。

北京外国语大学以外语见长，国际交往活跃，被誉为"共和国外交官的摇篮"，先后培养了 400 多位大使、2 000 多位参赞，以及更多的外交外事外贸工作者。凡是有五星红旗飘扬的地方，都能看到北外人的身影。北外不仅承担着培养各类国际化人才的任务，更担负着向中国介绍世界、向世界介绍中国的历史使命。迄今为止，北外已获批开设 101 种外国语言，成立了 37 个区域与国别研究中心，丰富的涉外资源正在助力"一带一路"国家的研究。

大系由外研社具体组织实施。外研社隶属北外，多年来致力于"一带一路"国家的合作交流，服务讲好"中国故事"，在中华思想文化传播、打造中外出版联盟、推动中外学术互译等方面积累了丰富经验，对于协助研究、编著、出版"一带一路"国家文化教育大系具有良好的工作基础。这也是北外及外研社的使命和担当之所在。

大系编著者以北外教师为主。服务国家重大战略，北外人责无旁贷。同时，国内有研究专长和研究意愿的专家学者也踊跃参与，他们或独自撰著一书，或与北外同仁合作。大系还邀请了驻外使领馆的同志和对象国的学者参加撰写或审稿，他们运用一手资料，开展实地调研，力图提升大系的准确性。

四、结语

"一带一路"倡议植根历史，更面向未来；源于中国，更属于世界。"一带一路"作为文明互鉴的桥梁，从亚欧大陆延伸到非洲、美洲、大洋洲，与世界各国发展战略及众多国际和地区组织的发展实现对接联通，在通路、通航的基础上更好地通商，进而开展文化教育交流与沟通，加强商品、资金、技术、文化、教育流通，达成互学互鉴的文明愿景。"一带一路"倡议的目标是中国与"一带一路"国家在互联互通基础上分享优质产能，共商项目投资，共建基础设施，共享合作成果，内容包括政策沟通、设施联通、贸易畅通、资金融通、民心相通"五通"。"一带一路"倡议肩负重大使命，它要探寻经济增长之道，将中国自身的产能优势、技术与资金优势、经验与模式优势转化为市场与合作优势，实行全方位开放，共享中国改革发展红利；它要实现全球化再平衡，鼓励向西开放，带动西部开发以及中亚、蒙古等内陆国家和地区的开发，在国际社会推行全球化的包容性发展理念，主动向西推广中国优质产能和比较优势产业，惠及沿途、沿岸国家，避免西方国家所开创的全球化造成的贫富差距和地区发展不平衡情况，推动建立持久和平、普遍安全、共同繁荣的和谐世界；它要开创地区新型合作，强调共商、共建、共享原则，超越了马歇尔计划和传统的对外援助活动，给 21 世纪的国际合作带来了新的理念。所以，新时代中国的教育学者应当将"一带一路"国家文化教育研究作为比较教育新的增长点，全面深入开展研究，以自己的聪明才智丰富学术，为国出力，服务国家重大发展战略；在加强与"一带一路"国家的交流合作中，推动"一带一路"建设高质量发展，努力建设高质量的中国教育体系，并积极参与全球教育治理体系改革，加快构建以国内大循环为主体、国际国内双循环相互促进的新发展格局。

2021 年春
于北京外国语大学

（王定华，北京外国语大学党委书记、博士、教授、博士生导师，国家督学。历任河南大学教师、中国驻纽约总领事馆教育领事、教育部基础教育一司司长、教育部教师工作司司长等。）

本书前言

本书是大系首批推出的图书之一，写作的主要目的是向广大读者介绍阿尔巴尼亚的社会历史文化概貌，以及教育的历史、现状和未来。

阿尔巴尼亚是东南欧国家之一，地处曾孕育欧洲文明的巴尔干半岛，这里既有灿烂辉煌的古希腊、古罗马文明的遗存，又有近现代国际动荡局势下民族、国家的兴替变化，更有以融入欧洲为国家发展远景的求变与进取。在东西方文明的碰撞与交融中，阿尔巴尼亚的人文世界展现出了融合与激荡并存的复杂性和丰富性。本书从国情文化的视角出发，系统梳理与探讨了阿尔巴尼亚教育的历史脉络、现状问题和发展趋势。

迄今为止，国内有关阿尔巴尼亚的研究有限，深度和广度有待强化。国别研究类著作仅有专著《阿尔巴尼亚》《"山鹰之国"亲历》，译著《阿尔巴尼亚史纲》《阿尔巴尼亚历史与文化遗产概览》等。本书从文化、教育视角聚焦阿尔巴尼亚，旨在继续推动我国对于阿尔巴尼亚的深度研究，服务国家"一带一路"倡议，促进人类文明互鉴、各国民心相通。

北京外国语大学阿尔巴尼亚研究中心致力于国别与区域问题研究，本书也是该中心两位研究人员的首度合作。全书按照大系的总体设想和阿尔巴尼亚的研究实际，依托详细、可靠、最新的一手资料，在第一章和第二章中全面翔实地介绍了阿尔巴尼亚的自然地理、国家制度、社会生活、历史沿革、风土人情等内容，勾勒出了阿尔巴尼亚教育发展的历史背景。然后，进入本书的核心部分，第三章分阶段全面梳理教育历史，介绍知名教育家。第四至第八章围绕学前教育、基础教育、高等教育、职业教育与成人教育、教师教育逐一展开，重点关注教育发展历程中各类型教育的政策法规、发展模式、机构体系、课程教材与师资队伍等内容，分析归纳其教育的特点与经验、困难与挑战、策略与趋势。第九章在教育政策和行政管理模式方面针对近年来的阿尔巴尼亚教育改革进行了深入探讨。第十章回顾与展望了中阿教育交流，分析两国教育合作的成功经验，描绘两国在"一带一路"倡议下加强文化教育交流的未来图景。

　　本书的分工综合考虑了两位作者的教学情况、学术兴趣及编写体量。本书前言、第一章、第二章及结语由陈逢华撰写，本书第三章至第十章及附录部分由靳乔撰写。

　　作为研究者，我们感谢大系总主编北京外国语大学党委书记王定华教授提供的研究机会，感谢大系编写委员会专家的指导，感谢欧洲语言文化学院领导及同事的热情鼓励，感谢外语教学与研究出版社编辑的耐心修正，这些无私的帮助及时有效地解决了我们在撰写、出版过程中的困惑与疑难。此外，国内外文化教育领域相关内容的著作与论述、网络数据资料、由北京外国语大学 2018 级阿尔巴尼亚语专业学生提供的照片等，也为本书的资料搜集和撰写工作增益良多，在此一并敬致谢忱。

　　本书的编写依托大系的宏大视野与严谨布局，得到了有关专家的启发与指导，但阿尔巴尼亚文化教育专题研究作为独立而庞杂的全新领域，我们尚所知甚少。本书仅为抛砖引玉，不足之处，敬请批评指正。

陈逢华　靳乔
2021 年 4 月于北京外国语大学

目 录

第一章 国情概览 ... 1
第一节 自然地理 ... 1
一、地理概貌 ... 1
二、人文概貌 ... 8
第二节 国家制度 ... 23
一、国家标识 ... 23
二、基本制度 ... 24
三、对外关系 ... 33
第三节 社会生活 ... 40
一、农工业 ... 40
二、服务业 ... 48
三、新闻、出版与传媒 ... 56
四、邮政与通信 ... 62

第二章 文化传统 ... 64
第一节 历史沿革 ... 64
一、伊利里亚时期 ... 64
二、东西罗马统治时期 ... 67
三、奥斯曼帝国统治时期 ... 71
四、独立至两战期间 ... 78
五、二战后至今 ... 84
第二节 风土人情 ... 89
一、日常生活 ... 89
二、风俗习惯 ... 98

三、国民性格 106
　第三节　文化名人 108
　　一、乔治·卡斯特里奥蒂·斯坎德培 108
　　二、纳伊姆·弗拉舍里 109
　　三、艾格涅丝·龚莎·博雅舒 112
　　四、伊斯玛依尔·卡达莱 113

第三章　教育历史 116
　第一节　历史沿革 116
　　一、古代及中世纪的教育 116
　　二、奥斯曼帝国时期的教育 118
　　三、建国后及两战期间的教育 121
　　四、社会主义时期的教育 128
　　五、20世纪90年代后的教育 134
　第二节　教育家 135
　　一、康斯坦丁·克里斯托弗里奇 135
　　二、潘德里·索提里 136
　　三、亚历山大·朱万尼 137
　　四、埃切雷姆·恰贝伊 138

第四章　学前教育 139
　第一节　学前教育的发展与现状 139
　　一、教育历史 139
　　二、教育现状 141
　第二节　学前教育的特点与经验 147
　　一、多元包容的教育特色 148

二、监管与评估逐步完善 148
　　三、全纳教育体系逐步发展 149
　　四、性别平等基本达标 150
 第三节 学前教育的挑战与对策 151
　　一、学前教育的挑战 151
　　二、学前教育的对策 155

第五章 基础教育 158
第一节 基础教育的发展与现状 159
　　一、教育历史 159
　　二、教育现状 161
第二节 基础教育的特点与经验 169
　　一、教育理念的新发展 170
　　二、国际视野与本土探索 170
　　三、基于反思的课程改革 171
　　四、女性受教育权利持续改善 171
第三节 基础教育的挑战与对策 172
　　一、基础教育的挑战 173
　　二、基础教育的对策 175

第六章 高等教育 178
第一节 高等教育的发展与现状 178
　　一、教育历史 178
　　二、教育现状 182
第二节 高等教育的挑战 195
　　一、体制性障碍 195

二、缺乏产学研的结合 ·· 196
　　三、私立高等教育面临发展瓶颈 ······························ 196
　　四、国际化水平偏低 ·· 197
　　五、教研经费不足与人才流失 ·································· 197
　　六、政策执行力和连贯性不足 ·································· 198
第三节 高等教育的对策与启示 ···································· 198
　　一、经费增加与资源效率提升 ·································· 199
　　二、激励人才回流 ··· 199
　　三、提升国际化水平 ·· 199
　　四、提升科学研究水平与推动产学研结合 ···················· 200

第七章 职业教育与成人教育 ······································ 201
第一节 职业教育与成人教育的发展与现状 ····················· 201
　　一、教育历史 ·· 201
　　二、教育现状 ·· 202
第二节 职业教育与成人教育的特点与经验 ····················· 210
　　一、全方位现代化改革 ··· 210
　　二、国际视野与本土经验结合 ·································· 211
第三节 职业教育与成人教育的对策与启示 ····················· 212
　　一、职业教育改革应"稳中求变" ······························· 212
　　二、提高职业教育与成人教育的社会地位 ···················· 213
　　三、完善产学合作机制 ··· 213
　　四、加大成人教育支持力度 ···································· 214

第八章 教师教育 ·· 216
第一节 教师教育的发展与现状 ··································· 216
　　一、教育历史 ·· 216

二、教育现状 ································ 218
第二节 教师教育的特点与经验 ··············· 224
　　一、教师教育与基础教育改革同行 ········· 224
　　二、教师综合性教育机制的转变 ··········· 225
　　三、从职前培养到终身学习 ··············· 225
第三节 教师教育的挑战与应对 ··············· 226
　　一、数字化时代的新教学手段 ············· 226
　　二、人才培养模式的优化 ················· 226
　　三、调整教师教育资源分布不均 ··········· 227
　　四、提升教师教育国际化水平 ············· 228

第九章 教育行政与教育政策 ··············· 229
第一节 教育行政 ··························· 229
　　一、中央教育行政 ······················· 229
　　二、地方教育行政 ······················· 233
　　三、教育行政改革的重点及特征 ··········· 235
第二节 教育政策 ··························· 237
　　一、政策与规划 ························· 237
　　二、政策实施与挑战 ····················· 242

第十章 中阿教育交流 ····················· 245
第一节 交流历史 ··························· 245
　　一、历史早期的文化交流 ················· 245
　　二、两国建交后的教育交流 ··············· 246
第二节 现状与模式 ························· 248
　　一、现状 ······························· 248

二、主要合作模式……257
第三节 案例与思考……259
　　一、中文教学与推广——以孔子学院为例……259
　　二、对中阿教育交流的思考和建议……267

结　语……270

附　录……277

参考文献……287

第一章 国情概览

阿尔巴尼亚位于欧洲巴尔干半岛西南部，地理位置优越，是亚洲进入巴尔干地区、前往西欧的门户之一。阿尔巴尼亚气候温和，土壤肥沃，地形多变，物产多样，不仅历史上的交通要道交汇于此，东西方文化亦在此碰撞融合。这是一片生机盎然的土地，既孕育了古老文明又滋养着现代文明。

第一节 自然地理

一、地理概貌

阿尔巴尼亚是东南欧国家，国土面积 28 748 平方公里，直线距离南北长 335 公里，东西宽 150 公里。国界线总长 1 094 公里，其中陆地边界线长 657 公里，海岸线长 316 公里，还有 73 公里湖泊分界线和 48 公里河流分界线。[1]

阿尔巴尼亚北部与黑山和塞尔维亚接壤，东部与北马其顿相邻，东南

---

[1] AKADEMIA E SHKENCAVE E SHQIPËRISË. Fjalor enciklopedik shqiptar: Vol. 3 [M]. Tiranë: Akademia e Shkencave, 2009: 2537-2538.

部与希腊毗邻，西临亚得里亚海，西南濒临伊奥尼亚海，与意大利隔奥特朗托海峡相望，位于连接东西欧、沟通欧洲与亚洲的交通走廊之上，地理位置优越。

（一）山川风貌

1. 地形多山

阿尔巴尼亚地形多山，山地和丘陵占陆地总面积的75%，山脉多为西北-东南走向，山形陡峭，岩石嶙峋，多无植被，少数山脉较为平缓。平原主要分布在西部亚得里亚海沿岸地区，此外还有大量的低地、盆地、高原和山间河谷。阿尔巴尼亚平均海拔为708米，约为欧洲平均海拔的两倍，80%的国土面积海拔在200米以上。[1]

根据自然状况，阿尔巴尼亚可以分为四个地理区域：北部山区、中部山区、南部山区和沿海低地。北部山区主要是呈放射状的阿尔巴尼亚阿尔卑斯山脉，多高山深谷，约30座山峰海拔高达2 500米以上。中部山区地处德林河、奥苏姆河和德沃尔河流域，虽不如北部山区那样群山耸立，但也是山谷纵横，阿尔巴尼亚海拔最高的科拉比山即坐落于此。南部山区由西北向东南展开，直抵伊奥尼亚海，山脉和河谷交错分布，喀斯特地貌最为明显。沿海低地地处西部的亚得里亚海沿岸，南北长200公里，东西宽50公里，是巴尔干半岛西部最大的低地，也是阿尔巴尼亚经济最发达的地区。

阿尔巴尼亚境内的山脉出现于侏罗纪晚期，是在早期阿尔卑斯山脉基础上形成的。在漫长的过程中，经地壳下陷和河流腐蚀的共同作用，形成

---

[1] AKADEMIA E SHKENCAVE E SHQIPËRISË. Fjalor enciklopedik shqiptar: Vol. 3 [M]. Tiranë: Akademia e Shkencave, 2009: 2539.

了较为宽阔的浅滩，而河流冲刷形成的山谷多数谷口狭窄，冲积而成的盆地则土壤肥沃。

阿尔巴尼亚的平原分布十分有限，多数平原面积较小，散落于山谷之间。巴尔干半岛最大的平原位于阿尔巴尼亚西部，最高的平原为科尔察平原，海拔800米。这些平原与河谷既是阿尔巴尼亚主要的农业产区和居民区，也是交通要道。

2．河湖众多

阿尔巴尼亚境内水域面积为1 350平方公里，包括325平方公里天然湖泊、130平方公里滨海潟湖、174平方公里人工湖及721平方公里河流网络。[1]

阿尔巴尼亚主要河流有11条，以东南-西北走向为主，属地中海型河流，年水量波动明显，水流湍急。阿尔巴尼亚境内形成的三大主要河谷，即德林河谷、什昆比河谷和维约萨河谷，由西向东横穿阿尔巴尼亚，并逐渐发展为历史上重要的运输通道，如埃格纳提亚大道、阿尔贝尔大道等，把巴尔干半岛的内陆与亚得里亚海及地中海流域连接起来。德林河全长285公里，是阿尔巴尼亚最长的河流，由黑德林河和白德林河汇成，最终注入布纳河。其他较重要的河流有塞曼河、什昆比河、马蒂河、维约萨河。布纳河全长44公里，是唯一的平原河流，发源于斯库台湖，与德林河汇合后流入亚得里亚海，可部分通航。

阿尔巴尼亚的湖泊包括构造湖、高山冰川湖、岩溶湖、人工湖及水库，共约有150个，其中主要有4个大湖、5个大人工湖和数十个水库，小湖泊、滨海潟湖数量众多。[2] 4个大湖分别是斯库台湖、奥赫里德湖、大普雷斯帕

---

[1] 达利皮，米弗蒂乌. 阿尔巴尼亚历史与文化遗产概览 [M]. 柯静，马赛，译. 北京：外语教学与研究出版社，2017：294.

[2] AKADEMIA E SHKENCAVE E SHQIPËRISË. Fjalor enciklopedik shqiptar: Vol. 3 [M]. Tiranë: Akademia e Shkencave, 2009: 2543.

湖、小普雷斯帕湖，具有较大的渔业和旅游价值，其中斯库台湖是巴尔干半岛最大的湖，奥赫里德湖为巴尔干半岛最深的湖。5个大人工湖为费耶尔扎湖、科曼湖、瓦乌德耶湖、乌尔扎湖和斯科佩蒂湖。

3. 面海多湾

阿尔巴尼亚濒临亚得里亚海和伊奥尼亚海，二者穿过奥特朗托海峡。从地形上说，阿尔巴尼亚形成了两类海岸：亚得里亚海低矮的沙质潟湖海岸和伊奥尼亚海高耸的岩石海岸。亚得里亚海海岸主要呈南北走向，从布纳河谷至发罗拉的帕夏利曼，全长273公里，其中绝大部分为海滩低地平原，海滩由细沙构成，长度达几十公里，宽度达几百米；伊奥尼亚海海岸为西北－东南走向，从萨赞岛和小舌角至萨兰达的斯蒂尔角，全长154公里，海拔较高，卵石较多。[1]

阿尔巴尼亚海岸有众多的海湾、沙质或卵石海滩、潟湖，还有半岛、海角、悬崖、深谷及溶洞。其中海湾主要有德林湾、拉勒兹湾、都拉斯湾、卡拉瓦斯塔湾等，海滩主要有韦利波耶海滩、深津海滩、塔莱海滩、拉勒兹海滩等，潟湖主要有维伦潟湖、深津潟湖、帕托库潟湖、毕什塔拉克潟湖等。

（二）气候

阿尔巴尼亚地处温带气候区的南部，偏地中海亚热带气候区。全国气候从北到南、由东向西逐渐由寒冷趋于温和，即由大陆性气候过渡到地中海气候。总体上说，阿尔巴尼亚气候四季分明，夏季漫长、炎热、干燥，

---

[1] AKADEMIA E SHKENCAVE E SHQIPËRISË. Fjalor enciklopedik shqiptar: Vol. 3 [M]. Tiranë: Akademia e Shkencave, 2009: 2540-2541.

冬季短暂、温和、多雨，干湿变化明显。北部和东部山区受大陆性气候影响，夏季炎热，冬季严寒，降雨集中在春季和秋季。而高山地区气候特点是夏季凉爽，冬季严寒多雪。

阿尔巴尼亚的气候在温度、降水、光照和空气湿度等方面具有明显的地区差异。影响全国的冷暖空气主要有来自大西洋和地中海的暖湿气团、东欧大陆的干冷气团、北非和亚细亚经由干燥的地中海后形成的湿热气团。强气流多数在冬夏交汇于西部，较弱气流在春秋或冬季交汇于东部。

受山脉和海洋对沿海地区的影响，阿尔巴尼亚从西至东气温逐渐降低，降雨显著减少。7月最炎热，1月最寒冷，年平均气温在7℃—17℃。其中，冬季平均气温一般在-3℃—10℃，最低气温曾达到-34.7℃；而夏季平均气温在17℃—26℃，最高温度曾达到43.9℃。年平均降水量为1 485毫米，季节分布不均匀。[1] 从时间上看，冬季降水量可占全年降水量的40%以上，而夏季降水量仅占3%—14%。其中，阿尔卑斯山区降水量最多，科尔察平原降水量最少。[2] 从降雪来看，沿海地区几年降雪一次，而北部及东部的降雪一年可达数十次，个别地区近百次，积雪厚度最高可达2—3米。在全年光照上，阿尔巴尼亚各地也明显不同。

（三）自然资源与环境保护

1. 水土资源

阿尔巴尼亚河网密集，水资源丰富，人均水资源量在欧洲仅次于瑞士，被誉为"欧洲水堡"。境内水资源最丰富的地区是阿尔巴尼亚阿尔卑斯山

---

[1] AKADEMIA E SHKENCAVE E SHQIPËRISË. Fjalor enciklopedik shqiptar: Vol. 3 [M]. Tiranë: Akademia e Shkencave, 2009：2542.
[2] 马细谱，郑恩波. 阿尔巴尼亚 [M]. 北京：社会科学文献出版社，2004：4.

区和德林河谷。如今，阿尔巴尼亚的河流和湖泊主要用于灌溉、水能发电、渔业、旅游等，地下可饮用矿泉水和硫化物温泉资源丰富。矿泉水区位于格林那，而温泉主要分布于爱尔巴桑、佩什科普、克鲁亚、珀尔梅特、马拉卡斯特尔等地。水力发电潜力大，年平均水流量达410亿立方米，目前利用率仅约30%，年发电总量为160亿千瓦时。

阿尔巴尼亚的土地资源，根据气候、植被、地势的差异可主要分为四个垂直带，分别为：平原丘陵棕灰土带，占国土总面积的15%；山地棕土带，占国土总面积的38.3%；森林棕土带，占国土总面积的14.8%；高山草甸土带，占国土总面积的9.6%。[1]

2．动植物资源

阿尔巴尼亚以植被种类众多著称，植被覆盖面积占国土总面积的35%，生长着约3 000多种维管植物，约占欧洲植物种类的29%。西部和沿海地区主要分布地中海植物，如棕榈、橄榄树、石南、地中海橡树等；内陆地区分布中东欧植物，如橡树、山毛榉、冷杉、黑松等；另有约600种藻类、800种菌类、1 000种苔藓类等。巴尔干半岛上的植物在阿尔巴尼亚大多能见到，此外还有近30种植物为阿尔巴尼亚独有。[2]

受丘陵、山地的影响，阿尔巴尼亚可纵向分为四个植被带：地中海灌木森林带、橡树带、山毛榉和针叶林带、高山草甸带。境内牧场资源丰富，中部的阿尔卑斯山属中欧草场，牧草种类丰富，草长且茂盛；南部属地中海牧场，草短且略稀疏。

因自然及生态条件适宜，阿尔巴尼亚境内动物种类多样，既有欧亚大陆

---

[1] AKADEMIA E SHKENCAVE E SHQHIPËRISË. Fjalor enciklopedik shqiptar: Vol. 3 [M]. Tiranë: Akademia e Shkencave, 2009：2543.

[2] AKADEMIA E SHKENCAVE E SHQHIPËRISË. Fjalor enciklopedik shqiptar: Vol. 3 [M]. Tiranë: Akademia e Shkencave, 2009：2544.

特征，又兼具地中海和巴尔干地区特色。陆地上最常见的食肉动物有棕熊、狼、狐狸、豺、猞猁等；食草动物有野猪、兔、狍、岩羊、獾；猛禽主要有鹰、猫头鹰、鹞、鹫、白秃鹰、秃鹫等；其他鸟类还有松鸡、鹧、鹌鹑、寒鸦、乌鸫、黄莺等，代表性的候鸟有塘鹅、鸬鹚、黑鸭、鹭、秧鸡等。沿海及内陆水域中的鱼类共计260种，几乎涵盖了地中海的所有鱼类。湖泊和水库养鱼已经非常普遍，近年来沿海地区也正在进行鱼类养殖。[1]

3．矿产资源

阿尔巴尼亚的地质构造决定了其矿产资源种类丰富，主要地下矿产资源有石油、天然气、沥青、煤、铬、镍铁、铜等，可分为燃料、金属矿和非金属矿三类。阿尔巴尼亚探明的地下矿产资源包括约7亿吨煤、4.3亿吨石油、2.2亿吨镍铁、1亿吨镍、0.53亿吨铜、0.4亿吨铬。铜、铬的探明储量为已开采量的2倍，镍铁为10倍，煤和石油为20倍。[2] 此外，阿尔巴尼亚的建材储量也很丰富，主要有黏土、粗沙、石灰、大理石、陶土等。

燃料主要有石油、天然气和煤。石油和天然气分布在西部的平原丘陵地带和亚得里亚海的浅海地区。石油开采利用始于1929年，天然气开采始于20世纪60年代，均有相当长的历史。煤的分布较广，在西部地区有开采。

金属矿和非金属矿的种类较多，金属矿主要有铬、镍铁、镍、铜、铅、锌、锰等，其中铬矿的储量居欧洲第二位；非金属矿主要有沥青、磷灰石、岩盐、菱镁矿、石棉等，高品质的天然沥青在古代就已经非常有名。此外，

---

[1] AKADEMIA E SHKENCAVE E SHQHIPËRISË. Fjalor enciklopedik shqiptar: Vol. 3 [M]. Tiranë: Akademia e Shkencave, 2009：2544-2545.

[2] AKADEMIA E SHKENCAVE E SHQHIPËRISË. Fjalor enciklopedik shqiptar: Vol. 3 [M]. Tiranë: Akademia e Shkencave, 2009：2546.

阿尔巴尼亚在太阳能、风能、地热和生物质能等可再生能源领域也具有一定的开发潜力。

二、人文概貌

阿尔巴尼亚人口约 300 万，以阿尔巴尼亚族为主体民族，以阿尔巴尼亚语为母语，天主教、基督教和伊斯兰教等多种宗教在阿尔巴尼亚和谐共处。首都地拉那是阿尔巴尼亚的政治、经济、文化中心，人口约 100 万。

（一）人口与民族

1. 人口状况

作为巴尔干半岛的一部分，现在的阿尔巴尼亚所处区域是欧洲最早有人类活动的地区之一。考古研究证实，早在 10 万年前，这一地区就有人类活动。公元前 10 世纪，在伊利里亚民族形成之后，定居点的范围和数量都得到了发展，范围覆盖了几乎整个巴尔干半岛西部地区。当时的伊利里亚人口大约有 50 万左右。据 1978 年纽约出版的《世界人口历史地图》中的数据，公元前 2 世纪，伊利里亚约有 100 万居民，后受到伊利里亚-罗马战争影响，至公元 2 世纪，伊利里亚的人口大幅减少，公元 4 世纪才恢复并超过 100 万。[1] 学术界普遍认为，伊利里亚人是阿尔巴尼亚人的祖先。中世纪时期，阿尔巴尼亚被称为"阿尔贝尔"，阿尔巴尼亚人被称为"阿尔贝尔人"，人口数量和分布范围得到进一步发展，此时人口约有 150 万。

---

[1] 达利皮，米弗蒂乌. 阿尔巴尼亚历史与文化遗产概览 [M]. 柯静，马赛，译. 北京：外语教学与研究出版社，2017：313.

阿尔巴尼亚人有悠久的定居史，最早的人口统计是在公元1431—1432年，即奥斯曼帝国统治时期，阿尔巴尼亚人口共有80万。此后于1923年、1938年和1945年又进行了三次人口统计，分别为80.39万、104.04万和112.2万。这些数据基本反映了阿尔巴尼亚人口不断增长的历史趋势。1945年后，阿尔巴尼亚人口增长速度相对较快，到1990年年末已增至320万，超过60%的人口居住在农村。[1]

20世纪90年代，阿尔巴尼亚人口增长一直维持在较高水平，出生率曾达到25.1‰，处于欧洲最高水平。2000年人均寿命为74.6岁。人口构成以青年人为主，平均年龄为27岁，是欧洲人口最年轻的国家。[2]

进入21世纪初，阿尔巴尼亚的出生率已降至13.8‰，人口密度为108.8人/平方公里，自然增长率为8.1‰，年增长25 300人，死亡率在5‰—6‰。男性占比49.8%，女性占比50.2%。处于就业年龄的人口占比59%，低于和高于就业年龄的人口分别占比27%和14%，平均年龄为31.4岁。城市人口占比44.2%，农村人口占比55.8%。首都地拉那是阿尔巴尼亚最大的经济、文化和教育中心。都拉斯为阿尔巴尼亚最大港口，经济发展程度位居全国第二。其他主要城市有爱尔巴桑、斯库台、发罗拉、费里、科尔察、培拉特、卢什涅、吉诺卡斯特。[3]

据2020年1月的统计数据，阿尔巴尼亚人口约285万，平均年龄37.2岁，男女性别比为99.7∶100。近二十年来，阿尔巴尼亚人口总量不断下降，尤其是近五年来，人口增长率显著下降，详见图1.1。统计资料表明，阿尔巴尼亚的人口自然增长系数在欧洲仍居前列，2018年增长系数为2.5，仅次于土耳其、爱尔兰、塞浦路斯、卢森堡等国。[4]

---

[1] 达利皮，米弗蒂乌. 阿尔巴尼亚历史与文化遗产概览[M]. 柯静，马赛，译. 北京：外语教学与研究出版社，2017：314.

[2] AKADEMIA E SHKENCAVE E SHQIPËRISË. Fjalor enciklopedik shqiptar: Vol. 3 [M]. Tiranë: Akademia e Shkencave, 2009：2546-2547.

[3] AKADEMIA E SHKENCAVE E SHQIPËRISË. Fjalor enciklopedik shqiptar: Vol. 3 [M]. Tiranë: Akademia e Shkencave, 2009：2547.

[4] 资源来源于阿尔巴尼亚统计局官网。

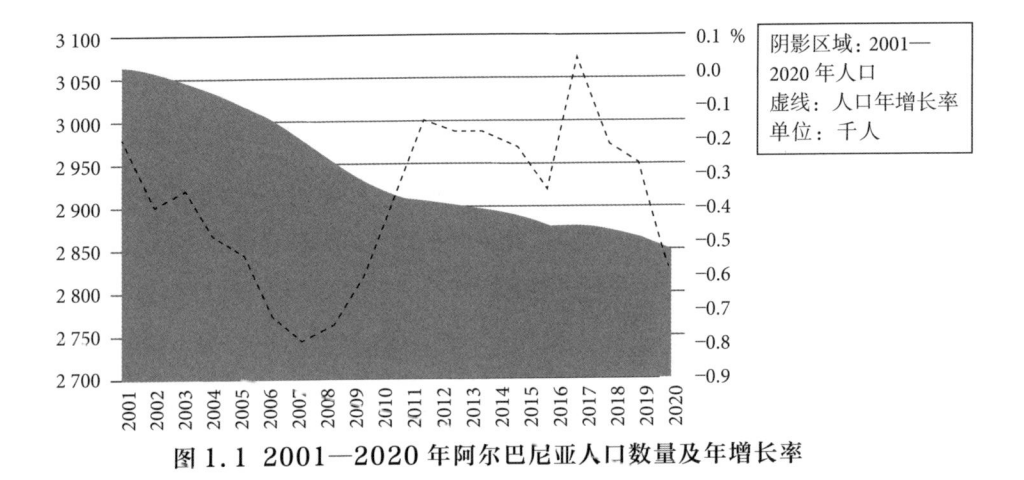

图 1.1 2001—2020 年阿尔巴尼亚人口数量及年增长率

2．民族状况

阿尔巴尼亚是以阿尔巴尼亚族为主的多民族国家。据 2017 年 1 月的统计数据，全国 288 万人口中，阿尔巴尼亚族占 82.58%，56.7% 的居民信奉伊斯兰教，6.75% 信奉东正教，10.1% 信奉天主教。[1] 少数民族中希腊族人数最多，其次是马其顿族。阿尔巴尼亚宪法规定，少数民族"有权不受禁止或强迫地表明其民族、文化、宗教及语言归属，有权学习并接受母语教育，有权加入保护其利益和身份的组织和协会"[2]。

从人种学上看，阿尔巴尼亚人头部短阔，后脑平缓，额头宽高，鼻梁挺直，中等身材。他们性格刚毅，纯朴直爽，喜结朋友，注重友谊，坦诚慷慨，友善热情，讲究礼节。

阿尔巴尼亚人在社交场合与客人见面时，一般都以握手为基本礼节。与朋友相见时，也行拥抱礼和贴面礼。他们表达意图的动作手势与我国的

---

[1] 中华人民共和国外交部网 [EB/OL]. [2020-06-30]. https://www.fmprc.gov.cn/web/gjhdq_676201/gj_676203/oz_678770/1206_678772/1206x0_678774/.

[2] AKADEMIA E SHKENCAVE E SHQIPËRISË. Fjalor enciklopedik shqiptar: Vol. 3 [M]. Tiranë: Akademia e Shkencave, 2009：2548.

习惯方式有很大区别，例如：通常他们摇头表示同意，点头则表示不同意。

阿尔巴尼亚人没有迁徙的传统，除非生存环境改变甚至威胁性命，他们才会背井离乡，选择外迁。例如：13世纪初塞尔维亚王国的崛起和奥斯曼帝国统治时期的压迫，就导致阿尔巴尼亚人向希腊和意大利迁移，逐渐在两地形成了阿尔巴尼亚人聚居区，那里的阿尔巴尼亚人分别自称为"阿尔瓦尼特人"和"阿尔布莱什人"。如今，世界多地都有阿尔巴尼亚人聚居区或移民区，如土耳其、意大利、希腊、保加利亚、乌克兰，乃至澳大利亚、英国、美国，均有阿尔巴尼亚移民。从移民占全国人口的比例看，阿尔巴尼亚逐渐成为巴尔干地区国家中向国外移民比例最高的国家之一，但他们中的绝大多数人都保留了自己的语言、文化、传统、习俗等民族属性。

（二）语言与文字

1. 阿尔巴尼亚语的历史概况

阿尔巴尼亚人使用阿尔巴尼亚语。阿尔巴尼亚语属印欧语系中独特的一支，19世纪历史比较语言学证明了这一从属关系。在语言学研究中，历史上对阿尔巴尼亚语的起源存在争议，现在语言学家普遍支持其起源于巴尔干半岛的古老语言之一——伊利里亚语——的观点。在中世纪以前，阿尔巴尼亚语被称为"阿尔伯里语"，后来随着阿尔巴尼亚民族的形成，17世纪末才被称为"阿尔巴尼亚语"。

从文学史看，阿尔巴尼亚语可能在12—14世纪就形成了书面语，而最早的语言记录可追溯至15世纪，即现存最早的阿尔巴尼亚语书面文献——《洗礼词》。第一本阿尔巴尼亚语书籍是于1555年出版的由约翰·布祖库所著的《弥撒》，也是第一部阿尔巴尼亚语文学作品。当时，阿尔巴尼亚仍处在奥斯曼帝国的统治之下，长期落后的封建社会经济、低下的文化水平和割据状态，严重阻碍了阿尔巴尼亚语的统一与发展，这也是导致这一时期现存书面资料缺乏的主要原因。1635 年，弗朗格·巴尔齐出版第一本《拉丁语-阿尔巴尼亚语词典》，标志着阿尔巴尼亚语语言学的开端。[1]19 世纪民族复兴时期，争取使用本民族的语言、用民族语言唤醒民族意识成为民族复兴运动的主要目的，此时阿尔巴尼亚语才得以蓬勃发展，逐渐形成了两大分支。1844—1845 年，纳乌姆·韦奇尔哈尔吉编写的《识字课本》是第一本阿尔巴尼亚语识字读本，在南方地区广为流传，也是第一所阿尔巴尼亚语学校的主要教材。1879 年，阿尔巴尼亚语字母出版协会成立，为语言文化活动的蓬勃发展注入了新的动力。此后，第一批语法书、词典得以编写，如 1904 年出版的由康斯坦丁·克里斯托弗里齐编纂的《阿尔巴尼亚语词典》。1908 年，马纳斯蒂尔大会在马纳斯蒂尔城（今北马其顿境内）召开，阿尔巴尼亚语终于解决了统一字母表的问题。1916 年，阿尔巴尼亚语标准语委员会在斯库台成立，把推动阿尔巴尼亚语标准语的形成和阿尔巴尼亚文学的发展作为基本工作。该委员会由阿尔巴尼亚语言学家和作家组成，制定了正字法规则，以促进方言的融合，形成统一的标准语。

1944 年阿尔巴尼亚解放后，在全国范围内逐步消除文盲，教育体系逐步完善，高等教育科研机构逐步建立。1972 年，阿尔巴尼亚语正写法大会在地拉那召开，会议最终确立统一的民族标准语，大大推动了阿尔巴尼亚语言学和阿尔巴尼亚学的蓬勃发展。阿尔巴尼亚陆续出版了一系列语言学的重要著作，如《阿尔巴尼亚语正写法》《阿尔巴尼亚语正字法词典》《现代阿尔巴尼亚语词典》《现代阿尔巴尼亚语语法 1：词法》《现代阿尔巴尼亚语语法 2：句法》《阿尔巴尼亚方言地图集》《阿尔巴尼亚习语词典》等。[2]

---

[1] 达利皮，米弗蒂乌. 阿尔巴尼亚历史与文化遗产概览 [M]. 柯静，马赛，译. 北京：外语教学与研究出版社，2017：68.

[2] 达利皮，米弗蒂乌. 阿尔巴尼亚历史与文化遗产概览 [M]. 柯静，马赛，译. 北京：外语教学与研究出版社，2017：72.

2．阿尔巴尼亚语的特征

阿尔巴尼亚语属印欧语系中的一支。从语言结构上看，阿尔巴尼亚语属于综合－分析型语言，综合因素为主，向分析型过渡。阿尔巴尼亚语的部分语音和语法特征源自古代印欧语言，其他特征则是后期发展而成的。

（1）基本特征。1908年，马纳斯蒂尔大会依据拉丁字母表确立了现行的阿尔巴尼亚语字母表，详见表1.1。字母表共36个字母，包括25个单字母，9个双字母和2个特殊字母。从音位上看，阿尔巴尼亚语包括7个元音音位和29个辅音音位。

表1.1 阿尔巴尼亚语字母表

A	a	B	b	C	c	Ç	ç	D	d	Dh	dh	E	e	Ë	ë	F	f
G	g	Gj	gj	H	h	I	i	J	j	K	k	L	l	Ll	ll	M	m
N	n	Nj	nj	O	o	P	p	Q	q	R	r	Rr	rr	S	s	Sh	sh
T	t	Th	th	U	u	V	v	X	x	Xh	xh	Y	y	Z	z	Zh	zh

从语音特征看，阿尔巴尼亚语读音规则简单，读音和拼写完全一致，是一种比较理想的拼写语言。在大多数情况下，尤其是名词，重音位于倒数第二个音节上，而且在词形变化的过程中，重音通常不发生位移。

从语法特征看，阿尔巴尼亚语的语法形式复杂多变。名词通常在词尾有定指及不定指、性（阳性、阴性、中性）、数（单数、复数）、格（主格、属格、予格、宾格、源格）的词形变化，少数名词的变化呈现不规则性。动词的语式和时态形式变化丰富，具有六种语式（陈述式、命令式、连接式、愿望式、惊奇式、条件式），十种时态（现在时、未完成时、简单完成时、完成时、过去完成时、愈完成时、将来时、将来完成时、过去将来时、过去将来完成时）和三种非扩展式（分词、不定式、副动式），同时还有主动态和非主动态的区别。形容词有冠词形容词和无冠词形容词之分，作为修饰词，其性、数、格的变化由所修饰的名词决定；数词体系以十进制为主，同时保留了二十进制的系统。

从词汇角度看，阿尔巴尼亚语不仅具有丰富的原创词汇，同时受到与其接触的其他民族语言的诸多影响，在不同时期吸收了古希腊语、拉丁语、罗曼语、斯拉夫语和土耳其语等。

从句式上看，阿尔巴尼亚语句式、词序灵活，通常以"主语+谓语+宾语"的顺序为主。

（2）两大方言与民族标准语。阿尔巴尼亚语有两大方言，北方方言盖格语和南方方言托斯克语，流经阿尔巴尼亚中部的什昆比河是两种方言的天然分界线，河以北为北方方言区，河以南为南方方言区，河两岸大约10—20公里的地带为过渡区，两种方言皆有。同时，北方方言和南方方言内部各自形成了分支，称为次方言，整体情况见表1.2。

表1.2 阿尔巴尼亚方言分布情况

类别	名称	分布地区
北方方言（盖格语）	西北次方言	斯库台及其周边地区
	东北次方言	阿尔巴尼亚东北地区
	中部次方言	伊什米河至马蒂河之间的地区及泰托沃、迪勃拉
	南部次方言	都拉斯、地拉那
南方方言（托斯克语）	北部次方言	从什昆比河至维约萨河南岸
	拉伯次方言	从维约萨河南岸至萨兰达
	恰梅里亚次方言	阿尔巴尼亚最南部

此外，在阿尔巴尼亚境外的塞尔维亚、黑山等地有一大批讲北方方言的阿尔巴尼亚族人；在希腊、意大利及保加利亚等地则有不少讲南方方言

的阿尔巴尼亚族人；而在邻国北马其顿的阿尔巴尼亚族人中，有的讲北方方言，有的讲南方方言。

总体上说，阿尔巴尼亚语南北方言的特点同大于异，在语音方面的差异相对大一些，词汇和语法方面的差异则相对小一些。虽然人们可以使用南北方言自由沟通，但语音和书写形式的差异仍然存在。第二次世界大战后，阿尔巴尼亚科学院承担了统一民族标准语和制定正写法规则的工作，1967年，历史学和语言学研究所起草了《阿尔巴尼亚语正写法（草案）》。1968年，在科索沃的普里什蒂纳召开语言学研讨会，通过了该草案。1972年，在地拉那召开阿尔巴尼亚正写法大会，民族标准语最终确立。至此，阿尔巴尼亚才有了真正统一规范的语言文字。

统一的民族标准语是以南北两种方言的共同点为基础形成的。在语音上，标准语以南方方言为主，吸收的南方方言元素多于北方方言元素；在词汇上，标准语广泛地吸收了两种方言的不同词汇，北方方言元素略多一些，而在语法上则兼顾两种方言的词法规则以及一些约定俗成的用法。当然，标准语并非是南北两种方言简单地叠加或取舍，而是不断融合和新生的结果。标准语与南北方言关系详见图 1.2。

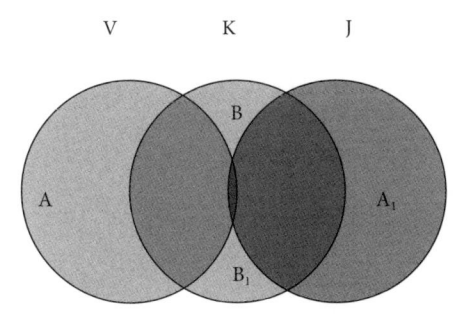

K：标准语
V：北方方言
J：南方方言
A/A₁：标准语中不包括的部分
B/B₁：标准语中新创造的部分

图 1.2 标准语与南北方言关系

（3）分布及使用情况。总体上说，现今全世界使用阿尔巴尼亚语的人口约 700 万 [1]，阿尔巴尼亚语主要分布在欧洲南部巴尔干半岛、亚平宁半岛南部和西西里岛一带。阿尔巴尼亚语是阿尔巴尼亚的官方语言。除阿尔巴尼亚之外，北马其顿、塞尔维亚、黑山以及希腊的一些地区，以及意大利、保加利亚、乌克兰的阿尔巴尼亚族聚居区，也将阿尔巴尼亚语作为母语。在巴黎、罗马、那不勒斯、科森扎、巴勒莫、彼得堡、慕尼黑、布加勒斯特、萨洛尼卡、索非亚、北京等地有阿尔巴尼亚语教学及研究机构。[2]

（三）行政区划及主要城市

据阿尔巴尼亚宪法，阿尔巴尼亚现行行政区划分为大区和市镇两级。全国共有 12 个大区，分别为培拉特、迪勃拉、都拉斯、爱尔巴桑、费里、吉诺卡斯特、科尔察、库克斯、莱什、斯库台、地拉那和发罗拉。每个大区包含若干个城市和村镇。以下为阿尔巴尼亚主要城市简介。

1. 地拉那

地拉那是阿尔巴尼亚的首都，是全国的政治、经济、教育、文化中心。

早在大约公元前 4 世纪的伊利里亚时期，地拉那就已成为定居点，城市的遗迹在达伊特山脚下，那里曾有一座城堡。历史学家普罗科比乌斯在《拜占庭史》中首次提到这座城堡，它是地拉那今日地名起源的说法之一。1614 年，封建主苏莱曼·巴夏·巴尔吉尼在此地修建了一座清真寺和一个

---

[1] AKADEMIA E SHKENCAVE E SHQIPËRISË. Fjalor enciklopedik shqiptar: Vol. 3 [M]. Tiranë: Akademia e Shkencave, 2009: 2547.

[2] 达利皮，米弗蒂乌. 阿尔巴尼亚历史与文化遗产概览 [M]. 柯静，马赛，译. 北京：外语教学与研究出版社，2017：74.

土耳其浴室,后来的城市以此为中心发展起来。[1]1920年,在卢什涅大会上,地拉那被确定为阿尔巴尼亚的临时首都。1925年,其首都地位最终被确立。

地拉那气候温和,植被茂盛,光照充足。地拉那有一批历史建筑,如乔治·卡斯特里奥蒂·斯坎德培像、埃塞姆·贝乌清真寺和钟楼、塔巴克桥、阿尔巴尼亚母亲纪念碑,还有歌剧芭蕾舞剧院、美术馆、国家图书馆、议会大厦、历史博物馆、考古博物馆、自然科学博物馆等重要的公共政治文化活动场所。地拉那南部有占地230公顷的大湖公园,其中央人工湖面积达55公顷。离地拉那市区不远的达伊特山、大坑山、佩特雷拉城堡和普雷泽城堡远离都市喧嚣,风景优美,适合人们游玩休憩。

2．都拉斯

都拉斯是阿尔巴尼亚第二大城市和最重要的港口,位于首都地拉那以西38公里处的亚得里亚海沿岸。都拉斯南部有一条长约10公里的海滩,每年夏季接待游客超15万人。

公元前13世纪至公元前11世纪,伊利里亚人的祖先在此定居。公元前10世纪至公元前8世纪,伊利里亚部落陶兰特人在此生息繁衍。公元前7世纪,古希腊人在此建立独立城邦,居民主要进行金属冶炼和造船,直到公元前229年被罗马人控制。[2] 在中世纪,都拉斯城归属东罗马帝国,曾遭受保加利亚、塞尔维亚等的入侵,但作为连接罗马和君士坦丁堡的埃格纳提亚大道的起点,都拉斯发展迅速,在拜占庭时期盛极一时。1501—1912年,都拉斯被纳入奥斯曼帝国版图。1913—1920年,都拉斯曾作为阿尔巴尼亚首都。1939年4月7日,意大利法西斯占领都拉斯,直至1944年阿尔巴尼亚解放。

---

[1] ELSIE R. Fjalori historik i Shqipërisë[M]. Tiranë: UEGEN, 2011:563.
[2] ELSIE R. Fjalori historik i Shqipërisë[M]. Tiranë: UEGEN, 2011:178-179.

如今，都拉斯地处欧洲八号走廊[1]的起点，港口承担着全国85%的货物进出口任务，[2]是阿尔巴尼亚第一大港。都拉斯的主要古迹有城墙、圆形露天剧场、罗马式浴室，此外还有考古博物馆和索古别墅。城墙建于6世纪的拜占庭时期，15世纪时在其基础上又修建了圆形威尼斯式城堡。圆形露天剧场建于公元前2世纪，据文献记载可容纳15 000名观众，为巴尔干半岛最大的古代圆形露天剧场。罗马式浴室带有热水系统，1962年修建文化馆时被发现。

3. 斯库台

斯库台地处阿尔巴尼亚西北部，是阿尔巴尼亚的第三大城市。考古研究显示，该地区早在旧石器时代中期就有人类居住。公元前2世纪，斯库台被称为Scodra，伊利里亚部落阿尔迪安人的末代国王根迪曾以此为政权中心，被罗马帝国击败后，伊利里亚被罗马人统治。11—12世纪，斯库台被斯拉夫人建立的王朝短暂控制，之后，阿尔巴尼亚人的巴尔沙王朝在此建立政权，14世纪末被威尼斯人占领。15世纪后期，斯库台陷入奥斯曼帝国的统治之下。[3]18世纪时，斯库台有许多外国领事机构。自1718年起，它不仅拥有奥博特港，还逐步增加了乌尔钦港和深津港。19世纪，斯库台迅速发展成为整个巴尔干地区重要的贸易枢纽，如今被称作"老集市"的地区有3 500家商店。1878年普里兹伦同盟运动期间，斯库台成为民族运动的重要策源地。在巴尔干战争和第一次世界大战期间，斯库台沦为黑山和塞尔维亚争夺的对象，1913年置于国际托管之下，直到1920年才交还阿尔巴尼亚政府。

斯库台也是阿尔巴尼亚北方文化重镇和历史名城，巴尔干地区最古老

---

[1] 连接亚得里亚海和黑海的港口的联合运输走廊，被视为西巴尔干地区的东西大动脉。
[2] 达利皮，米弗蒂乌. 阿尔巴尼亚历史与文化遗产概览[M]. 柯静，马赛，译. 北京：外语教学与研究出版社，2017：334.
[3] ELSIE R. Fjalori historik i Shqipërisë[M]. Tiranë: UEGEN, 2011: 544-545.

的布沙特利图书馆和马鲁比图片馆均坐落于此。最有名的斯库台城堡占地9公顷，矗立于斯库台市西面的石丘上。城堡曾作为伊利里亚人的防御工事，在根迪国王统治时期首次被提到。城堡山坡上建有围墙，城墙遗址保留至今，墙内留存有要塞、仓库等。此外，斯库台湖风景优美，适宜垂钓、度假。

4．发罗拉

发罗拉地处阿尔巴尼亚西南部亚得里亚海沿岸，气候宜人，风景优美，是阿尔巴尼亚第二大港口和南部最大城市。发罗拉早在公元前4世纪已成为定居点，在古代以出产葡萄酒、橄榄和盐闻名于世，是伊利里亚最重要的港口。后来，发罗拉长期在拜占庭帝国控制下，自11世纪初，又先后被诺曼人、伊庇鲁斯王国、安茹王朝和塞尔维亚人控制过。14世纪，发罗拉在巴尔沙家族的控制下，15世纪被奥斯曼人占领。[1] 奥斯曼帝国统治时期，发罗拉成为重要的贸易中心和港口。1912年11月28日，阿尔巴尼亚人民议会在发罗拉正式宣布阿尔巴尼亚独立，爱国者伊斯玛依尔·捷玛利在此组建了第一届阿尔巴尼亚政府，发罗拉成为阿尔巴尼亚独立后的第一个首都。1914年，发罗拉被意大利占领。1920年，阿尔巴尼亚和意大利在发罗拉交火后，意大利从发罗拉撤出。1939年，意大利重新占领发罗拉，直到1944年全国解放。

发罗拉作为旅游城市，沿海区域宾馆、饭店林立。在发罗拉，游客可参观曾经是阿尔巴尼亚第一届政府所在地的国家独立博物馆、修建于15世纪的红色清真寺以及独立纪念碑等。距离发罗拉市2公里的"冷泉"是当地著名的旅游景点。

---

[1] ELSIE R. Fjalori historik i Shqipërisë[M]. Tiranë: UEGEN, 2011：592-593.

5. 爱尔巴桑

爱尔巴桑是阿尔巴尼亚中部的重要城市，地处什昆比河北岸，夏季炎热干燥，冬季温和多雨。约在公元前 2 世纪，爱尔巴桑地区就是伊利里亚人早期的定居地。2 世纪时，爱尔巴桑在修建埃格纳提亚大道时发展起来。其地理位置四通八达，在军事上具有重要地位，后随着北方民族的入侵和埃格纳提亚大道的没落一度衰败。15 世纪，奥斯曼帝国在原地重建爱尔巴桑城，重修作为战略据点的旧城堡，爱尔巴桑城就在城堡周围再次兴盛起来。

奥斯曼帝国统治时期，爱尔巴桑成为阿尔巴尼亚的伊斯兰教中心，又因地处埃格纳提亚大道的地理优势，发展成为非常重要的贸易中心。17 世纪中叶，爱尔巴桑约有 2 000 户人家和 900 家店铺，加工皮毛、丝绸和金属（以银制品为主）。除了本地商人和土耳其商人外，希腊和斯拉夫的商人也定居于此。城内产品繁多，交易会远近闻名。市中心和周边地区有建于不同年代的教堂，其中以东正教教堂为主。[1]

此外，爱尔巴桑一直是著名的教育和文化中心。民族复兴时期的重要人物、被誉为"阿尔巴尼亚语之父"的康斯坦丁·克里斯托弗里齐就是爱尔巴桑人。在民族复兴运动后期，爱尔巴桑是进步文化思想的传播地和争取自由和民族解放斗争的重要中心之一。1909 年，爱尔巴桑成立了爱尔巴桑师范学校，是阿尔巴尼亚第一所用阿尔巴尼亚语教学的教师培养机构。爱尔巴桑人素有革命传统，1912 年 11 月 25 日，爱尔巴桑宣布独立，成为阿尔巴尼亚第一个独立的城市。爱尔巴桑人还积极参与了 1920 年的发罗拉战役、1921—1924 年的反封建民主运动和世界反法西斯战争等。在 20 世纪 70 年代的社会主义时期，爱尔巴桑在中国的援助下建起了生产钢铁和镍铁的冶炼联合企业，是当时国内最大的工业企业。

---

[1] 达利皮，米弗蒂乌. 阿尔巴尼亚历史与文化遗产概览 [M]. 柯静，马赛，译. 北京：外语教学与研究出版社，2017：335.

6. 培拉特

培拉特是阿尔巴尼亚历史最悠久的城市之一，坐落于托莫尔山下、奥苏姆河畔，以建筑、文化和悠久历史闻名，20 世纪 70 年代，在此地发现《培拉特圣典》。培拉特早在公元前 6 至公元前 3 世纪就有人定居。公元前 3 世纪，培拉特由阿尔巴尼亚中部的一个伊利里亚部族修建，此后，培拉特先后被拜占庭帝国、保加利亚人、诺曼人、安茹王朝及塞尔维亚人统治过。1417 年，土耳其人占领培拉特，在城堡下方修建了红色清真寺，据说是阿尔巴尼亚最古老的清真寺。[1]

培拉特依山而建，被称为"千窗之城"。城中道路狭窄，石头铺路，民居建筑风格独特，保留了旧城区和几座早期的东正教教堂，旧城区至今仍能居住。城中一所教堂内建有奥努弗里博物馆，里面展出 16 世纪阿尔巴尼亚绘画家的精美肖像画。[2] 培拉特被誉为"博物馆城"，列入联合国教科文组织的世界遗产名录，城中的建筑遗迹兼具拜占庭和奥斯曼风格。

7. 吉诺卡斯特

吉诺卡斯特地处德林河以西的德洛普里山谷，是阿尔巴尼亚南部名城。13 世纪，城市依山而建，意为银色城堡。15 世纪初，吉诺卡斯特被土耳其人占领。在奥斯曼帝国统治时期，吉诺卡斯特兴建了大批建筑，城市也繁荣起来，17 世纪时房屋鳞次栉比，曾是重要的贸易中心。1812 年，阿里·巴夏·台佩莱纳占领吉诺卡斯特，将其作为军事要塞和行政中心。[3]

吉诺卡斯特以奥斯曼帝国时期建筑，特别是 19 世纪大型石头民居闻名，

---

[1] ELSIE R. Fjalori historik i Shqipërisë[M]. Tiranë: UEGEN, 2011: 114-115.
[2] 达利皮，米弗蒂乌. 阿尔巴尼亚历史与文化遗产概览 [M]. 柯静，马赛，译. 北京：外语教学与研究出版社，2017: 336.
[3] ELSIE R. Fjalori historik i Shqipërisë[M]. Tiranë: UEGEN, 2011: 240.

故又有"石头城"的美誉。1961年,被誉为"博物馆城"。其奥斯曼时期的建筑景观代表了18—19世纪城市发展的成就,被列入联合国教科文组织的世界遗产名录。

吉诺卡斯特诞生了不少著名人物,包括前国家领导人恩维尔·霍查和多次获诺贝尔文学奖提名的著名作家伊斯玛依尔·卡达莱。山顶的吉诺卡斯特城堡又称"阿尔吉拉城堡",来源于一个传说,在奥斯曼帝国入侵时,勇敢的阿尔吉拉公主不屈服于土耳其人,从城堡上一跃而下,化作磐石,由此吉诺卡斯特城堡傲然屹立于山崖之上。考古表明,吉诺卡斯特城堡最早建于6世纪,在13世纪时成为吉诺卡斯特城的中心。从城堡上可俯瞰全城,在中国家喻户晓的阿尔巴尼亚老电影《宁死不屈》中的多个场景曾在此地拍摄。城堡内现有国家兵器博物馆,陈列着阿尔巴尼亚人从古至今制造和使用过的武器。[1]

8. 萨兰达

萨兰达是阿尔巴尼亚最南部城市,濒临伊奥尼亚海,面对希腊科夫岛。它属温和的地中海气候,光照充足,海水清澈,是阿尔巴尼亚著名的旅游度假胜地。萨兰达是腓尼基人定居地的港口,在阿里·巴夏·台佩莱纳统治时期,萨兰达成为约阿尼纳[2]的贸易港口。[3]

---

[1] 达利皮,米弗蒂乌. 阿尔巴尼亚历史与文化遗产概览[M]. 柯静,马赛,译. 北京:外语教学与研究出版社,2017:337.

[2] 土耳其奥斯曼帝国拉尼省(Lannina)首府。

[3] ELSIE R. Fjalori historik i Shqipërisë[M]. Tiranë: UEGEN, 2011:504.

第二节 国家制度

一、国家标识

（一）国旗与国徽

阿尔巴尼亚国旗为红色，中央有一只展翅的黑色双头鹰。国旗的图案源自阿尔巴尼亚民族英雄乔治·卡斯特里奥蒂·斯坎德培的印章。斯坎德培于15世纪领导阿尔巴尼亚人民发动反抗奥斯曼帝国的起义，使阿尔巴尼亚获得了25年之久的独立。鹰曾是卡斯特里奥蒂家族族徽的组成部分，源自拜占庭帝国。阿尔巴尼亚国徽为中央绘有一只黑色双头鹰的红色盾牌，盾牌上方是民族英雄斯坎德培的金色头盔。

（二）国歌

阿尔巴尼亚国歌全称《团结在统一的旗帜下》，由罗马尼亚作曲家奇普里安·波隆贝斯库作曲、复兴主义者阿斯德雷尼作词，歌词[1]如下。

团结在统一的旗帜下
怀着共同希望和目的
大家一起在那里宣誓
我们为救国结成联盟
只有天生叛徒

---

[1] 歌词为本书作者自译。

才会临阵脱逃
是男儿就不会畏惧
像烈士般战斗到底

我们将拿起武器
在每一寸土地上保卫祖国
我们不能分享权利
敌人无从在此立足
即使上帝亲口说
要世上的国家统统消亡
阿尔巴尼亚也将存在
我们为她，为她而战

旗帜啊，旗帜，神圣的象征
我在此向你宣誓
为珍爱的祖国阿尔巴尼亚
向你的荣耀致敬
为国牺牲的人
才是英雄好汉，受人尊敬
他永远被人铭记
地上地下，如同圣人

二、基本制度

自 1912 年独立以来，阿尔巴尼亚的国家制度发生过多次变化，经历了国际保护国、君主国、摄政王国、资产阶级共和国、世袭君主国、人民共和国多种国家形态，封建君主制、资本主义制度、社会主义制度均在这个国家不同程度地实行过。1998年，阿尔巴尼亚议会以绝大多数选票通过由国家总统签署的《阿尔巴尼亚共和国宪法（草案）》，确立了现今阿尔巴尼亚议会制共和国政体，明确了自由、平等、民主、公正的基本原则，走上了经济市场化的道路。

（一）政体与政党

1. 政体

阿尔巴尼亚是议会制共和国，自由、平等、定期的大选是国家治理体系的基础。宪法是国家根本大法，规定必须维护国家的统一、独立和领土完整，捍卫人的尊严、权利与自由，捍卫社会公正和宪法制度，保护多元化及民族特性、国家遗产，促进宗教和谐以及各民族共存并相互理解。根据1998年宪法[1]，阿尔巴尼亚政体以立法、行政、司法三权分立，相互制衡为基础。

（1）立法。议会是国家最高权力机关和立法机关，由国家大选产生的代表组成，任期4年。议会共有140名议员。[2] 议会负责制定、通过及修改各项国家法律。同时，议会对部长会议行使监督权，有权在议会投票超过半数情况下通过不信任案。不信任案一旦通过，政府必须向总统提出辞职或由总统罢免政府。

（2）行政。政府又称为部长会议，是国家最高行政机关，由总理、副

---

[1] 此后阿尔巴尼亚多次对该宪法进行修订，最近一次是在2016年。

[2] AKADEMIA E SHKENCAVE E SHQIPËRISË. Fjalor enciklopedik shqiptar: Vol. 3 [M]. Tiranë: Akademia e Shkencave, 2009: 2579.

总理和各部部长组成。部长会议制定国家主要大政方针，颁布决议，在必要和紧急情况下也可发布暂时性法规。各部作为中央管理机构，行使颁布和执行命令的职能。依照宪法规定的程序，总理由总统任命，被任命的总理需向议会提交部长会议的政治纲领和内阁组成名单。部长作为内阁成员，领导各部及其下设机构。

（3）司法。法院是司法权的行使机构，具有维护法律制度、审判刑事案件和民事纠纷的职能，包括一级法院、上诉法院[1]、高等法院三个层级。宪法法院作为宪法独立机构，不隶属于司法系统，宪法法院维护宪法的权威性，拥有宪法最终解释权，同时受宪法制约。特别法院专门处理腐败和有组织犯罪等刑事案件，以及针对总统、议长、总理等的刑事诉讼。检察院由总检察院、特别检察院和各级检察院组成，进行刑事调查和公诉。各级检察院负责在自己的职权范围内履行法律监督职能，审查刑事犯罪案件、提起公诉等。另设有高级司法委员会和高级检察院委员会。

（4）总统。总统为国家元首，由议会选举产生。总统每5年选举一次，可连任一次。总统不能为党派成员，不能担任其他公职。总统的职权包括向议会致函、依法颁布赦免令、授予国籍、授予军衔和荣誉称号，依据总理建议任命和解除阿尔巴尼亚驻外机构和国际组织的代表，缔结国际协议，确定议会、国家机关选举和举行全民公决的日期等。总统兼任武装部队总司令。[2]

2．政党

阿尔巴尼亚从1990年开始实行多党制，按照阿尔巴尼亚宪法，政党可

---

[1] 相当于我国的中级法院或二级法院，负责裁决针对地方法院判决的上诉，裁定地方法院的案件初审结果以及审理法律规定的特殊案件。

[2] AKADEMIA E SHKENCAVE E SHQIPËRISË. Fjalor enciklopedik shqiptar: Vol. 3 [M]. Tiranë: Akademia e Shkencave, 2009: 2579.

按照民主原则自由组建，但须至少 300 位公民向司法部提交申请，并写明政党情况与建党方案。申请如被司法部驳回，可提请宪法法院进行最终裁决。国家机关和企业禁止成立与运作政党。[1]

目前，阿尔巴尼亚登记注册的政党有几十个，但大多数的政党活动有限。两大主要政党为民主党和社会党，此外还有共和党、社会民主党、民主联盟党、争取一体化社会运动党等。主要政党简介如下。

民主党，成立于 1990 年 12 月，政治上提倡民主，经济上主张全盘私有化，外交上承诺要使国家完全融入欧洲。

社会党，成立于 1991 年 6 月，前身为劳动党，政治上主张建设民主、团结、公正的社会，经济上主张以多元化所有制为基础的市场经济，外交上主张加入欧洲一体化进程，优先发展同美国的关系，并加强同巴尔干各国之间的联系。

共和党，成立于 1991 年 1 月，提倡建立法治国家，实行西方民主共和制；建立自由市场经济，实行私有化，将土地等私有财产全部归还原所有者；优先发展同巴尔干国家和地中海国家的睦邻友好关系。

社会民主党，成立于 1991 年 4 月，强调建立民主社会主义，实行包括私有制在内的经济混合所有制，积极发展同美欧等西方国家及巴尔干国家的友好合作关系。

民主联盟党，成立于 1992 年 11 月，主张把阿尔巴尼亚建成为一个自由民主的国家，实行以私有制为基础的市场经济，优先发展同西方国家的关系。

争取一体化社会运动党，成立于 2004 年 9 月，政治上主张建立民主法治国家；经济上主张进行合法的自由竞争，建立市场经济，强调发展生产、提高福利、消除贫穷、繁荣经济，反对经济垄断和灰色经济；外交上

---

[1] AKADEMIA E SHKENCAVE E SHQIPËRISË. Fjalor enciklopedik shqiptar: Vol. 3 [M]. Tiranë: Akademia e Shkencave, 2009: 2578.

视"加盟入约"为外交重点，主张加强与东南欧国家的合作，强调睦邻友好，发展同传统友好国家的关系。

（二）议会

1. 议会的性质与职能

阿尔巴尼亚议会是国家最高权力机关和立法机构，实行一院制，每年举行两次大会。议会由140名议员组成。

阿尔巴尼亚议会的职能包括三个方面：一是立法职能，为议会的核心职能，是其作为国家立法机关的体现；二是选举职能，即在议会中选举总统、总理、内阁和宪法法院、高等法院院长和法官等，这一职能充分体现其作为国家最高权力机关的特征；三是监督职能，即监督政府政策措施的执行情况，采用问询会、提案会、议会讨论和成立调查委员会进行专项调查等方式，对政府进行监督。

2. 议长及各机构的职能与权限

议会的职能和各项工作的运转必须通过议会各机构的分工合作来实现，议会中议长及组成机构的具体职能和权限如下。

议长是议会形象的代表。议长代表议会处理各项对外事务，必须尊重各位议员的权利，主持议会的各项日常工作，包括安排会议讨论、表决、公布结果等。依据宪法，议长由至少15名议员提名、半数以上议员投票通过产生。议会另设有副议长2名，执政党与最大反对党各1名。[1]

---

[1] 资料来源于阿尔巴尼亚议会官网。

议会局是议会及其内部机构在管理和财政方面的决策机构，由议长、副议长和秘书处秘书组成，由议长领导，负责决定议会的开支预算、组织议会事务、确定议会人员的法律和经济地位及处理相关申诉等。议会秘书处设有预算处、程序投票处、议员资格处、议会科研藏书及出版处、外事处和信息公开与技术处，每个秘书处都包括秘书及若干成员。

议会主席会议由议长、副议长、各党团和常务委员会主席组成。各党团和常务委员会在议会中代表不同党派和团体的利益，是议会的重要机构。主席会议可由议长、部长会议或党团主席提议召开。会议由议长主持，主要讨论和决定议会的工作议程等。

议会常务委员会主要负责对相关领域的法律草案进行讨论和审议，设有主席、副主席、秘书各 1 名，委员和候补委员若干，总人数为 10—20 人不等。

（三）政府

1. 部长会议

部长会议由总理、副总理及各部部长组成。总理负责确定国家大政方向，颁布政令，紧急情况下还可发布具有法律效力的临时性法规。[1] 总理府以总理为首，配有副总理和总秘书长，内设秘书处和具体的部处。此外，总理及副总理还配备各自的顾问团，包括专职或兼职顾问、发言人及助理等，负责提供政策、法律、经济及社会、信息等方面的咨询和支持，或代为发表声明以及协助具体行政事务等。

---

[1] AKADEMIA E SHKENCAVE E SHQIPËRISË. Fjalor enciklopedik shqiptar: Vol. 3 [M]. Tiranë: Akademia e Shkencave, 2009: 2579-2580.

2．中央部委

阿尔巴尼亚政府现有 15 个部，各部以部长为首，配有副部长、总秘书长，下设若干个司，既处理本部门的具体事务，又进行一定的分工合作。部长设有部长办公室，为其协调部门内部事务。目前阿尔巴尼亚设立的部委有欧洲和外交事务部，国防部，内务部，财政与经济部，基础设施与能源部，教育、体育与青年部，司法部，文化部，农业与农村发展部，卫生与社会保障部，旅游与环境部，侨民事务部，企业保障事务部，议会联络事务部和重建事务部。

3．地方政府

在阿尔巴尼亚，城市和乡镇设立地方政府，通过各级代表委员会和地方全民公决开展行政事务，享有较大的自治权。代表委员会由大选直接匿名选举产生，市长、镇长由直接选举产生，均每 4 年举行一次。阿尔巴尼亚的大区由城市和乡镇组成，主要负责建立并执行国家与区域公共政策，区长为负责人，由行政任命产生。[1]

（四）司法

1．宪法法院

依据 2016 年宪法，宪法法院由 9 名成员组成，总统任命 3 名，议会和高等法院各选举 3 名，任期为 9 年，不能连任，每 3 年必须改选其中的三分

---

[1] AKADEMIA E SHKENCAVE E SHQIPËRISË. Fjalor enciklopedik shqiptar: Vol. 3 [M]. Tiranë: Akademia e Shkencave, 2009: 2580.

之一。法官必须具备宪法规定的从业资质，除教学、学术研究活动外，不得从事政治、行政活动或其他有偿业务。宪法法院院长从法院成员中不记名投票产生，获得多数票者当选，每3年改选一次，仅可连任一次。[1] 宪法法院以法院院长为首，下设法官会议、秘书处、院长办公厅、法律服务室。秘书处下设有司法与文件局、公众对外联络局、经济与人力资源局和服务保障局。宪法法院负责裁决与宪法相悖的国家或地方法律规章及政府签署的国际协议，依据宪法规范各党派和政治团体的活动，认定全民公决、议会罢免总统、高等法院罢免法官等事务的合法性，处理各类违宪事件等。同时，总统、总理、不少于五分之一的议员、高级司法委员会、高级检察院委员会等可依法对宪法法院提出要求。

2. 高等法院

高等法院是阿尔巴尼亚最高审判机关，审查司法审判的合法性，确保司法实践的统一性，有权依法更改或撤销法院判决，由联合法庭再审。高等法院在裁决过程中如发现法律与宪法相抵触，须终止判决，提交宪法法院裁决。根据2016年宪法，高等法院应由19人组成，院长、副院长各1人，其余为法官。院长和法官需符合宪法规定的任职资质，由高级司法委员会提名、议会认可、总统任命，任期9年，不可连任。法院院长从现任高等法院法官中产生。[2] 高等法院设有院长办公厅、总务处和法务团体。总务处下设各职能部门，法务团体配有法律顾问。

---

[1] 资料来源于阿尔巴尼亚宪法法院官网。
[2] 资料来源于阿尔巴尼亚高等法院官网。

3．总检察院

总检察院是阿尔巴尼亚最高检察机关，主要负责处理刑事案件，有权向高等法院和宪法法院提起诉讼。总检察院设有正检察长、副检察长、秘书处、办公厅、司法局、对外法律关系局、机构协调局和电信窃听与信息服务关系处。秘书处下设各职能部门。[1] 总检察长主要负责颁布各项总检察院决议、征求检察院委员会意见并向总统提名检察官人选、任免各级检察院的检察官、下令设立专门咨询机构等。

4．高级司法委员会

根据 2016 年宪法，国家成立高级司法委员会，旨在确保司法制度的独立、公正、透明和高效，以便获得公众信任，为国家发展和融入欧盟提供支持。委员会由 11 名成员组成，6 名由法官大会选举产生，5 名由议会从非法官的法律人员中选出。所有人员均要符合宪法的有关规定，任职 5 年，不可连任。[2] 委员会成员任职期间全职工作，卸任后返回原工作岗位。委员会主席从非法官人员中选举产生。高级司法委员会的职责为任命、评估、升迁或调任所有级别的法官，决定对各级法官的纪律处分，依法向总统提名高等法院法官人选，通过司法风纪规定和审查结果，依法指导和监督各法院的行政工作，建议和管理各法院预算等。

（五）军队

阿尔巴尼亚军队由陆军、海军、空军及预备役部队组成，担负着捍卫

---

[1] 资料来源于阿尔巴尼亚总检察院官网。
[2] 资料来源于阿尔巴尼亚高级司法委员会官网。

国家独立、领土完整和宪法制度的职责，维护国家的根本利益，维护地区稳定，参与维和行动及在灾情时救助人民。军队由议会、总统、总理和国防部长领导，总统为武装部队总司令。和平时期，总统通过总理和国防部长指挥军队；战争时期，可根据总理建议任免武装部队司令。总参谋长是武装部队最高军事长官，有最高军衔。军队在政治事务中保持中立，接受人民监督。军队以义务兵役制和专业兵役制相结合为基础，在战时实行募兵制。为适应本国国防和融入北约的需求，阿尔巴尼亚军队近十几年来不断提升职业化水平，在武器和军事技术方面采用北约标准。[1]

三、对外关系

第二次世界大战结束后至 20 世纪 50 年代末，阿尔巴尼亚的基本外交政策为与当时的社会主义国家进行密切合作。1949 年，阿尔巴尼亚成为经济互助委员会成员；1955 年成为华沙条约组织创始国之一；1955 年 11 月加入联合国。在此期间，阿尔巴尼亚同苏联、保加利亚、罗马尼亚、南斯拉夫等签订了友好、合作和互助条约。1961 年，阿尔巴尼亚中止同苏联的外交关系，并于 1961 年和 1968 年宣布退出经济互助委员会和华沙条约组织，同时加强了与中国的关系。进入 20 世纪 70 年代以后，阿尔巴尼亚推行封闭的对外政策，20 世纪 70 年代后期，阿尔巴尼亚几乎陷入完全闭关锁国的状态，直至 20 世纪 80 年代后期，阿尔巴尼亚与世界各国的关系才逐渐恢复。以下重点介绍阿尔巴尼亚与欧盟、美国、苏联、俄罗斯、中国及周边国家的关系情况。

---

[1] AKADEMIA E SHKENCAVE E SHQIPËRISË. Fjalor enciklopedik shqiptar: Vol. 3 [M]. Tiranë: Akademia e Shkencave, 2009: 2581.

（一）与欧盟的关系

目前，阿尔巴尼亚与欧盟的关系是以 1992 年 12 月 1 日生效的《贸易合作协定》为基础的。阿尔巴尼亚是东南欧国家中最早与欧盟签署该协定的国家，同时签署的还有《阿尔巴尼亚与欧共体政治联合声明》。由于阿尔巴尼亚 1996 年 5 月的议会选举和 1997 年年初出现的严重财政和社会危机，导致与欧盟约定签署新协议的进程陷入停滞状态。

1999 年 5 月，欧盟通过了针对阿尔巴尼亚、克罗地亚、马其顿、波黑和南联盟的新决议，标志"稳定合作协议进程"开启。11 月，欧洲委员会提交了关于欧盟与阿尔巴尼亚签署《稳定合作协议》的可行性研究报告，认为阿尔巴尼亚还不具备签署条约的条件，对其提出一系列要求，并确定了完成的期限。

2000 年 6 月，欧洲委员会宣布所有参与"稳定合作协议进程"的国家都是潜在的入盟候选国。同年 11 月，萨格勒布高级别会议揭开了西巴尔干国家与欧盟关系的新篇章，会议明确指出欧盟一体化进程已经开启，西巴尔干所有国家的未来就是加入欧盟，决定实施"重建发展稳定社会援助项目"，2000—2006 年，提供 46 亿欧元援助资金，以建立本区域内国家间以及与欧盟国家间的自由贸易区、总体上深化地区性合作为目标。会议期间，欧盟成立了阿尔巴尼亚高层领导小组，为开启欧盟与阿尔巴尼亚的《稳定合作协议》谈判做准备。

2001 年 6 月，欧洲委员会公布的报告建议开始《稳定合作协议》的谈判，以激励阿尔巴尼亚尚未完全达到协议签署条件的改革。在欧盟轮值主席国希腊和意大利的大力推动下，2003 年，阿尔巴尼亚与欧盟的关系进入加速发展阶段，1 月 31 日《稳定合作协议》谈判正式开启，这意味着双方通过签署《稳定合作协议》建立起广泛联系。6 月，欧洲理事会明确"稳定合作协议进程"为欧盟对西巴尔干国家的政策，参与进程的各国有权提出入盟申请,满足入盟条件即可成为欧盟成员国。经过多轮谈判,欧盟与阿尔巴尼亚最终于 2006 年 6 月 12 日在卢森堡签署《贸易和贸易合作临时协议》和《稳定合作协议》,两份协议分别于 2006 年 12 月 1 日和 2009 年 4 月 1 日生效。2009 年 11 月,阿尔巴尼亚提出入盟申请。

此后,加入欧盟始终是阿尔巴尼亚的战略目标,也是其面临的最大挑战。欧盟明确把考核五个关键问题的进展作为是否与阿尔巴尼亚开启入盟谈判的条件,其中之一便是司法改革。2010 年 4 月,阿尔巴尼亚政府向欧盟提交欧盟委员会的问卷调查材料,11 月得到欧盟"未达标"的回复。2010 年 12 月 15 日,欧盟申根区开始对持有生物识别护照的阿尔巴尼亚公民实行免签证制度。[1]2012 年 10 月,欧洲委员会建议,若阿尔巴尼亚完成司法体制和公共管理的改革并重新审核议会制度,可给予阿尔巴尼亚候选国资格。2013 年 10 月,欧洲委员会再次建议给予阿尔巴尼亚入盟候选国资格,11 月,欧盟与阿尔巴尼亚就关键问题举行了首次高级别对话。2014 年 6 月 27 日,欧洲理事会通过授予阿尔巴尼亚入盟候选国资格的决议。经过多年努力,2020 年 3 月 24 日,欧盟有条件开启与阿尔巴尼亚的入盟谈判。

(二)与美国的关系

1922 年,美国与阿尔巴尼亚建立了外交关系,尤利西斯·格兰特·史密斯为第一任美国驻阿大使。1939 年,阿尔巴尼亚被意大利占领,两国的外交关系中断,其间有数十名美国人在阿尔巴尼亚从事外交、经商、教育和探险。第二次世界大战结束至 20 世纪 90 年代以前,阿尔巴尼亚与美国长期处于敌对状态。20 世纪 90 年代后,随着社会制度的变化,阿尔巴尼亚与美国于 1991 年 3 月重新确立外交关系。[2]

---

[1] 资料来源于阿尔巴尼亚欧洲和外交事务部官网。

[2] 资料来源于阿尔巴尼亚欧洲和外交事务部官网。

恢复外交关系后，阿美两国关系迅速巩固和发展。在政治上，阿尔巴尼亚视阿美双边关系为其外交政策的重中之重，把美国作为其战略盟友与伙伴。阿尔巴尼亚1992年申请加入北约，1994年与北约签署"和平伙伴"关系协议，2001年同北约举行两次联合军事演习。2007年，时任美国总统布什访问阿尔巴尼亚，标志着两国关系进入重要的发展阶段。2009年，阿尔巴尼亚加入北约，开始积极参与反恐等国际联合行动。2015年，阿尔巴尼亚与美国签署战略伙伴关系协议，此举加强了两国在全球、地区事务及双边各领域交往中的伙伴关系。

在经贸领域，美国支持阿尔巴尼亚的机构建设和自由市场的发展。在阿尔巴尼亚经济的优先战略领域开展投资，目前，阿尔巴尼亚的美资企业和美阿合资企业共157家，涉及贸易、工业、农业领域。在文化领域，美国向阿尔巴尼亚推行简化赴美留学生的签证手续等政策。据统计，阿尔巴尼亚与美国在经济、运输、司法、安全、文化等领域共签署了27项协议。[1]

（三）与苏联和俄罗斯的关系

1924年9月，阿尔巴尼亚与苏联建立了外交关系。1939年4月，两国外交关系中断。第二次世界大战结束后，阿尔巴尼亚与苏联于1945年恢复外交关系，1956年开始互派大使。第一任阿尔巴尼亚驻苏大使为科乔·塔什科。[2]

20世纪50年代是阿苏友好关系的顶峰时期，阿尔巴尼亚得到了苏联的大量援助，两国在政治、经济和人文等方面关系密切。1944—1960年，在苏联的援助下，阿尔巴尼亚建成了中小型工矿企业21家。[3]为满足阿尔巴

---

[1] 资料来源于阿尔巴尼亚欧洲和外交事务部官网。
[2] 资料来源于科索沃地区电报媒体官网。
[3] 马细谱，郑恩波. 阿尔巴尼亚[M]. 北京：社会科学文献出版社，2004：241.

尼亚的需要，苏联提供了大量用于石油矿产开采与加工的技术和机械设备、运输工具和农业设备等。此外，众多阿尔巴尼亚留学生在苏联完成了学业，苏联同时派遣教师赴阿尔巴尼亚开展教学合作。

1961年，阿苏关系破裂，苏联撤走全部援助阿尔巴尼亚的专家，中断经济和军事援助，断绝贸易、科技和文化联系，撤走驻发罗拉海军基地的舰艇。[1]直到1990年，阿尔巴尼亚和苏联才恢复了正常的外交关系。

1991年，苏联解体，俄罗斯联邦成为苏联的唯一继承国。同年，阿尔巴尼亚确认与俄罗斯的外交关系。1992年起，两国定期进行外长会晤，探讨双边事务、巴尔干安全事务与区域、能源合作等。1995年起，两国又签署了《文化科学合作政府协议》等合作协议，文化教育领域的交流取得进展。2004年，阿尔巴尼亚与俄罗斯签署《2004—2005年文化科学政府间项目》和《友好合作协议草案》。同年，阿尔巴尼亚总统莫伊休和总理纳诺访问俄罗斯。[2]

自20世纪90年代中期起，阿尔巴尼亚与俄罗斯共签署了30余项各领域的合作协议，但总体上说，双方实质性的合作相对有限。近十年来，阿尔巴尼亚将与俄罗斯的经贸往来作为双边关系发展的首要领域，目前俄罗斯是阿尔巴尼亚十大贸易国之一。[3]

（四）与中国的关系

1949年11月23日，阿尔巴尼亚与中国建交。1954年，两国互派大使，签署合作协定，互派第一批留学生。从1954年至20世纪60年代，两国关系逐步升温，中国向阿尔巴尼亚提供了大量的经济援助，在政治方面相互

---

[1] 马细谱，郑恩波. 阿尔巴尼亚[M]. 北京：社会科学文献出版社，2004：242.
[2] 资料来源于俄罗斯驻阿尔巴尼亚大使馆官网。
[3] 资料来源于阿尔巴尼亚欧洲和外交事务部官网。

支持与合作。1964—1966 年，周恩来总理曾三度访问阿尔巴尼亚。据统计，1961—1969 年，中国向阿尔巴尼亚提供的无息贷款总额为 15.5 亿元人民币。[1] 在此期间，阿尔巴尼亚是中国恢复联合国合法席位提案的主要发起国之一。1971 年，中国在第 26 届联合国大会上恢复了在联合国的合法席位，阿尔巴尼亚为此做出了重要贡献。1975 年，两国贸易额达 1.67 亿美元。然而，从 1973 年起，中阿两国在一系列问题上出现了分歧，两国关系趋于冷淡，1979—1982 年，两国贸易关系一度中断。

20 世纪 80 年代中后期，中阿关系逐步恢复正常。1983 年，两国恢复了贸易关系，当年政府协定的贸易额达 900 多万美元，双方的高层互访也逐步展开，阿尔巴尼亚多位总统、总理到访中国。1989 年，两国政府间经济技术合作混合委员会成立，当年贸易额达 4 000 多万美元。中国从阿尔巴尼亚进口的主要商品有铬矿石、裸铜线、沥青、生铁，而中国向阿尔巴尼亚出口的主要商品有棉花、大米、炼焦煤、机械设备及零配件和生活消费品等。但是，从 1989 年起，由于阿尔巴尼亚国内政局动荡，国民经济濒临崩溃，国库枯竭，市场物资匮乏，对外贸易受到严重影响，20 世纪 90 年代初，两国贸易额大幅下降。1991 年，两国签署了政府间的文化、教育、科技合作协定。1993 年，两国签署了《中华人民共和国政府和阿尔巴尼亚共和国政府贸易协定》和《中华人民共和国政府和阿尔巴尼亚共和国政府关于鼓励和相互保护投资协定》，双边贸易开始平稳增长。2004 年，两国签署了《中华人民共和国政府和阿尔巴尼亚共和国政府关于对所得和财产避免双重征税和防止偷漏税协定》。

近年来，随着"一带一路"建设和中国-中东欧合作机制的不断扩大和深入，中阿双方进一步增进了解，加强政治互信，在经贸、旅游、人文交流、地方合作等各领域不断取得新的进展，中阿传统友谊全面提升，

---

[1] 马细谱，郑恩波. 阿尔巴尼亚 [M]. 北京：社会科学文献出版社，2004：252.

务实合作迈上新台阶。2013年，中国国际广播电台调频台在阿尔巴尼亚落地，阿尔巴尼亚首家孔子学院揭牌成立，首批中小学中文课堂正式开班。2015年，中国国家新闻出版广电总局代表团访问阿尔巴尼亚，双方签署《经典图书互译出版项目合作协议》。2015年和2016年，中阿两国还分别签署了《中华人民共和国政府和阿尔巴尼亚共和国政府经济技术合作协定》和《中国文化部和阿尔巴尼亚文化部2016—2020年文化合作计划》。2017年，《习近平谈治国理政》阿尔巴尼亚文版首发式在地拉那举行。2018年，阿尔巴尼亚在旅游旺季给予中国公民免签证待遇。据中国海关总署统计，2019年中阿双边贸易额7亿美元，同比增长8.7%。其中中方出口额6亿美元，同比增长11.3%，进口额1亿美元，同比下降4.7%。2020年1月—8月双边贸易额4.2亿美元，同比下降9.1%。其中中方出口额3.8亿美元，同比减少6%，进口额0.5亿美元，同比下降26.8%。[1]

（五）与周边国家的关系

阿尔巴尼亚地处巴尔干半岛西部，与巴尔干半岛的诸多国家接壤，巴尔干半岛内部错综复杂的民族问题和大国在巴尔干半岛的不断争夺，使阿尔巴尼亚与周边国家的关系长期处于相对脆弱的状态。阿尔巴尼亚与塞尔维亚因科索沃问题时常激化矛盾，而与希腊因恰梅里亚（希腊称为"北伊庇鲁斯"）问题也时有摩擦。然而，抛开历史的恩怨，巴尔干半岛和东南欧各国需要和平稳定的发展局面。因此，保持与所在地区的国家，特别是西巴尔干各国的睦邻友好关系是新时期阿尔巴尼亚对外政策的首要任务，同时也是与欧盟进行稳定合作协议进程的主要条件之一。

阿尔巴尼亚坚持建立一个稳定安全的地区方针，用地区所有国家间双边

---

[1] 中华人民共和国外交部官网 [EB/OL]. [2020-04-30]. https://www.fmprc.gov.cn/web/gjhdq_676201/gj_676203/oz_678770/1206_678772/sbgx_678776/.

或多边合作来化解民族宗教冲突，把地区合作作为这些国家欧洲一体化和加入北约的先决条件。在此基础上，建立地区关系，促进共同理解，加强合作政策，以"加盟入约"为共同目标，实现该地区的和平、稳定和繁荣。阿尔巴尼亚的对外政策致力于树立阿尔巴尼亚的国家形象，使阿尔巴尼亚成为维护地区和平与稳定的中坚力量。

利用外交政策，阿尔巴尼亚致力于摆脱长期的内外部矛盾与冲突，积极融入巴尔干地区及欧盟的重要合作进程。阿尔巴尼亚政府试图成为地区及欧洲大西洋一体化、建立相互联系经济网的共同能量源，以便建立一个在自由贸易、能源和道路基础设施等方面统一的地区市场，持续改善地区安全环境。在建立地区自由贸易区方面，阿尔巴尼亚几乎已经同本地区所有的国家签署了自由贸易协定，以便放开签证，使商品和人员能够自由流动。

在发展与周边国家的关系方面，阿尔巴尼亚奉行三个基本原则：透明、宽容和对话，从而加强与本地区所有国家的高层政治对话，拓宽在众多领域双边机构互利合作的法律基础。在阿尔巴尼亚以及东南欧各国的共同努力下，近年来阿尔巴尼亚与周边各国的关系正常发展，彼此经贸合作迅速扩大。

第三节 社会生活

一、农工业

长期以来，阿尔巴尼亚农业相对落后，工业不发达。在社会主义时期，虽然农业在国民经济中占有较大比重，经历了翻天覆地的变化，但农业基础设施和科学技术水平落后，畜牧业生产规模有限，现代化水平整体不高；

工业以重工业、采矿业、加工业为主，轻工业、食品工业等严重不发达。

20 世纪 90 年代至今，阿尔巴尼亚利用外来投资和市场化运作，在农业和工业领域取得了积极进展，但仍存在无法满足国内人民生产生活需求的情况。因此，合理主动地进行工农业布局，利用有利于农业生产的气候、土壤等自然条件和资源优势，发展现代高效农业和针对性的工业部门，依然是阿尔巴尼亚经济发展面临的重要课题。

（一）农牧业

1. 农业

阿尔巴尼亚是一个古老的农业国，以耕作农田、生产粮食为主，但长期以来，农业生产落后，农作物产量低，大量农产品依赖进口。1944 年，阿尔巴尼亚解放后，农村进行了全国性的土地改革，农业生产得到飞速发展，农业生产能力持续提升。1967 年，国家在完成合作化的基础上又实行高水平合作化。截至 1989 年，农业产值比 20 世纪 50 年代增长了 5.1 倍。1990 年，农业占国内生产总值的 40.2%，农业就业人员占总就业人员的 50.5%。不同的农业所有制形式对农业生产的贡献率为：国有部门占 29.8%，合作部门占 60.1%，合作社占 10.1%。已开垦耕地达 70.62 万公顷，灌溉面积占已开垦耕地面积的 59.9%。[1] 然而，尽管 1965 年以来实行了农畜产品配给制和农业生产部门合并等举措，食品生产得以逐步增加，但仍无法满足人口快速增长的需要。

1991 年，阿尔巴尼亚经济制度实现转轨，占人口总量三分之二的农村实行土地私有化，550 个合作社和国有部门变为众多个小型私有农场，平均

---

[1] AKADEMIA E SHKENCAVE E SHQIPËRISË. Fjalor enciklopedik shqiptar: Vol. 3 [M]. Tiranë: Akademia e Shkencave, 2009：2590.

面积 1.2 公顷。[1] 棉花、甜菜等农业作物的种植面积减少，饲料作物、蔬菜、葡萄和果树等的种植面积增加。2000 年后，饲料种植比重在农作物种植中日益上升，大幅超过粮食和普通蔬菜瓜果。2004 年，国家水利灌溉占已开垦耕地面积的 27.7%。在播种方式上，人力占 41.1%，耕牛占 15.5%，拖拉机占 43.4%。1992—2008 年，农业产值虽然增长到 70.7%，但农业在国内生产总值中的比重从 1990 年的 40.2% 下降为 2007 年的 21.2%，2008 年的农业生产绝对值仅为 1990 年的 95.3%。[2]

自 20 世纪 90 年代以来，阿尔巴尼亚面临土地所有权归属和土地过于分散等问题，不利于建立大型企业、吸引投资、广泛运用农业机械，因此农业潜力远未充分发挥。近十几年来，阿尔巴尼亚国内农产品市场正积极吸引投资，向欧洲标准看齐，引导农民发展无污染的生态农业，走向农业现代化。一些农业高产区，如卢什涅、科尔察、培拉特、斯库台和发罗拉等地，建立起了现代化的批发市场和稳定的市场网络体系，当地农产品产量有所增加，全国灌溉基础设施建设也有一定的发展，对农业发展起到了一定的促进作用。但总体上说，由于缺乏投入，农业产量低、成本高，农村人口向城市流动造成大面积农用地荒废等，相当一部分农产品继续依赖进口，国际农产品价格的涨跌仍直接关系到国内百姓的日常生活。

2．畜牧业

畜牧业是阿尔巴尼亚农业的重要组成部分。在一些山区，畜牧业更是一些家庭收入的主要来源。1944 年，全国解放后，国家对畜牧业加大了投入，20 世纪 50—90 年代，牲畜和家禽的种类增多，产量均有较大幅度增长。但是

---

[1] AKADEMIA E SHKENCAVE E SHQHIPËRISË. Fjalor enciklopedik shqiptar: Vol. 3 [M]. Tiranë: Akademia e Shkencave, 2009：2585.

[2] AKADEMIA E SHKENCAVE E SHQHIPËRISË. Fjalor enciklopedik shqiptar: Vol. 3 [M]. Tiranë: Akademia e Shkencave, 2009：2591.

20世纪80年代后，畜牧业的机构合并带来了负面效果，奶制品、肉等农产品产量严重不足。1989年，畜牧业占农业总产值的32%。20世纪90年代后，私有制经济在农村重新确立，向市场经济转变也带来了农村生产结构的变化，畜牧业在这一阶段发展最快，在农业总量中的占比从1989年的32%提升至2004年的46%，位居第一。[1]

近十几年来，阿尔巴尼亚的牲畜数量基本能够满足国内市场的肉类需要，还可以适当出口。最大的肉类生产中心是卢什涅、培拉特、费里、斯库台、科尔察和迪勃拉，产品质量优良。畜牧业作为重要的农业生产部门之一，其年产值约占农业年总产值的一半，其中奶业地位非常重要。阿尔巴尼亚拥有约500条农业加工生产线、10个现代化工厂，分布在全国各地。

3．渔业和林业

1944年后，阿尔巴尼亚捕鱼业得到了发展。20世纪90年代末的捕鱼量是20世纪50年代的6.7倍，全国有36家渔业公司，渔业人员约8 000人。20世纪90年代起，捕鱼船、水库和内河流域的渔业经营私有化。截至2004年，共有渔业企业1 064家，就业人数3 141人，年捕鱼量5 500吨，比2000年增长67%。[2]

2010年前，渔业结构已有所变化，占比67%的捕鱼船以捕捞深海鱼类为主。湖泊、潟湖及农用水库的内河捕鱼也更加重要，2004年的捕鱼量已占77%，主要捕捞鲤鱼、鲱鱼、鲑鱼等。阿尔巴尼亚还成立了形式多样的渔

---

[1] AKADEMIA E SHKENCAVE E SHQIPËRISË. Fjalor enciklopedik shqiptar: Vol. 3 [M]. Tiranë: Akademia e Shkencave, 2009：2592.

[2] AKADEMIA E SHKENCAVE E SHQIPËRISË. Fjalor enciklopedik shqiptar: Vol. 3 [M]. Tiranë: Akademia e Shkencave, 2009：2592.

业和水产养殖企业。[1]

1946—1983年，阿尔巴尼亚植树面积达17.3万公顷，改善森林39.7万公顷。截至20世纪80年代中期，林地总面积约为100万公顷，树木品种约为330种。[2] 目前，阿尔巴尼亚森林覆盖率达60%以上。[3]

（二）工业、建筑业及交通运输业

1. 工业

20世纪20年代，阿尔巴尼亚工业才开始起步，面粉厂、机锯厂、油厂、肥皂厂、印刷厂、烟草加工厂等纷纷成立，外国资本采矿企业达10家。1923—1938年，各地还兴建了早期的水泥厂和电力公司，但直至20世纪30年代末，工业仍以作坊为主，规模极小。在1939—1944年法西斯占领期间，人口减少，房屋焚毁，工厂、作坊、矿山、港口、桥梁等遭到损毁或严重破坏。

1944年年底，阿尔巴尼亚解放后，国家以社会主义公有制为基础，发展计划经济，建立以工业为首、农业为本，发展交通、建筑、贸易和服务行业的经济体系。这一时期，以重工业、采掘业和能源工业为主的新工业建立起来，矿产和燃料工业占国民经济的比重较大，加工业和服务业非常不发达。1950—1989年，工业生产增长了42.3倍，年增长率为12.5%。1990年，工业占国内生产总值的比重为37.2%，占国民收入的比重从1950年的

---

[1] AKADEMIA E SHKENCAVE E SHQIPËRISË. Fjalor enciklopedik shqiptar: Vol. 3 [M]. Tiranë: Akademia e Shkencave, 2009：2592.

[2] 马细谱，郑恩波. 阿尔巴尼亚 [M]. 北京：社会科学文献出版社，2004：135.

[3] 资料来源于阿尔巴尼亚统计局官网。

7% 上升为 41.8%，就业人员占总就业人数的 23.8%。[1] 但在这一时期，国家并未形成结构独立的发达工业体系，工业产品主要用于生产消费而非生活消费。

1990 年后，国家建立私有制，向市场经济过渡，开始深度改革，导致原有的国有企业连续 5 年破产或停工，工业生产减少，直到 1995 年，工业生产才开始恢复增长。2003 年，工业企业数 4 008 家，就业人数 6 万余人，实现产值 1.16 亿列克。工业在阿尔巴尼亚经济中的地位和作用明显下降，在国内生产总值中的比重由 1990 年的 37.2% 下降为 2007 年的 10.9%。工业生产绝对值下降，2008 年的工业产值仅为 1990 年的 72.9%。[2] 主要能源产品产量在 1998—2004 年下降了 12.4%，石油和电力作为国内两大主要能源支柱，分别占能源总产量的 38% 和 40%，采掘业和矿产加工业的生产能力不足。煤炭、石油、天然气、电力等能源产量的下降在相当长的一段时间内造成国内能源生产无法满足其电力需求的现状。

2．建筑业

1945—1990 年，建筑业在阿尔巴尼亚经济中的作用逐步提升，国内生产总值占比从 1950 年的 4.7% 增加到 1990 年的 6.6%，建设装配总量增长 30 倍，就业人口为总就业人口数的 7.2%。在这一时期，阿尔巴尼亚建设了数十个工业、能源、农业、社会文化工程，如德林河水电站、爱尔巴桑冶金厂、地拉那拖拉机厂、培拉特纺织厂等，还建造了 30 多万套住宅，可供

---

[1] AKADEMIA E SHKENCAVE E SHQHIPËRISË. Fjalor enciklopedik shqiptar: Vol. 3 [M]. Tiranë: Akademia e Shkencave, 2009：2588.

[2] AKADEMIA E SHKENCAVE E SHQHIPËRISË. Fjalor enciklopedik shqiptar: Vol. 3 [M]. Tiranë: Akademia e Shkencave, 2009: 2589.

80%的人口居住。[1]

1990年后，为满足改善居住条件和提高现代基础设施建设的需要，建筑业飞速发展。1997—2008年，建筑工程规模增长4倍，2005年的销售量是1990年的2.06倍，国内生产总值占比从1990年的6.6%增长到16.4%，成为推动国民经济发展的重要因素，还带动了建筑材料工业的发展。2003年，阿尔巴尼亚共有1 467家建筑公司，比其他行业的生产企业有更高的经济效益。在建设类型中，住宅占比58.5%，工程占比41.5%，1991—2001年，建造了近13万套住宅。[2]

3．交通运输

1912年，阿尔巴尼亚独立，从奥斯曼帝国仅获得160公里的公路。20世纪20年代，公路交通开始发展，但受国内多山地形和战争的影响，公路建设进展并不明显。

1950—1989年，阿尔巴尼亚交通运输经历了一段快速发展的时期，交通运输在经济结构中的作用明显增强。1990年，交通运输业在国内生产总值中的占比达3.3%，货运量从1950年的170万吨增长到1989年的9 180万吨，增长了54倍，客运量增长了45.5倍。[3]这一时期，交通运输结构也发生了变化。发展最快的是铁路运输，其次是公路运输，海上运输发展最慢，而航空运输由于封闭政策几乎没有发展。据统计，1950—1989年，铁路运输、公路运输和海上运输的货物量占比分别从11%、74.7%、14.3%变为

---

[1] AKADEMIA E SHKENCAVE E SHQIPËRISË. Fjalor enciklopedik shqiptar: Vol. 3 [M]. Tiranë: Akademia e Shkencave, 2009: 2592.

[2] AKADEMIA E SHKENCAVE E SHQIPËRISË. Fjalor enciklopedik shqiptar: Vol. 3 [M]. Tiranë: Akademia e Shkencave, 2009: 2592-2593.

[3] AKADEMIA E SHKENCAVE E SHQIPËRISË. Fjalor enciklopedik shqiptar: Vol. 3 [M]. Tiranë: Akademia e Shkencave, 2009: 2593.

33.5%、64.7%、1.8%。1980—1989年，铁路里程从337公里提升至684公里，公路里程从6 252公里提升至7 250公里。[1]

1990年后，阿尔巴尼亚交通运输业高速发展，对经济影响明显。公路运输、海上运输和航空运输均快速发展，公路建设速度加快，路况明显改善。港口航道加深，设备更新。国内唯一的民用国际机场——地拉那特蕾莎修女国际机场[2]——通过融入外国资本和管理经验，达到了国际标准，机场大巴从市中心到机场只需要20—30分钟。1990—2008年，交通运输在国内生产总值中的贡献率从3.3%提升至5.8%。据统计，2003年，国内运输企业和公司达3 902家，员工16 921人，占非农业经济企业用工总量的11.5%，产值达7 243.5万列克，占非农业经济企业总产值的25.5%。[3]

海上运输由都拉斯、发罗拉、萨兰达和深津四个港口完成。1995—2004年，港口吞吐量增长2.8倍，国际客运量增长2.57倍。航空运输由12家航空公司完成，其中外资公司9家，合资公司3家。20世纪90年代后，随着开放政策的实施以及货物、人员和资本的自由流动，同1995年相比，2004年的航班量、客运量和货运量分别增长了479.7%、304.6%、266.3%。[4]2016年，阿尔巴尼亚港口货物吞吐量达375.6万吨；铁路客运量为8.9万人次，货运量7.6万吨；国际机场客运量达219万人次，航班量达22 352班次。[5]

---

[1] AKADEMIA E SHKENCAVE E SHQIPËRISË. Fjalor enciklopedik shqiptar: Vol. 3 [M]. Tiranë: Akademia e Shkencave, 2009：2593.

[2] 又称里纳斯机场，1955—1957年修建，在20世纪60—80年代均进行过修缮。1990年后，随着阿尔巴尼亚的开放政策，机场运营的航班和航空公司数量明显增加，阿尔巴尼亚政府决定由外国投资者来建设新的航站楼和其他配套设施。豪赫蒂夫机场公司、德国投资与开发有限公司和阿美企业基金会开始共同运营该机场。2016年10月，中国光大控股有限公司收购该机场，特许经营权至2027年。但2020年12月，阿尔巴尼亚公司（Kastrati）已购回该机场的经营权。

[3] AKADEMIA E SHKENCAVE E SHQIPËRISË. Fjalor enciklopedik shqiptar: Vol. 3 [M]. Tiranë: Akademia e Shkencave, 2009：2593.

[4] AKADEMIA E SHKENCAVE E SHQIPËRISË. Fjalor enciklopedik shqiptar: Vol. 3 [M]. Tiranë: Akademia e Shkencave, 2009：2594.

[5] 赵刚. 中东欧国家发展报告（2016—2017）[M]. 北京：社会科学文献出版社，2018：97.

而在铁路运输方面，虽然地拉那-都拉斯线基础设施和列车实现现代化，但受公路运输竞争和自身运输状况恶化的影响，其重要性逐年下降，例如：与 1995 年相比，2004 年客运量下降了 53%，货运量也逐年下降。截至 2008 年，铁路货运量和客运量仅占客货运输总量的 1%。[1]

二、服务业

广义上说，阿尔巴尼亚服务行业包含贸易和旅游业。1950 年后，阿尔巴尼亚的服务业逐步发展起来，但由于当时政府在经济政策上更重视工业和农业的发展，导致服务业不发达，远远无法满足人民的需要，更远落后于市场经济发达的国家。1945—1990 年，服务行业占国内生产总值的 12.7%，就业人口占总就业人口的 15.6%。其中，零售商品交易量增长 3.5 倍，1989 年外贸商品交易额为 1960 年的 7.5 倍，出口增长高于进口。20 世纪 70 年代后期，国内贸易发展起来，但依然无法满足人口高速增长和人均消费水平提高的需求，市场商品紧缺，商品只能实行配给制。在医疗服务方面，1989 年医院病床数比 1960 年增加 244%，医疗机构的医生数量增加了 5.8 倍，救护车数量增加了 5.2 倍。[2]

1990 年后，随着阿尔巴尼亚的对外开放，服务业在经济部门中的发展最为迅速，成为国内生产总值增长的重要因素。1990—2008 年，服务业产值增长 587.5%，在国内生产总值中的占比从 1990 年的 12.7% 升至 2008 年的

---

[1] AKADEMIA E SHKENCAVE E SHQIPËRISË. Fjalor enciklopedik shqiptar: Vol. 3 [M]. Tiranë: Akademia e Shkencave, 2009：2593.

[2] AKADEMIA E SHKENCAVE E SHQIPËRISË. Fjalor enciklopedik shqiptar: Vol. 3 [M]. Tiranë: Akademia e Shkencave, 2009：2594.

45.7%。[1] 如今，服务业是阿尔巴尼亚经济发展最快的行业，其中尤以贸易与旅游业的发展最为突出。

（一）贸易

1. 国内贸易

1945年，阿尔巴尼亚通过贸易资本国有化，建立了以国有贸易公司和供销合作社为主体的社会主义贸易体系。1960—1989年，内贸网络从4 362家发展到11 140家，商品流通量增长了374.9%。其中，食品类贸易增长355.7%，非食品类商品的贸易增长最多，达到410%。1989年，零售贸易周转量的61.4%为食品，其余为非食品。[2] 但是，这一时期以国家定价为基础的国内贸易造成商品短缺，并不能满足消费者对商品，尤其是农产品的需求，导致不少食品实行配给制。

1990年后，随着贸易单位的私有化，允许私人开办贸易公司，私营贸易公司逐渐成为国内贸易市场的主体。1999—2004年，国内贸易销售额指数增长89%，其中汽车销售与维修量指数增长500%。国内贸易改革和对外贸易解决了市场各类产品长期短缺的问题。2003年，国内贸易企业数达19 144家，占经济类企业总数的53%，服务类企业总数的62.7%；就业人员达3万多人，占经济类企业用工总数的21.7%和服务类企业用工总数的44.8%。国内贸易公司的特点为自主就业率高，占贸易公司就业总数的69.7%。[3]

---

[1] AKADEMIA E SHKENCAVE E SHQHIPËRISË. Fjalor enciklopedik shqiptar: Vol. 3 [M]. Tiranë: Akademia e Shkencave, 2009：2594.

[2] AKADEMIA E SHKENCAVE E SHQHIPËRISË. Fjalor enciklopedik shqiptar: Vol. 3 [M]. Tiranë: Akademia e Shkencave, 2009：2595.

[3] AKADEMIA E SHKENCAVE E SHQHIPËRISË. Fjalor enciklopedik shqiptar: Vol. 3 [M]. Tiranë: Akademia e Shkencave, 2009：2595.

2．对外贸易

16世纪，阿尔巴尼亚的对外贸易就已活跃起来。奥斯曼帝国与威尼斯、法国、荷兰和英国达成的条约和贸易协定促进了该地区沿海城市，如发罗拉、斯库台、都拉斯和莱什的贸易。这些港口贩卖布料、皮革等外国商品和粮食、盐、沥青、羊毛、皮革、蜂蜡、木料等国内及巴尔干内陆商品。17世纪，国内外商人在都拉斯设有仓库，囤积来自阿尔巴尼亚、马其顿、保加利亚和塞尔维亚的商品，运往意大利的威尼斯、安科纳等城市。18世纪，阿尔巴尼亚商人建立起贸易网络，不仅覆盖亚得里亚海沿岸地区，还延伸到法国、奥地利和匈牙利，主要商品有羊毛、蜂蜡、皮革和丝绸等。18世纪后半叶，斯库台在阿尔巴尼亚的贸易中占据了首要位置。斯库台的商人在巴尔干内陆地区收购大量的羊毛、皮革、棉花和丝绸。1755年，为达尔马提亚[1]供给粮食的乌尔钦船只就达150艘。当时，从事贸易的除了商业资本家，还有大封建主家族，如阿里·巴夏·台佩莱纳曾是最大的粮食出口商。1767年，布沙特家族仅出口油就达17 000桶。从进出口的比例看，当时阿尔巴尼亚的对外贸易呈顺差状态。

20世纪20年代，随着索古政府实行开放政策，意大利等外国资本涌入阿尔巴尼亚，贸易逆差出现。1925年，一批意大利金融家在阿尔巴尼亚设立银行，这一时期的外贸出口明显增加，逆差减少，主要出口产品为皮、毛、奶酪、烟草、橄榄、橄榄油等；主要进口产品为布料、糖、米、咖啡、加工皮革等；主要进口国为意大利、南斯拉夫、罗马尼亚等。

1945—1990年，对外贸易由国家通过专门的国有企业经营，按计划保证进出口平衡，坚持"不出口、无进口"的原则。1989年的出口商品结构为工业商品占58.3%，农业产品占19%，未加工农产品占22.7%。这一时期，阿尔巴尼亚出口产品有燃料、沥青、煤、铬矿、镍铁矿、烟草等，进口商

---

[1] 达尔马提亚是克罗地亚南部、亚得里亚海东岸的狭长地带，现属于克罗地亚共和国和黑山共和国。

品为燃料、金属、矿产、机械设备、动植物原料、化学品等。进口主要考虑的是生产需要，不重视满足人民生活需要的消费品，消费品仅占进口总额的 15%。1989 年的外贸商品交易量比 1960 年增长 7.5 倍，出口增长快于进口，绝大部分的贸易对象是前社会主义国家，按计划在经济互助委员会领导的社会主义国际市场内进行交易和清算。[1]

1990 年后，国家不再专营外贸，私营企业进入贸易行业。2000 年，阿尔巴尼亚加入世界贸易组织，虽然外贸自由发展，但经济开放水平有限。2004 年，贸易行业经过改革飞速发展起来，在国内生产总值中占比达 38.4%。1997—2007 年，外贸商品交易量上涨 598.4%，从趋势上看，1997 年进出口均有下降，1999 年又大幅增长，2000 年再次下降，此后进口又大幅增长。在这一时期，进口增长高于出口，贸易逆差增长 387.8%。从出口结构看，2001—2005 年，以纺织品加工出口为主，占出口总量 57.9%，其他出口产品依次是建材和金属材料、食品烟酒、矿产等。啤酒是 2005 年的主要出口产品之一。这一时期的主要出口国为意大利、希腊和德国。阿尔巴尼亚与欧盟国家的对外贸易不断拓展，2005 年，向欧盟国家出口占比达 88.7%。从进口结构看，2005 年机械设备与配件占进口总量的 23.6%，食品烟酒占 17.6%，建材和金属材料占 14.9%，燃料和电力占 12%，纺织鞋业占 12.3%。主要进口国为意大利、希腊、加拿大、德国，欧盟国家进口占比达 63.7%。[2] 阿尔巴尼亚国家统计局数据显示，2016 年，外贸进出口总额约为 73.4 亿美元，其中出口额为 21.7 亿美元，进口额为 51.7 亿美元。出口欧盟的总额占总出口额的 75%，从欧盟进口的总额占总进口额的 71%，其中对意大利进出口占比为 30% 和 50%。[3]

---

[1] AKADEMIA E SHKENCAVE E SHQIPËRISË. Fjalor enciklopedik shqiptar: Vol. 3 [M]. Tiranë: Akademia e Shkencave, 2009：2595-2596.

[2] AKADEMIA E SHKENCAVE E SHQIPËRISË. Fjalor enciklopedik shqiptar: Vol. 3 [M]. Tiranë: Akademia e Shkencave, 2009：2596.

[3] 赵刚. 中东欧国家发展报告（2016—2017）[M]. 北京：社会科学文献出版社，2018：97.

（二）旅游

阿尔巴尼亚旅游资源丰富，其自然和生态环境适宜发展多种旅游业。阿尔巴尼亚属地中海亚热带气候，温度、光照、湿度等气候条件对人体健康有益。在沿海水域，特别是伊奥尼亚海域，五月上旬至十月中旬的水温均可达到人体可接受的最低生理水温，旅游旺季长达150—180天。因此，沿海地区和内陆的湖泊河流沿岸是优先发展旅游业的地区。漫长的海岸线上沙滩和卵石海滩众多，许多三角洲、潟湖、海角、深潭风景优美，其中伊奥尼亚海的不少海湾适合经营快艇旅游项目。德林河、马蒂河、什昆比河、维约萨河、德沃尔河等也具有重要的河湖旅游潜力，可经营皮艇旅游项目，一年四季均可开展温泉浴旅游。近年来，都拉斯、发罗拉和萨兰达的海滨旅游吸引了许多外国游客，而到历史名城如费里市附近的阿波罗尼亚和萨兰达市附近的布特林特旅游的国内外游客也明显增加。

阿尔巴尼亚的登山、滑雪等山地旅游项目具有很大的开发潜力。海拔高度在800—1 500米的山区尤其适合在夏季开展疗养旅游，1 500米以上的山区适合开展冬季旅游。缆车对山地旅游开发具有重要意义，主要的山地旅游区有博格、塞斯、卢拉、达伊特、沃斯科波亚、达尔扎、博兹多韦齐、吉纳里、洛戈拉伊等，达伊特山配备有缆车，其他地方的基础设施尚在建设中。阿尔巴尼亚山区森林茂密，特别适合发展生态旅游，比如：卢拉、米尔迪塔、切尔美尼克、戈洛博尔达等都有自然保护区和国家公园，丰富的动物资源也为开发狩猎旅游创造了条件。

阿尔巴尼亚的考古遗迹、博物馆、美术馆以及民间文化艺术节、服饰、民歌、民族乐器等，都具有很高的历史文化价值。其中，金银、铜铁、木、草、皮等材质的工艺品、纪念品，毛、棉、麻制品，各种传统民间美食，鲜花培育等，尤其具有开发价值。

近十几年来，旅游业已成为服务业中优先发展的行业之一，也是阿尔巴尼亚经济中有发展前景的重要行业。为发展本国旅游业，阿尔巴尼亚积极吸引外国投资，发展配套基础设施，宾馆、酒吧、饭店、商业中心、交通等基础设施建设已取得明显改善。此外，阿尔巴尼亚大力宣传本国文化、习俗和历史，以提高国家关注度，期待通过旅游业的发展改善国家形象，增加本国就业。1995—2004年，宾馆数量从92家增加到200家，床位数从2 018个增加到8 500个，近60%的宾馆的接待条件达到中等水平。游客数量从30.4万增加到64.5万，增长了212%，绝大多数游客是科索沃地区与马其顿的阿尔巴尼亚人，占游客总人数的78%。[1] 近年来，由于欧元区经济回暖和政府对旅游业的大力开发和扶持，旅游收入迅速上升。2016年，阿尔巴尼亚旅游业收益超过15亿欧元。[2]

阿尔巴尼亚不仅自然景观丰富多样，文化景观也颇具东西方交汇的历史感，以下举例介绍。

1. 国家公园

达伊特山国家公园位于地拉那东部，离地拉那25公里，面积3 300公顷，有大批动植物资源。达伊特山适合度假，可开展攀岩、郊游和滑雪等多种活动。

瓦尔博纳河谷国家公园占地约8 000公顷，位于巴依拉姆楚里市以北25—30公里处。公园倚山而建，四季高山牧场，景色美不胜收。公园具有重要的生物多样性价值，适合钓鱼、休闲、登山以及冬季运动等项目，同时还具有科学和医疗方面的价值。

塞斯国家公园地处阿尔巴尼亚阿尔卑斯山、纳穆那高山牧场附近，距

---

[1] AKADEMIA E SHKENCAVE E SHQIPËRISË. Fjalor enciklopedik shqiptar: Vol. 3 [M]. Tiranë: Akademia e Shkencave, 2009: 2597-2598.

[2] 赵刚. 中东欧国家发展报告（2016—2017）[M]. 北京：社会科学文献出版社，2018: 98.

斯库台 70 公里，占地 2 630 公顷。公园内落差 30 米的格鲁纳斯瀑布神奇天然，风景如画。公园以珍稀多样的动植物著称。目前尚有少量当地人居住于公园内，这些居民有向市区流动的趋势，他们在夏季返回度假，推动了当地家庭接待旅游业的发展。

2．历史名城

布特林特城位于阿尔巴尼亚南部萨兰达附近，现在是一座国家考古公园。据考古发现，布特林特的历史最早可以追溯至公元前 7 至公元前 4 世纪。公元前 4 至公元前 3 世纪，罗马人驻扎于此，将其作为舰队基地和屯粮仓库，由此该地逐渐繁荣起来。1—2 世纪，布特林特明显扩张，此后一直有人居住于此。19 世纪初，阿里·巴夏·台佩莱拉还在此地建了一座小城堡，用以抵御法国船只。1926—1936 年，以意大利人卢伊吉·马戈利尼为首的考古队来到阿尔巴尼亚南部，主要在菲尼奇和布特林特进行挖掘，发现了剧院、神庙、洗礼堂、水神庙和塔门等古希腊、古罗马和拜占庭时期的遗迹，还因此出版过《古代阿尔巴尼亚》一书。在布特林特剧场发现的最有价值的文物是阿波罗雕像、布特林特女王像、宙斯头像等，此外还发现了大量希腊文和拉丁文石刻。1991 年后，英国考古队还在布特林特附近发现了大量罗马别墅和一个中世纪港口。1992 年，世界教科文组织把布特林特城纳入人类文化遗产名录，吸引了许多外国游客从科夫岛乘船慕名前来游览。[1]

阿波罗尼亚城是亚得里亚海沿岸最大的古城之一，也是继都拉斯和布特林特之后阿尔巴尼亚最重要的古城，由希腊殖民者在公元前 588 年兴建。古城遗址在距海岸 6 公里的山坡上，港口可容纳 120 艘船只。公元前 229

---

[1] ELSIE R. Fjalori historik i Shqipërisë[M]. Tiranë: UEGEN, 2011：136-137.

年，该城由罗马帝国控制。公元前148年，归入马其顿帝国，历史上曾是埃格纳提亚大道起始点之一。公元3世纪，该城最为繁华，后因维约萨河改道，在6世纪被废弃。现存的拜占庭教堂修建于13世纪初。从第一次世界大战起，奥地利、法国和意大利的考古学家先后在阿波罗尼亚进行挖掘，后来阿尔巴尼亚考古学家也参与其中，但大多数考古发现的文物已经流失，如今只有少量在地拉那的国家博物馆和阿波罗尼亚博物馆两地展出。阿波罗尼亚遗址中的阿尔忒弥斯神庙、阿波罗神庙、音乐厅、罗马浴室、剧场、水神庙、林阴大道、古城墙等大部分尚未被挖掘。[1]

克鲁亚位于地拉那以北32公里处，公元7世纪初在拜占庭文献里曾被提及。1343年，该城被塞尔维亚人占领，后由阿尔巴尼亚巴尔沙家族和托皮亚家族控制。克鲁亚在历史上与阿尔巴尼亚民族英雄斯坎德培关系最为密切。1443年，斯坎德培夺下克鲁亚，在城中坚守25年，击退了奥斯曼帝国的三次包围。1478年，斯坎德培去世后，克鲁亚先后落入威尼斯和奥斯曼帝国之手。城市最吸引人的景点有1982年兴建的斯坎德培纪念馆、多尔玛清真寺、民俗博物馆等。[2] 通向斯坎德培纪念馆的道路两旁有一个中世纪风格的古老集市，游客在此可以淘到不少纪念品，如金银器皿、铜器、木器、毛毯和古董等。

波格拉德茨位于阿尔巴尼亚东南部、巴尔干半岛最深的奥赫里德湖南岸。市中心距北马其顿边境仅有5公里。波格拉德茨是一座历史悠久的新城。考古发现表明，公元前5世纪，它是伊利里亚人的一个定居地。当地气候温和，景色优美，可以游泳、钓鱼，进行日光浴和水上运动，是人们钟爱的旅游目的地之一。游客可在奥赫里德湖畔的餐馆里品尝到当地特产湖鳟。

沃斯科波亚位于科尔察以西24公里处，始建于14世纪初。17世纪，该城发展为巴尔干地区的大城市，教堂、医院、幼儿园、图书馆、出版社、

---

[1] ELSIE R. Fjalori historik i Shqipërisë[M]. Tiranë: UEGEN, 2011: 80-81.

[2] ELSIE R. Fjalori historik i Shqipërisë[M]. Tiranë: UEGEN, 2011: 344.

学校等机构一应俱全。当时，它还是威尼斯与伊斯坦布尔之间重要的贸易文化中心，人口甚至超过了雅典、索非亚和贝尔格莱德。1768年后，沃斯科波亚多次被攻陷和掳掠，逐渐失去了昔日的繁荣，城里仅留存了兼具建筑和历史价值的东正教教堂。[1] 沃斯科波亚四季风景优美，夏季凉爽，适宜避暑，冬季适宜开展滑雪等运动。

三、新闻、出版与传媒

新闻出版业是伴随着19世纪中期的民族复兴运动诞生的，1848—1908年，阿尔巴尼亚出版的报纸杂志共计111种，主要在海外出版。[2] 后来，新闻出版历经了独立时期（1908—1912年）、两战时期（1913—1944年）、社会主义时期（1945—1990年）和转轨时期（1991年至今）。独立时期，新闻出版业在各地蓬勃发展。两战时期，出版机构纷纷设立，各类刊物竞相发行，例如：1920年，国内涌现出了68家报纸、杂志等。1920年卢什涅会议后，拥有40余家报刊社的地拉那成为新闻出版业的中心。[3] 截至1939年，阿尔巴尼亚共发行了450余种报刊杂志。而在1939—1944年，反法西斯主题的出版物开始涌现，如《人民之声报》《团结报》和《阿尔巴尼亚妇女》杂志等都诞生在战火之中。在社会主义时期，报刊、广播和电视形成了完整的大众传媒体系，特别是报纸，具有中央和地方完整的体系且种类多样，主要刊物有《人民之声报》《团结报》《青年之声报》《劳动报》《光明报》《教师报》

---

[1] ELSIE R. Fjalori historik i Shqipërisë[M]. Tiranë: UEGEN, 2011: 598-599.

[2] AKADEMIA E SHKENCAVE E SHQHIPËRISË. Fjalor enciklopedik shqiptar: Vol. 3 [M]. Tiranë: Akademia e Shkencave, 2009: 2612.

[3] 达利皮，米弗蒂乌. 阿尔巴尼亚历史与文化遗产概览[M]. 柯静，马赛，译. 北京：外语教学与研究出版社，2017：228.

《十一月》等。20 世纪 80 年代末，出版报纸杂志超过 110 种。[1]

20 世纪 90 年代初期，社会制度的剧变以及社会进步和信息技术的迅猛发展，在形式和内容上都给阿尔巴尼亚的新闻出版带来了翻天覆地的变化。虽然，新闻出版在社会剧变的过程中曾经迷失方向，但如今的阿尔巴尼亚新闻出版业已经走上了良性发展的轨道，媒体开启了多元、自由的时代，内容和形式更加丰富多样。电视和网络媒体在数字技术革命浪潮中发展壮大，纸质书籍和报刊的印刷也有了质的飞跃。首都地拉那是阿尔巴尼亚新闻媒体的大本营，不仅阿尔巴尼亚国家电视台、全国公共广播和商业传媒热门频道和科澜电视都汇聚于此，众多的广播电台如地拉那广播、阿尔巴尼亚热门广播和 +2 广播也在此安营扎寨，繁荣景象可见一斑。人们可以通过纸媒和网络等多种渠道获得政治、经济、文化、娱乐等方面的讯息。

（一）报纸与通讯社

在民族复兴运动的影响下，阿尔巴尼亚最早的报纸诞生于海外。1848 年，第一份阿尔巴尼亚报纸《意大利的阿尔巴尼亚人》问世。1912 年，阿尔巴尼亚独立后，政府机关报《阿尔巴尼亚复兴报》在发罗拉出版，同时期还出版了《科尔察》《时代》《统一》《祖国》等报纸。20 世纪 30 年代，科尔察的《火焰》、地拉那的《ABC》《复兴》等报纸虽然存在时间不长，但当时在青年中产生了不可估量的影响。[2]

1942 年，阿尔巴尼亚共产党中央机关报《人民之声报》创刊。1944 年，全国解放后，新闻出版事业成为宣传社会主义建设的有力武器，《人民之声报》《团结报》《青年之声报》《光明报》《劳动报》《战士报》《体育》等在

---

[1] AKADEMIA E SHKENCAVE E SHQIPËRISË. Fjalor enciklopedik shqiptar: Vol. 3 [M]. Tiranë: Akademia e Shkencave, 2009：2612-2613.

[2] 马细谱，郑恩波. 阿尔巴尼亚 [M]. 北京：社会科学文献出版社，2004：213-214.

社会上有着广泛的影响力。

20世纪90年代初，阿尔巴尼亚社会发生剧变，报刊业经历了异常艰难的阶段，不少报刊停刊或经营困难，同时独立新闻出版机构纷纷成立，诞生了一批新的政党及独立刊物。目前，阿尔巴尼亚的报刊业发展进入了比较繁荣、稳定的时期，在地拉那和各地出版的日报超过25种，如《阿尔巴尼亚报》《世纪报》《全景报》《大都市报》《今日报》《地拉那观察报》《体育报》等。政党机关报主要有社会党的《人民之声报》和民主党的《民主复兴报》。[1]

阿尔巴尼亚通讯社是阿尔巴尼亚唯一的国家通讯社，成立于1944年12月29日。[2] 在几十年的时间里，阿尔巴尼亚通讯社扮演着国家宣传喉舌的重要角色，是阿尔巴尼亚国家新闻出版以及电台、电视台信息的主要来源，同时也是处理新闻出版机关和外国通讯社材料的中心。阿尔巴尼亚通讯社每天发布国内外电讯，内容涵盖政治、经济、社会、文化和体育等方面，日均直接发布信息超过200条。此外，还定期出版阿尔巴尼亚文版及外文版的专题通报，并向新闻媒体和各有关机关组织提供大量图片，通讯社在全国各个地区都有常驻记者。

（二）广播、电视及网络

1938年11月28日，地拉那广播电台开始运营。到1950年，地拉那广播电台每天播放7.5个小时的阿尔巴尼亚语节目和4个小时的外语节目。1952年，阿尔巴尼亚建立了中波站和短波站。1960年4月29日，阿尔巴尼亚电视台开始试播，1963年开始播映新闻节目，1966年转播了第一场足球比赛。1971年，阿尔巴尼亚电视台的节目开始在全国转播，1981年开始通

---

[1] AKADEMIA E SHKENCAVE E SHQIPËRISË. Fjalor enciklopedik shqiptar: Vol 3. [M]. Tiranë: Akademia e Shkencave, 2009: 2613.

[2] 马细谱，郑恩波. 阿尔巴尼亚 [M]. 北京：社会科学文献出版社，2004: 217.

过彩色电视转播。[1]

到 20 世纪 80 年代末，地拉那广播电台有 3 个阿尔巴尼亚语频道，用 4 种外语（英语、意大利语、法语和希腊语）对外广播，每天广播时间长达 18 个小时。[2] 地拉那广播电台广播信号覆盖阿尔巴尼亚全境，斯库台、吉诺卡斯特、库克斯、科尔察等城市还有地方广播电台。20 世纪 90 年代后，私营广播电台开始设立，1997 年私营广播开播。如今，阿尔巴尼亚广播电台数量较多，比较有影响力的有地拉那广播、阿尔巴尼亚热门广播、侨民广播、阿尔巴尼亚广播等十几家。

阿尔巴尼亚广播电视台是阿尔巴尼亚的公共广播机构，约有 1 000 名员工，有 2 个电视频道和 4 个广播频道。图文电视服务通过公共电视频道进行播放，其中国内使用地面频道，国际使用卫星频道。[3]

1994 年，阿尔巴尼亚广播电视台的节目通过卫星转播。1995 年，阿尔巴尼亚私营电视台开始发展起来。1996 年，第一个私营电视台开播。[4] 截至 2001 年，地拉那有 14 家私营电视台，大多数私营电视频道以经济、政治、社会、娱乐和体育节目为主。[5] 以热门频道为例，该电视台成立于 2001 年 7 月 30 日，因其新闻触感敏锐、直面社会问题，在创立后发展迅猛，其新闻、教育和娱乐节目都有广泛的受众群，2003 年跃居阿尔巴尼亚电视台收视率榜首。除提供及时的新闻资讯和专题报道外，电视台还有一些颇具特色的品牌节目，如《恰到好处》《畅所欲言》《热门秀》《橙色秀》等，或聚焦社会热点，启迪思考，或尽显娱乐功能，幽默风趣。现在，不仅在阿尔巴尼

---

[1] 马细谱，郑恩波. 阿尔巴尼亚 [M]. 北京：社会科学文献出版社，2004：217-218.

[2] 马细谱，郑恩波. 阿尔巴尼亚 [M]. 北京：社会科学文献出版社，2004：217-218.

[3] 达利皮，米弗蒂乌. 阿尔巴尼亚历史与文化遗产概览 [M]. 柯静，马赛，译. 北京：外语教学与研究出版社，2017：232.

[4] 达利皮，米弗蒂乌. 阿尔巴尼亚历史与文化遗产概览 [M]. 柯静，马赛，译. 北京：外语教学与研究出版社，2017：233.

[5] AKADEMIA E SHKENCAVE E SHQIPËRISË. Fjalor enciklopedik shqiptar: Vol. 3 [M]. Tiranë: Akademia e Shkencave, 2009：2613.

亚境内,在欧洲和北美都可以收看该电视台的节目。同时,阿尔巴尼亚观众还可以通过数字电视收看许多其他国家提供的电视节目。

此外,少数国家的广播电视台也提供阿尔巴尼亚语广播,它们提供的信息常常被阿尔巴尼亚国内媒体引用或评论,比如:英国广播公司的阿尔巴尼亚语广播和美国之音的阿尔巴尼亚语广播等,不仅聚焦阿尔巴尼亚国内的新闻资讯,而且提供侨居海外的阿尔巴尼亚人所在国的重大新闻和其他国际事件报道。

随着网络媒体的日益发达,阿尔巴尼亚的各种报纸、杂志、电视广播媒体也纷纷开办在线网站,让阿尔巴尼亚人可以更迅捷地了解和体验网络时代发达的资讯,同时也为世界各国了解和认识阿尔巴尼亚打开了更为便捷的通道。

(三) 图书与杂志

1. 图书

1555年,由约翰·布祖库所著的第一本阿尔巴尼亚语书籍《弥撒》问世,16—17世纪,阿尔巴尼亚人出版过一些宗教类书籍。在奥斯曼帝国统治时期,阿尔巴尼亚文化遭到巨大破坏,阿尔巴尼亚文书籍被禁止出版,一些爱国者只能在国外出版词典等图书。19世纪中期后,随着民族复兴运动的兴起,阿尔巴尼亚文图书的出版进入了新的历史阶段。纳乌姆·韦奇尔哈尔吉编写的《识字课本》、戴·拉达的《米辽萨奥之歌》等书籍及其他一些翻译作品陆续出版。普里兹伦同盟时期,一批阿尔巴尼亚语教科书出版,同期出版了《斯坎德培的一生》等重要的文学作品。但从数量上看,19世纪出版的图书共计约290种。阿尔巴尼亚独立后及两次世界大战期间,图书出版的数量和质量均有所提高,尤其是教科书。

二战后，阿尔巴尼亚的图书出版得到了快速发展，先后成立了纳伊姆·弗拉舍里出版社、十一·八出版社、教材出版社三家国家级出版社。纳伊姆·弗拉舍里出版社是综合性文艺出版社，在40多年的时间里出版了大量阿尔巴尼亚古今作家的作品和相当数量的外国优秀作品。十一·八出版社成立于1973年，主要出版马列主义经典著作、劳动党中央委员会文件及领导人著作等。

20世纪90年代以后，私营出版社迅速发展起来，如知识出版社、托埃纳出版社、奥努弗里出版社、范·诺里出版社等。如今，阿尔巴尼亚出版商协会有超过30家会员，每年举行地拉那国际图书展。[1]

2．杂志

1884年，第一份全阿尔巴尼亚文杂志《光明》（后更名为《知识》）在伊斯坦布尔出版发行。阿尔巴尼亚最早的专业新闻杂志是由法伊克·科尼察创办发行的双周刊《阿尔巴尼亚》和《小阿尔巴尼亚》。《阿尔巴尼亚》的主题涉及民族、时事，题材涉及文学和新闻报道，是阿尔巴尼亚新闻业的先驱。1913年，乔治·费施塔在斯库台发行杂志《明亮的星》，内容涉及宗教、文化、历史和民俗领域。二战期间，反法西斯组织出版过杂志《自由呼声》和《阿尔巴尼亚妇女》。[2]

在社会主义时期，阿尔巴尼亚主要的国家级刊物有《十一月》《新阿尔巴尼亚》《星星》《舞台与银幕》《新阿尔巴尼亚妇女》等。《十一月》于1954年创刊，是以阿尔巴尼亚文学、艺术、社会和政治为内容的月刊。《新阿尔巴尼亚》于1947年创刊，是以阿尔巴尼亚政治、社会和文化为主题的双月

---

[1] 马细谱，郑恩波．阿尔巴尼亚 [M]．北京：社会科学文献出版社，2004：218-220．
[2] 达利皮，米弗蒂乌．阿尔巴尼亚历史与文化遗产概览 [M]．柯静，马赛．译．北京：外语教学与研究出版社，2017：227-228．

刊，一段时期还出过中文版，曾是中国读者能接触到的极少数外刊之一。《星星》于 1951 年创刊，为阿尔巴尼亚政治、社会、文学、艺术月刊，经常关注阿尔巴尼亚及国际文艺动态。《舞台与银幕》于 1980 年创刊，为阿尔巴尼亚戏剧与电影艺术季刊，是文化艺术委员会机关刊物。《新阿尔巴尼亚妇女》原名《阿尔巴尼亚妇女》，于 1943 年 7 月创刊，是以阿尔巴尼亚政治、社会、文化及文学为内容的月刊，是阿尔巴尼亚妇女联合会机关刊物。[1]

20 世纪 90 年代以后，阿尔巴尼亚的杂志所涉话题更加宽泛，科学、生活、时尚类杂志孕育而生，同时，随着杂志排版印刷技术的日臻完善，杂志制作的品质也不断提高。1994 年，法托斯·卢博尼亚创办了《奋斗》《生活》《玛波》《建设者》《阿尔巴尼亚语》《光谱》《计算机》《儿童国家地理》《外交政策》等多本杂志。1997 年创刊的政治经济类杂志《科澜》也在 20 年间成为阿尔巴尼亚新闻周刊的重要代表。[2] 进入 21 世纪后，网络的普及加快了阿尔巴尼亚杂志的电子化趋势，越来越多的杂志推出了方便读者获取的网络版，如《银行家》《观察家》《玛波》等。

四、邮政与通信

阿尔巴尼亚邮电局成立于 1912 年。1922 年，阿尔巴尼亚成为国际邮电联合会成员国，后又加入国际电信联合会。1944 年阿尔巴尼亚解放后，电话网在全国建立，扩大了邮电局的服务范围。[3] 现今，阿尔巴尼亚邮政公司是国内公共邮政运营商，负责提供邮政服务。公司在全国有 15 家分支机构，共 550 个邮局办理邮政业务，发行邮票是其专门业务之一。[4] 此外，阿尔巴

---

[1] 马细谱，郑恩波. 阿尔巴尼亚 [M]. 北京：社会科学文献出版社，2004：220-221.
[2] 该刊于 2020 年停刊。
[3] 马细谱，郑恩波. 阿尔巴尼亚 [M]. 北京：社会科学文献出版社，2004：144.
[4] 资料来源于阿尔巴尼亚邮政公司官网。

尼亚邮政公司和国际私营企业如美国敦豪航空货运公司、荷兰邮政、美国联邦快递公司、美国联合包裹运送服务公司等合作，主要经营快递业务。

　　作为通信市场的一部分，固定电话和移动电话业务在阿尔巴尼亚逐渐发展起来。最初，阿尔巴尼亚的电信企业专门提供城市固定电话的国内和国际业务。1995年，阿尔巴尼亚移动通信公司成立，1996年率先在阿尔巴尼亚开始经营移动电话业务，后来沃达丰阿尔巴尼亚公司随之加入，移动通信市场由这两家公司主导。2000年，阿尔巴尼亚移动通信公司进行私有化改革。2009—2010年，山鹰移动和普鲁斯公司加入市场，竞争变得更为激烈，促使各家拓展业务、降低通信资费。2012年，大多数国内移动电话用户拥有两家移动公司的号码，通信量也显著增加，沃达丰阿尔巴尼亚公司成为阿尔巴尼亚最大的电信运营商，占市场份额的54.7%，阿尔巴尼亚移动通信公司退居次席，占31.6%。据阿尔巴尼亚移动通信公司的财报，2001—2016年，阿尔巴尼亚移动通信公司实现营利73亿欧元。[1]2015年，阿尔巴尼亚移动通信公司更名为阿尔巴尼亚电信，2020年又更名为一电信。

---

[1] 资源来源于阿尔巴尼亚评论周刊官网。

第二章 文化传统

阿尔巴尼亚民族文化悠久而多元，从历史发展的脉络来看，古代阿尔巴尼亚人从伊利里亚文明发展到中世纪的封建公国，经受了东西罗马帝国和奥斯曼帝国的长期统治以及外族的频繁入侵；到了现代，他们在接连不断的战火中从共和国、王国艰难地走向社会主义国家，在国际风云骤变下又迅速转型为资本主义国家，不断证明着其作为亚得里亚海岸边最具活力的民族之一的文化形象。从风土人情来看，东西方文明在这一地区持续地碰撞、激荡与交融，极大地丰富了阿尔巴尼亚人的现实生活和精神世界。无论是其饮食、服饰、建筑，还是其风俗、节日、性格、民间信仰，无一不展现出多种外来影响与自身内在特质相互成就的特征。因此，探究阿尔巴尼亚文化传统是深入了解阿尔巴尼亚人的重要视角。

第一节 历史沿革

一、伊利里亚时期

伊利里亚人是欧洲的古代居民之一，他们居住的地域辽阔，北起多瑙河，南至伊奥尼亚海安布拉基亚湾，西起亚得里亚海，东达科索沃地区南部的沙尔山，[1] 与北部和东部的色雷斯人以及南部和西南部的希腊人和马其顿人比邻而居。伊利里亚人由众多的伊利里亚人部落和支系组成，各部落虽各有名称，但古希腊人和古罗马人将其统称为伊利里亚人。在公元前5世纪至公元前4世纪，他们在西巴尔干地区兴起，建立了若干个发达的王国，王国之间不时发生冲突，与罗马和马其顿的矛盾也不断升级，公元前168年，伊利里亚人被罗马人征服。[2] 20世纪70年代，阿尔巴尼亚学术界重点研究了阿尔巴尼亚民族的形成和发展问题，论证了伊利里亚人与阿尔巴尼亚人可能存在的渊源关系。

（一）伊利里亚人与早期社会

早在10万年前，阿尔巴尼亚所在的地区就有了人类的活动。大规模的新石器时期人类定居点散布在整个阿尔巴尼亚，其中科尔察地区是当时文化最发达的区域。[3]

学术界普遍认为，阿尔巴尼亚人的祖先是伊利里亚人。考古学、语言学和人类学的研究表明，伊利里亚人是欧洲的一个古老的土著民族，由佩拉兹吉人 [4] 与公元前3000年前后来到巴尔干半岛的印欧民族融合而成。[5] 从青铜时代晚期起，随着金属冶炼技术的发展，父系氏族制度逐渐繁荣起来，

---

[1] 柯静. 阿尔巴尼亚历史四大阶段 [C]// 北京外国语大学欧洲语言文化学院. 欧洲语言文化研究：第7辑. 北京：时事出版社，2013：184.

[2] ELSIE R. Fjalori historik i Shqipërisë[M]. Tiranë: UEGEN, 2011: 264.

[3] AKADEMIA E SHKENCAVE E SHQHIPËRISË. Fjalor enciklopedik shqiptar: Vol. 3 [M]. Tiranë: Akademia e Shkencave, 2009: 2548-2549.

[4] 古希腊人常提及的希腊及西地中海岛屿上的古代先民，被认为是神话传说里的民族，19世纪至20世纪初，有人提出阿尔巴尼亚人起源于佩拉兹吉人的观点，后被"伊利里亚人起源说"取代。

[5] AKADEMIA E SHKENCAVE E SHQHIPËRISË. Fjalor enciklopedik shqiptar: Vol. 3 [M]. Tiranë: Akademia e Shkencave, 2009: 2549.

伊利里亚人建立了定居点。他们早在约公元前12世纪末至公元前11世纪初就定居于此。

在铁器时代，北部伊利里亚人居住于散落的乡村，南部伊利里亚人则兴建小城市或石堡，从事农牧业、狩猎和捕鱼。在公元前8至公元前7世纪，冶铁充分发展起来之后，伊利里亚人又兴起了海上航行。

由于地理位置优越，伊利里亚人与古希腊交往密切，古希腊文明对伊利里亚社会产生了巨大影响。公元前7世纪晚期，伊利里亚人已经进入阶级社会，组建了以恩凯莱人和陶兰特人为首的部落联盟。从公元前5世纪起，随着具有真正城镇特点的城市的涌现，社会交往日益频繁，北部伊利里亚人的部落联盟向国家过渡。公元前4世纪至公元前2世纪上半叶，恩凯莱、陶兰特、伊庇鲁斯和阿尔迪安等一些比较有影响的王国纷纷建立，农业、畜牧业、手工业日趋繁荣，畜牧业成为伊利里亚人的主要经济支柱。而南部则更多受古希腊文明的影响，希腊人在今阿尔巴尼亚沿海地区建立了第拉修姆（今都拉斯）和阿波罗尼亚（今费里城郊）等殖民地，大大推动了整个伊利里亚社会、经济和文化的发展。

（二）早期伊利里亚王国

在伊利里亚地区，恩凯莱人和陶兰特人的王国最早崛起，他们均在公元前5世纪建立起了自己的王国。恩凯莱人居住在伊利里亚东南部的平原地带，他们与马其顿王国经历过长期的战争。巴尔兹是恩凯莱王国鼎盛时期的国王。陶兰特人主要居住在北部沿海地区，公元前4世纪中叶前后，他们先后占领了第拉修姆、阿波罗尼亚等地。国王格劳乌克统治时期，陶兰特王国迅速强盛。为维护王国的独立地位，恩凯莱人和陶兰特人曾联合起来向腓力浦二世的儿子亚历山大大帝发起进攻，但是被亚历山大击败。亚历山大死后，马其顿王国迅速瓦解，恩凯莱人再次获得独立，但恩凯莱人和陶兰特人的王国在大败之后实力都遭到严重削弱。

公元前5世纪末,伊庇鲁斯王国建立。公元前3世纪初,陶兰特国王格劳乌克扶持其养子皮洛士上台,他兼并了伊利里亚南部的其他部落,统一了伊庇鲁斯王国。公元前3世纪70年代,皮洛士曾率大军多次与罗马军队作战。他第一次战胜罗马军队时便付出了士兵伤亡众多的代价,于是后人常用"皮洛士式的胜利"形容得不偿失的胜利。皮洛士还曾多次与马其顿交战,最终在公元前272年战死,伊庇鲁斯王国随后迅速解体。公元前3世纪中叶,强盛一时的马其顿王国控制了伊庇鲁斯。

在恩凯莱人、陶兰特人和伊庇鲁斯人的王国相继瓦解后,公元前3世纪下半叶,伊利里亚北部的阿尔迪安王国兴起。在阿格隆国王统治期间,以斯库台为中心的王国达到鼎盛,控制了北起达尔马提亚南至维约萨河的广大地区。此后近一百年间,阿格隆及其遗孀德乌达女王等继任者曾与马其顿结盟,共同对抗罗马帝国,于公元前231至公元前168年经历了三次大的战争。最终,公元前168年,末代国王根迪统治下的伊利里亚被罗马帝国征服。

此外,在公元前6世纪,地处内陆高山地区的伊利里亚部落达尔达尼亚人建立了自己的王国,达尔达尼亚王国位于巴尔干腹地通往黑海、亚得里亚海和爱琴海的十字路口。公元前4世纪初王国迅速崛起,为谋求扩张曾与希腊和罗马结盟对抗马其顿,后因罗马未兑现承诺,又联合其东部邻居迈德人共同抵抗罗马帝国,但在公元前76年被罗马军队征服。

二、东西罗马统治时期

罗马帝国征服伊利里亚后,伊利里亚人居住的地区先后被罗马帝国和拜占庭帝国统治,身处东西方文明的交界地带,加之外族的频繁入侵,形成了阿尔巴尼亚历史上多民族及多元文化混杂的局面。正是在这一纷乱多变的历史环境中，阿尔巴尼亚封建公国于 11 世纪中期建立起来，阿尔巴尼亚民族最终形成。

（一）伊利里亚社会发展

罗马帝国实行罗马化政策，在亚得里亚海东部建立了四个行省，即北至多瑙河、南至马特河、东至巴尔干中部的伊利里亚行省，马其顿行省，内陆高山地区的米西亚行省，以及北至维约萨河、南至阿卡那尼亚和埃托利亚的伊庇鲁斯行省。伊利里亚被罗马帝国吞并后，成为伊利里亚行省的一部分。在最初的一百多年里，伊利里亚人多次举行武装起义反抗罗马统治。公元 6—10 年，罗马镇压伊利里亚地区的起义，将其纳入达尔马提亚行省。[1] 另一方面，在罗马帝国统治下，著名的埃格纳提亚大道于公元前 146 至公元前 120 年修建起来，它西起阿波罗尼亚和都拉斯，经由塞萨洛尼基到达君士坦丁堡，连接起了罗马帝国的东部和西部，在古代和中世纪作为重要的商业通道使用。[2] 在公元 1 世纪以后，随着罗马帝国的扩张和强盛，其交通发达、社会发展，都拉斯、斯库台、布特林特等地发展成为人口众多、贸易繁荣的城市。

在罗马同化政策的鼓励下，伊利里亚沿海地区的罗马化程度较高。公元 3 世纪初，罗马帝国颁布法令，招募山区的伊利里亚人保卫边疆。伊利里亚人在罗马帝国担任军队统帅，其中还有人出任罗马帝国皇帝。[3]274—361 年，罗马帝国就有多任皇帝是伊利里亚族裔，其中最有名的是戴克里先。随着从罗马帝国其他地区移居而来的人不断增多，原伊利里亚地区的

---

[1] 拜德勒克斯，杰弗里斯. 东欧史：上册 [M]. 韩炯，等译. 上海：东方出版中心，2013：5.

[2] ELSIE R. Fjalori historik i Shqipërisë[M]. Tiranë: UEGEN, 2011：590.

[3] 指荣登皇帝宝座的伊利里亚士兵，如克劳迪二世、奥勒良、普罗布斯、戴克里先和马克西米连，参见拜德勒克斯，杰弗里斯. 东欧史：上册 [M]. 韩炯，等译. 上海：东方出版中心，2013：59.

语言、风俗习惯和信仰开始不同程度地罗马化，给伊利里亚社会带来了经济和文化的变革。拉丁语成为官方语言并开始普及，设立了隶属于罗马教会的主教一职。公元 4 世纪初，伊利里亚行省被重新划分为 9 个区，其中南部 4 个区分为普列瓦尔、达尔达尼亚、新伊庇鲁斯、老伊庇鲁斯，[1] 而由于伊利里亚北部地域多山，交通不便，社会经济和文化发展与南部存在很大差距。但是，伊利里亚人反抗罗马人的斗争和起义从未间断过，在公元前 78 年和公元 6—9 年，伊利里亚人的起义规模逐渐扩大，尽管起义对罗马帝国造成了沉重打击，但结果多以失败告终。起义失败后，不少人逃往北部山区。这些原因使得居住在北部内陆的伊利里亚人，尤其是在山区的伊利里亚人长期从事畜牧业和农业的原始部落生活，保存了自己的语言和风俗，没有被罗马同化。罗马帝国为了便于统治，把伊利里亚行省分割为北部的潘诺尼亚省和南部的达尔马提亚省。

395 年，罗马帝国正式分裂为西罗马帝国和东罗马帝国，伊利里亚行省从原先连接东西方的枢纽变成拜占庭帝国的西部边疆，被归入了东罗马帝国。在拜占庭帝国的统治下，该地区的奴隶制度得到进一步巩固，经济得到较快发展，拉丁语长期被用作官方语言，但社会和经济结构变化不大。在西罗马帝国 476 年覆灭前，罗马和君士坦丁堡之间的纷争持续不断，导致生活在北部的伊利里亚人多信仰天主教，而生活在南部和中部地区的大多数人信仰东正教。

（二）外族入侵与封建公国的建立

公元 4—5 世纪，西哥特人、匈奴人和东哥特人先后大举入侵罗马帝国，伊利里亚地区也遭受严重动荡和破坏。公元 6 世纪中叶起，斯拉夫人迁徙至

---

[1] 达利皮，米弗蒂乌．阿尔巴尼亚历史与文化遗产概览 [M]．柯静，马赛，译．北京：外语教学与研究出版社，2017：6．

巴尔干半岛，分散到伊利里亚和马其顿，迫使北部的一部分伊利里亚人向南部迁移，而南部的伊利里亚人中仅有达尔达尼亚人因聚居在沿海地区或相对安全的内陆高山地区，成功抵御了外来侵略与同化。

从 7 世纪起，伊利里亚人因其部落名 Arbër 而被称为"阿尔伯利亚人"，他们的国家被称为"阿尔伯利亚"[1]，这个称呼后来逐渐成为外国对该地区伊利里亚后裔的总称。公元 6—8 世纪，"阿尔伯利亚"处于从古代晚期向中世纪早期过渡的阶段。

然而，阿尔巴尼亚远离拜占庭首都君士坦丁堡，在拜占庭史料中很少提及阿尔巴尼亚。9 世纪后，阿尔巴尼亚又遭受一系列外族侵略和统治。9 世纪末至 11 世纪初，保加利亚人入侵。12 世纪后期，诺曼人入侵。[2]13 世纪初，那不勒斯王国占领都拉斯等沿海城市，安茹的查理一世自封阿尔巴尼亚国王。14 世纪，塞尔维亚杜尚王朝把阿尔巴尼亚纳入塞尔维亚王国的版图。接连的外族入侵与统治直到 14 世纪末至 15 世纪初才告一段落，而在此期间，拜占庭帝国无力恢复对各地区的统治，当然也阻止不了阿尔巴尼亚各地封建公国的兴起和公国之间的兼并战争。

11 世纪中期起，阿尔巴尼亚各地的封建贵族利用拜占庭帝国内忧外患、日渐衰落的有利时机，积极筹建自己的国家。1190 年，最早的阿尔巴尼亚封建国家——阿尔贝尔公国——建立，普洛戈尼成为第一位统治者。这个公国以克鲁亚城为中心，到齐米特里特统治时期，疆域达到最大范围，包括今天的阿尔巴尼亚中部地区，当时阿尔贝尔的大家族都臣服于他。1204 年，另一个独立的封建国家在伊庇鲁斯建立，被称为阿尔塔或伊庇鲁斯王

---

[1] 地理学家托勒密曾在公元 2 世纪最先提到"阿尔伯利亚"这个名称。对这一称呼的来源，阿尔巴尼亚学术界至今尚存争议。18 世纪初，"阿尔伯利亚人""阿尔伯利亚"分别被称为"阿尔巴尼亚人""阿尔巴尼亚"，两种形式并用至今。参见达利皮，米弗蒂乌．阿尔巴尼亚历史与文化遗产概览[M]．柯静，马赛，译．北京：外语教学与研究出版社，2017：8.

[2] 柯静．阿尔巴尼亚历史四大阶段[C]//北京外国语大学欧洲语言文化学院．欧洲语言文化研究：第 7 辑．北京：时事出版社，2013：187.

朝，由安捷利皇室任国君。

14世纪，阿尔巴尼亚地区爆发了多次起义，建立了许多封建公国，其封建制具有东西欧混合的特征，其中几个比较大的公国有北方巴尔沙家族以斯库台为首都建立的公国、中部穆扎卡家族以培拉特为首都建立的公国、托皮亚家族建立的公国，[1]此外还有泽内比沙公国、阿里安尼特公国、杜卡吉尼公国、卡斯特里奥蒂公国，[2]等等。

三、奥斯曼帝国统治时期

作为拜占庭帝国的继承者，奥斯曼帝国从14世纪末至20世纪初统治了巴尔干半岛五百多年，它在巴尔干半岛进行大规模的人口迁移，形成了民族"马赛克"现象。严密的军事封建统治以及伊斯兰教的传入，使得原本在中世纪已经发展起来的阿尔巴尼亚地区被迫转变为小型的军事、行政中心，在政治、经济和文化上明显落后于欧洲资本主义逐步繁荣起来的区域。[3]15世纪中期，斯坎德培领导的反土耳其斗争不仅鼓舞了阿尔巴尼亚人民的斗志，也成功拖延了奥斯曼帝国西进的速度，为西欧免遭奥斯曼帝国的攻击做出了重要贡献。19世纪30—40年代，阿尔巴尼亚开始进行民族复兴运动，以1878年的普里兹伦同盟为高潮，阿尔巴尼亚民族解放运动拉开了序幕。

---

[1] 达利皮，米弗蒂乌. 阿尔巴尼亚历史与文化遗产概览[M]. 柯静，马赛，译. 北京：外语教学与研究出版社，2017：10.

[2] AKADEMIA E SHKENCAVE E SHQHIPËRISË. Fjalor enciklopedik shqiptar: Vol. 3 [M]. Tiranë: Akademia e Shkencave, 2009：2551.

[3] AKADEMIA E SHKENCAVE E SHQHIPËRISË. Fjalor enciklopedik shqiptar: Vol. 3 [M]. Tiranë: Akademia e Shkencave, 2009：2553.

（一）奥斯曼帝国的封建军事统治

14 世纪中期，奥斯曼帝国在彻底征服小亚细亚半岛后，开始向东南欧扩展。此时，拜占庭帝国日渐式微，内部四分五裂，他们依靠与奥斯曼帝国联姻来镇压内部争斗。但是，奥斯曼帝国依然向巴尔干半岛纵深推进，利用半岛各国的矛盾实现征服企图。巴尔干各国为共同抵抗奥斯曼帝国的进军结成同盟，但为时已晚。1358 年，奥斯曼帝国军队开始进攻阿尔巴尼亚。1389 年，巴尔干各国联军在科索沃平原的画眉坪与奥斯曼帝国军队决战，结果败北，史称"第一次科索沃战役"。奥斯曼帝国确立其在巴尔干地区的地位。1393 年，阿尔巴尼亚被征服。1415 年，阿尔巴尼亚全境被占领，独立封建公国时期结束，阿尔巴尼亚开始进入了近五百年的奥斯曼帝国统治时期。

15 世纪 20 年代，奥斯曼帝国确立了其在阿尔巴尼亚的统治地位后，作为军事集权帝国，推行提马尔制度[1]和行省制度，设立维拉耶特、桑贾克[2]等行政区划，省督由苏丹亲自任命，称为帕夏[3]。奥斯曼帝国一方面对外征战，以苏丹为代表的国家把占领的土地分封给地方封建主，以巩固统治；另一方面，底层农民向封建主缴纳税赋，封建主则听从苏丹征召，武装骑士参战。15 世纪，奥斯曼帝国镇压了斯坎德培起义后，加强了军事封建制度，在阿尔巴尼亚的中部和南部组成了一个桑贾克，属鲁梅利亚省区，中心在吉诺卡斯特，由苏丹直接管辖。17 世纪后，奥斯曼帝国对外军事行动接连失败，自然经济瓦解，提马尔制度逐步崩溃，地方封建主与苏丹之间的矛盾激化，土地兼并加剧，一些较大的帕夏区，如斯库台、培拉特和台佩莱纳，名义上听命于苏丹，实际上处于自治状态。18 世纪中叶至 19 世纪

---

[1] 提马尔制度（Timar）是一种军事采邑制，苏丹按照临时保有权有条件地把土地分封给臣下，而受封者则为苏丹提供军事服务，土地使用收益权归属农民。这是奥斯曼"战争机器"最初成功所依赖的社会经济基础。参见拜德勒克斯，杰弗里斯．东欧史：上册 [M]．韩炯，等译．上海：东方出版中心，2013：151．

[2] 在奥斯曼帝国的行政区划中，一级单位为维拉耶特，二级单位为桑贾克。

[3] 帕夏指奥斯曼帝国的军队或行政系统里的高官，省区的总督通常由帕夏出任。

初期，阿尔巴尼亚合并为两个大帕夏区：一个在阿尔巴尼亚北部，以斯库台为中心，领主是布沙特家族；另一个在阿尔巴尼亚南部，以亚尼纳为中心，领主是阿里·帕夏·台佩莱纳。而阿尔巴尼亚高山地区则维持着以传统习惯法为基础的自治。19世纪初，虽然奥斯曼帝国摧毁了这两个大帕夏区的封建主政权，但同时也废除了已经崩溃的提马尔制度。

奥斯曼帝国在宗教方面积极推行伊斯兰教。无论哪个民族，只要皈依伊斯兰教就可以免除沉重的赋税和兵役，并有机会升任高官要职。对于阿尔巴尼亚而言，天主教和东正教之间的长期斗争在很大程度上动摇了民众的信仰根基，而地方首领的宗教政策多以谋求最大的政治和经济利益为实际考量。在奥斯曼帝国伊斯兰化政策的鼓励下，除了少数居住在北部偏远高山地区的居民仍保留天主教信仰和南部邻近希腊的居民继续信奉东正教外，大部分阿尔巴尼亚人改信伊斯兰教，其中相当多的人还在奥斯曼帝国的政府和军队中晋升为高级官员，如有几十个维齐尔是阿尔巴尼亚族裔。在他们当中，堪称伊斯兰世界伟大建筑师的锡南·帕夏曾位居大维齐尔[1]。在文化教育方面，奥斯曼帝国不允许开办阿尔巴尼亚语学校，只允许当地学校以土耳其语授课，向阿尔巴尼亚人灌输奥斯曼帝国的民族意识。奥斯曼帝国的统治、民众对东西罗马教徒压迫的不满以及伊斯兰教的影响，逐渐改变了阿尔巴尼亚社会的宗教信仰状况。从16世纪后半期起，阿尔巴尼亚城市和沿海地区的伊斯兰化趋势更加明显，17世纪向农村扩展，18世纪中期左右形成了国民的宗教信仰结构，基督教的文化和宗教习俗仅在山区保留了下来。

（二）斯坎德培领导的反抗奥斯曼帝国的斗争

阿尔巴尼亚地处奥斯曼帝国边缘，战事频发，地方封建军事统治者多

---

[1] 维齐尔为奥斯曼帝国的军队高官或宫廷大臣，大维齐尔为首席大臣。

为阿尔巴尼亚人，他们拥有自己的领地，在交纳租税和官阶晋升方面享有一定的优待和特权，但是阿尔巴尼亚封建主和底层人民对奥斯曼帝国的军事封建统治极其不满，五百年来进行了持久顽强的抵抗。1432—1435年，阿尔巴尼亚人在封建主阿拉尼特·科姆内尼[1]的带领下举行了起义，1437年，培拉特地区也爆发了反抗奥斯曼帝国统治的起义。在抗击奥斯曼帝国的斗争中，尤以斯坎德培领导的抵抗斗争影响最大。

斯坎德培原名乔治·卡斯特里奥蒂，是阿尔巴尼亚地方首领约翰·卡斯特里奥蒂之子，9岁时被作为人质送往伊斯坦布尔。由于在多次战役中机智勇敢的表现，他被苏丹加封"贝伊"头衔。1443年11月，斯坎德培趁奥斯曼帝国与匈牙利及威尼斯交战时苏丹派其增援的机会，率领骑兵占领克鲁亚，宣布发动反对奥斯曼帝国统治的起义，史称"斯坎德培起义"。1444年3月，他联合阿尔巴尼亚各地封建主在莱什召开会议，并得到了威尼斯等西方天主教的支持，史称"莱什同盟"。在此后的25年里，斯坎德培以克鲁亚城为根据地，指挥阿尔巴尼亚人三次粉碎奥斯曼帝国军队的进攻和围困，于1450年大胜苏丹穆拉德二世亲率的大军，迫使奥斯曼帝国与其先后两次签订停战协议。1468年斯坎德培去世后，阿尔巴尼亚的反土耳其联盟很快瓦解，大部分阿尔巴尼亚人在莱克·杜卡吉尼的领导下，继续坚守克鲁亚，直到1479年弹尽粮绝才投降。[2] 1506年，阿尔巴尼亚其他地区反土耳其的零星起义都被镇压下去，阿尔巴尼亚人与土耳其人长达60余年的战争结束。为躲避奥斯曼帝国的迫害，斯坎德培去世后，其家族及大批随从来到那不勒斯王国定居，逐渐转变为后来的阿尔巴尼亚侨民。据考察，意大利的阿尔巴尼亚侨民完整保留了阿尔巴尼亚的语言和习俗，在19世纪阿尔巴尼亚民族复兴时期发挥了重要作用。

---

[1] 阿拉尼特·科姆内尼（1376—1470），抵抗土耳其军队的伟大领袖，在欧洲被誉为"第二个斯坎德培"。

[2] AKADEMIA E SHKENCAVE E SHQIPËRISË. Fjalor enciklopedik shqiptar: Vol. 3 [M]. Tiranë: Akademia e Shkencave, 2009: 2552-2553.

16—17世纪，抵抗奥斯曼帝国的斗争仍在继续，在阿尔巴尼亚地区主要以拉伯利亚、杜卡吉尼和大山这三个区域为中心发动起义。1590—1620年，阿尔巴尼亚人更是团结起巴尔干半岛的其他受压迫民族，共同抗击强大的奥斯曼帝国统治。[1]

（三）阿尔巴尼亚民族复兴

19世纪上半叶，阿尔巴尼亚反抗奥斯曼帝国统治的斗争进入了一个新的历史时期。各地的农民不断举行起义，这些起义军由北向南占领城镇，大败前来镇压的奥斯曼帝国军队，规模最大的一次是1847年的起义，虽然后来也被镇压，但这次起义不仅反抗奥斯曼帝国的税收、征兵制度，还提出了阿尔巴尼亚民族解放运动的基本要求，成为1848年欧洲革命的组成部分。

从欧洲范围看，阿尔巴尼亚是相对弱小的民族，在反抗奥斯曼的奴役和压迫、谋求民族独立和复兴的同时，不得不防范来自他国的干预以及邻国对其领土的觊觎。随着19世纪70年代后巴尔干民族解放运动的持续高涨，奥斯曼帝国的灭亡指日可待，因此，如何利用奥斯曼帝国的力量来保护自己并逐步谋求独立，成为阿尔巴尼亚民族复兴前期的根本策略。然而，1878年，奥斯曼帝国再次在俄土战争中失败，被迫签订了《圣斯特凡诺条约》。根据该条约，约一半的阿尔巴尼亚人居住地区被划给了周边国家，如北部的黑山、东北部的塞尔维亚、东部的保加利亚和南部的希腊。俄国把下一个目标瞄准巴尔干地区，英法等国则担心俄国独吞巴尔干地区而力求维持奥斯曼帝国统治的现状。各大国出于私利，均无视阿尔巴尼亚民族的存在，他们把信仰伊斯兰教的阿尔巴尼亚人归为土耳其人，把信仰东正教

---

[1] AKADEMIA E SHKENCAVE E SHQIPËRISË. Fjalor enciklopedik shqiptar: Vol. 3 [M]. Tiranë: Akademia e Shkencave, 2009: 2553.

的阿尔巴尼亚归为希腊人。面对被瓜分的危险，阿尔巴尼亚必须尽快联合起来反抗外来侵略和压迫，摆脱奥斯曼帝国的控制，明确自己的民族身份和领土范围。

1878年6月柏林会议前夕，为了维护阿尔巴尼亚的统一，来自阿尔巴尼亚各地的代表在普里兹伦召开会议，决定成立一个统一的组织，史称"普里兹伦同盟"。同盟的成立标志着民族复兴运动进入了高潮。1878年，柏林会议同意了塞尔维亚、希腊、保加利亚、罗马尼亚等成立民族国家，却没有考虑阿尔巴尼亚民族独立的议题，这严重侵犯了阿尔巴尼亚人的民族利益。11月，普里兹伦同盟通过纲领，将所有阿尔巴尼亚人居住地区统一起来，即当时的科索沃、斯库台、马纳斯蒂尔和亚尼纳四个行省，首要目标是在继续承认奥斯曼帝国为宗主国的情况下组成一个民族自治国家。在普里兹伦同盟的作用下，阿尔巴尼亚边界问题在国际社会引发了关注与讨论。

此外，作为19世纪阿尔巴尼亚民族文化运动的先驱者之一的纳乌姆·韦奇尔哈尔吉认为，"没有受过教育的民族是奴隶的民族"，而"教育只能通过本国语言来掌握"[1]，普里兹伦同盟积极开展振兴阿尔巴尼亚语言、文学、教育和文化的运动，包括1879年10月在伊斯坦布尔成立了阿尔巴尼亚出版协会，1884年8月出版了第一本阿尔巴尼亚语杂志，1887年科尔察建立了第一所阿尔巴尼亚语学校，以及后来流亡海外的阿尔巴尼亚人创办的爱国主义协会，等等。

为维护阿尔巴尼亚的统一和谋求自治权，普里兹伦同盟还建立起了一支军队，这支军队在1879—1880年试图阻止塞尔维亚、黑山、希腊和保加利亚对于阿尔巴尼亚的瓜分。[2]1880年后，普里兹伦同盟开始通过武装起义寻求建立自治国家，并由来自各地的代表组成了临时政府。1881年起，奥

---

[1] 弗拉舍里. 阿尔巴尼亚史纲 [M]. 樊集，译. 北京：生活·读书·新知三联书店，1972：168.

[2] 拜德勒克斯，杰弗里斯. 东欧史：上册 [M]. 韩炯，等译. 上海：东方出版中心，2013：16.

斯曼帝国与西方列强联手，普里兹伦同盟在镇压下瓦解。虽然普里兹伦同盟存在的时间不长，没有实现国家自治的目标，但争取阿尔巴尼亚自治的运动在新的国际形势下蓬勃发展并演变为大规模的武装起义，文化、科学等领域的众多活动进一步促进了社会、政治、哲学思想的发展，增强了阿尔巴尼亚民族独立意识，越来越多的阿尔巴尼亚人认识到，只有通过暴力手段才能实现国家自治和民族独立。普里兹伦同盟失败后，民族复兴运动的先驱们继续努力，在此后的十余年不断丰富阿尔巴尼亚的文化活动，传播阿尔巴尼亚语，发展学校教育和民族文学事业，罗马尼亚和保加利亚的阿尔巴尼亚人聚居区成为活动的策源地。1899 年，佩耶大会再次提出建立自治国家的主张，这标志着阿尔巴尼亚民族运动进入了一个新的阶段，但佩耶大会领导的武装起义同样被土耳其镇压。无论是普里兹伦同盟，还是佩耶大会，均有两大根本任务：一是维护领土完整，避免被瓜分，二是建立阿尔巴尼亚自治国家。

20 世纪，巴尔干半岛的局势更加复杂多变，大国势力的角逐日趋激烈。英国和法国为保持其在奥斯曼帝国的商业利益，倾向于维持现状，而俄国和奥匈帝国则力求肢解奥斯曼帝国，抢占地盘。1908 年，为了阻止俄国支持下的塞尔维亚人占领达尔马提亚海岸，奥匈帝国宣布兼并波黑。与此同时，奥匈帝国开始积极支持成立阿尔巴尼亚民族国家，遏制泛斯拉夫主义和塞尔维亚的扩张，平衡巴尔干地区的各方势力。阿尔巴尼亚在欧洲列强的夹缝中争取自治与独立，既有机会又困难重重。1905 年，在马纳斯蒂尔，阿尔巴尼亚新的民族运动地下组织"阿尔巴尼亚自由委员会"成立并开始建立爱国武装，同土耳其军队展开斗争，最终通过两次大起义实现了民族独立。

四、独立至两战期间

阿尔巴尼亚的独立之路异常艰辛。1912 年，第一次巴尔干战争爆发后，阿尔巴尼亚宣布独立，国际社会虽在名义上承认阿尔巴尼亚为独立国家，但实质上，其独立国家身份及领土却受到严重威胁，长期被置于欧洲列强的监管之下，周边国家如希腊、塞尔维亚、黑山等虎视眈眈。20 世纪 20—30 年代，索古政府实现民主化改革，国家政体从共和制转变为君主制，但由于国内各种势力的激烈冲突以及过分依赖意大利等国，阿尔巴尼亚难以实现和平建设与发展。第二次世界大战期间，阿尔巴尼亚遭到意大利和德国的军事占领，催生了由共产党领导的反法西斯运动，最终以阿尔巴尼亚的胜利告终。

（一）阿尔巴尼亚独立

20 世纪初期，阿尔巴尼亚的民族运动受到了青年土耳其党运动的影响，爱国志士在阿尔巴尼亚各地建立民族俱乐部，组织政治文化活动。1908 年，在阿尔巴尼亚俱乐部和爱国知识分子的倡议下，统一阿尔巴尼亚语字母表的马纳斯蒂尔会议成功举行，阿尔巴尼亚现行字母表就此诞生。

1909—1912 年，受到塞尔维亚和黑山的挑动，阿尔巴尼亚爆发了几次反抗奥斯曼帝国的起义[1]，领导资产阶级革命的青年土耳其党阻挠和镇压阿尔巴尼亚的自治运动，1910—1911 年起义后，政府才被迫同意在阿尔巴尼亚人居住的地区实行行政管理自治，任命阿尔巴尼亚人为地方行政官吏。此时，巴尔干半岛的局势更加错综复杂，意大利进攻奥斯曼帝国，企图争夺地中海霸权。1912 年，在俄国推动下，塞尔维亚、保加利亚、希腊和黑山

---

[1] 拜德勒克斯, 杰弗里斯. 东欧史：上册 [M]. 韩炯, 等译. 上海：东方出版中心, 2013: 16.

组成反土联盟，把瓜分阿尔巴尼亚和马其顿作为谈判的条件。4月，阿尔巴尼亚在面临被周边国家瓜分的严峻局面下再次爆发了起义，起义浪潮迅速席卷全国，但由于领导层缺乏一致立场，未能实现宣布自治、脱离奥斯曼帝国的目标。8月，阿土双方停火，签署了同意维持奥斯曼帝国统治现状，仅在国家管理与阿尔巴尼亚语教育上放松限制的协议。10月，保加利亚、塞尔维亚和希腊等国的军队向奥斯曼帝国进攻，企图抢夺其控制下的阿尔巴尼亚和马其顿地区，第一次巴尔干战争爆发。11月28日，阿尔巴尼亚各地的代表在奥匈帝国和意大利的支持下，相聚发罗拉，举行国民会议，宣告阿尔巴尼亚独立。12月，塞尔维亚、黑山以及希腊联军挫败土耳其军队，占领了阿尔巴尼亚部分地区，阿尔巴尼亚领土面临被瓜分的危险。12月4日，以伊斯玛依尔·捷玛利为首的爱国者成立阿尔巴尼亚临时政府，向各国联军提出归还占领区的要求。12月17日，在伦敦大使级会议上，俄国、英国、法国、德国、奥斯曼帝国、意大利六国不顾阿尔巴尼亚的独立意愿，决定建立一个置于土耳其苏丹统治和六国监管之下的阿尔巴尼亚自治国家。[1]

（二）从共和国到王国

1913年，伦敦大使级会议继续探讨阿尔巴尼亚问题。欧洲列强协调各方利益之后，决定承认阿尔巴尼亚脱离奥斯曼帝国，黑山和塞尔维亚被迫从阿尔巴尼亚境内撤军，但阿尔巴尼亚西北部的部分领土划归给黑山，北部和东部的大片领土划归给塞尔维亚，主要包括现科索沃地区和马其顿西部地区，南部恰梅里亚地区（希腊称之为北伊庇鲁斯地区）划归给希腊，阿尔巴尼亚境内实际上只留下了一半的领土和人口，并且阿尔巴尼亚被置于六国的监管

---

[1] AKADEMIA E SHKENCAVE E SHQHIPËRISË. Fjalor enciklopedik shqiptar: Vol. 3 [M]. Tiranë: Akademia e Shkencave, 2009: 2560-2561.

之下，实际上仅获得了形式上的独立。与此同时，阿尔巴尼亚临时政府在北部与南部武装抵抗塞尔维亚和希腊的侵略，在经济、法制和教育领域也采取了措施捍卫国家的独立。但1913年11月，欧洲列强和国际监管委员会选定德国公爵威廉·维德为阿尔巴尼亚总督，以都拉斯为新首都，组建以封建主为主的政府，1914年1月迫使捷玛利下台。[1]然而，1914年下半年至1915年年中，阿尔巴尼亚多地爆发了反抗封建主的起义，同时第一次世界大战爆发，维德公爵无法驾驭动荡的局面，在组建国家机构方面无所作为，1914年9月被迫辞职，阿尔巴尼亚由国际监管委员会控制。

第一次世界大战期间，阿尔巴尼亚沦为各国交战的战场。1915年，意大利与协约国签署秘密条约，企图把阿尔巴尼亚中部地区变为自己的保护国，塞尔维亚、黑山和希腊则瓜分阿尔巴尼亚的北部和南部地区。一战结束时，意大利、法国、塞尔维亚和希腊军队取代奥匈帝国和保加利亚占领阿尔巴尼亚。1919年，在巴黎举行的和平会议上，阿尔巴尼亚都拉斯政府提出维护国家的独立主权，要求修改1878年和1913年所确定的阿尔巴尼亚边界，但最终未达成目标。为避免领土再遭分割，1920年1月，阿尔巴尼亚各界人士在卢什涅召开代表大会，反对巴黎和会的决议，通过宪法捍卫国家主权和独立，成立了新政府和三权分立的国家机构，2月定都地拉那，最终确立了阿尔巴尼亚事实上的独立。1920年6—8月的发罗拉战争，阿尔巴尼亚人赶走了盘踞在发罗拉等地的意大利军队，维护了国家独立和领土完整。1920年，阿尔巴尼亚加入国际联盟，1921—1922年，欧洲各国和美国陆续承认阿尔巴尼亚独立国地位。[2]

独立后的阿尔巴尼亚开启了民主化进程，谋求国家的稳定与发展。1921年，阿尔巴尼亚国民议会成立，但各派政治力量斗争激烈，甚至引发反对

---

[1] AKADEMIA E SHKENCAVE E SHQIPËRISË. Fjalor enciklopedik shqiptar: Vol. 3 [M]. Tiranë: Akademia e Shkencave, 2009：2561.

[2] AKADEMIA E SHKENCAVE E SHQIPËRISË. Fjalor enciklopedik shqiptar: Vol. 3 [M]. Tiranë: Akademia e Shkencave, 2009：2563.

派的武装起义。1922年，保守派代表艾哈迈德·索古控制住了局面，出任总理，组建新政府，同年通过新法规，巩固了阿尔巴尼亚民主制度。1924年6月，在共和制和君主制的问题上，以范·诺利为首的议会反对派发动资产阶级民主革命，推翻了索古政府，建立民主联合政府，史称"六月革命"。诺利政府颁布了理想的施政纲领，但因脱离了阿尔巴尼亚的现实，得不到国际社会的支持而无法推行。12月，索古在南斯拉夫的支持下发动政变，建立专制政权，并于1925年1月宣布阿尔巴尼亚为共和国，自任总统，史称"第一共和国"，此举巩固了阿尔巴尼亚国家制度。20世纪20年代，索古政府为改变国内经济落后的状况，吸引外资，在石油开采和金融资本方面给予意大利、英国和美国特权[1]，但过度依赖外资也给阿尔巴尼亚的国家发展带来了负面影响。1925年，索古政府与南斯拉夫签署协议，同意放弃北方的部分领土。1926—1927年，在财政严重困难的情况下，阿尔巴尼亚与意大利签署《友好安全条约》和《保护联盟条约》，逐步在军事上受到意大利的控制。1925年起，在各国的阿尔巴尼亚侨民纷纷成立组织，反对阿尔巴尼亚政府。

1928年9月，索古宣布阿尔巴尼亚改政体为君主制，正式将自己加冕为阿尔巴尼亚国王，号称索古一世。索古在共和国和君主国时期在国家机构设立上效仿欧洲，颁布多项现代法典，两度修改宪法，实现政教分离，保障了国家的稳定与发展，但在此过程中，他不断加强中央集权和个人权威，背离了建立民主独立国家的初衷。20世纪30年代起，政府的改革政策恰逢全球性经济危机，其专制统治使社会矛盾不断激化，索古对此采取了一系列措施，如不再与意大利续签协议和新特权，学校开展国民化改革等，这些措施侵犯了意大利在阿尔巴尼亚的既得利益，导致两国关系趋于紧张。1935年，迫于内外压力，索古政府缓和了与意大利的关系。1936年，阿尔

---

[1] AKADEMIA E SHKENCAVE E SHQIPËRISË. Historia e popullit shqiptar: Vol. 3 [M]. Tiranë: TOENA, 2007: 257.

巴尼亚与意大利在罗马签订了多项条约，使阿尔巴尼亚的内政外交进一步被意大利控制。此时，阿尔巴尼亚人民民主运动日益高涨，国内外的共产主义团体纷纷涌现。为此，索古政府一方面效仿意大利的法西斯主义，镇压反对派的起义和反政府的工人抗议；另一方面调整政府机构、改善经济和发展教育，但一些政策遭到了保守势力的反对。

1936年起，工人罢工、反意大利和反政府的游行示威不断。1939年，意大利法西斯向索古政府发出最后通牒，要求阿尔巴尼亚允许意大利驻军，索古政府虽然拒绝了意大利的要求，但此时反法西斯抗议活动已席卷全国各大城市。1939年4月7日，意大利法西斯占领阿尔巴尼亚，索古逃亡国外。

有观点认为，索古在加强中央集权和维护国家统一是有成效的，他在阿尔巴尼亚推行西化政策，吸纳意大利、英国和美国的投资，发展经济，确立基础义务教育，关注文学艺术，修订宪法等多部法律，为建设一个现代、繁荣的阿尔巴尼亚做出了一定的贡献。[1]

（三）阿尔巴尼亚反法西斯战争

第二次世界大战期间，阿尔巴尼亚遭到了法西斯的蹂躏。在意大利的控制下，1939年4月12日，地拉那召开"制宪会议"，宣布阿尔巴尼亚在共同拥戴意大利国王维克多·埃曼努伊尔三世的前提下与意大利联合，成立新政府。实际上，新政府的外交、军事等完全被意大利控制，阿尔巴尼亚沦为意大利的保护国。1943年9月，意大利投降，阿尔巴尼亚的解放运动随之高涨，但德国为保障巴尔干地区的战略通道，派军队迅速占领了阿尔巴尼亚。11月，德国在阿尔巴尼亚建立了傀儡政府，实质控制由政府组建的宪兵队。德国对阿尔巴尼亚的占领一直持续到1944年。

---

[1] AKADEMIA E SHKENCAVE E SHQIPËRISË. Fjalor enciklopedik shqiptar: Vol. 3 [M]. Tiranë: Akademia e Shkencave, 2009: 2564.

阿尔巴尼亚的反法西斯抵抗运动由民族解放阵线组织与领导，经历了艰难而长期的斗争，其中阿尔巴尼亚共产党发挥了最重要的作用。20世纪20年代末，阿尔巴尼亚国内陆续建立了一些共产主义小组，以罢工、示威游行等方式进行斗争。1941年11月，阿尔巴尼亚共产党成立，将实现阿尔巴尼亚独立和建立人民政府作为斗争纲领，这标志着反法西斯运动进入了新的历史阶段。1942年，反法西斯爱国力量在各大城市举行大规模游行示威，逐步发展成为武装反抗力量。1942年年初，阿尔巴尼亚共产党在城市组建起第一批游击队。在共产党的领导下，游击队在各地展开小规模的军事行动，有效打击了侵略者。9月，为成立更广泛的民族解放统一战线，各方在佩萨召开会议，阿尔巴尼亚共产党倡议建立民族解放阵线，在各地成立民族解放会议，以建立自由、独立和民主的阿尔巴尼亚为任务，推动了反法西斯武装斗争。11月，巴里国民阵线组建，以民族主义者为首，以武装斗争保卫阿尔巴尼亚的权利，抗击占领者，建立自由、民族和民主的阿尔巴尼亚为目标，但他们实际参与的军事行动并不多。1942年年底，英国、苏联和美国先后承认阿尔巴尼亚独立，支持反法西斯战争胜利之后由阿尔巴尼亚人民自主选择国家的政治制度。[1]随着抗战的发展和游击队规模的扩大，1943年3月，阿尔巴尼亚共产党召开第一次全国会议，正式选出中央委员会，霍查任总书记，会后又迅速组建了阿尔巴尼亚民族解放军，霍查出任政委。7月，民族解放全国委员会召开会议，决定建立民族解放军总司令部。9月，意大利法西斯投降，德国侵略者很快占领了阿尔巴尼亚，巴里国民阵线与共产党反目，转而与德国合作。10月，德国侵略者召开国民会议，宣布阿尔巴尼亚脱离意大利统治。11月，建立了包含巴里国民阵线分子在内的傀儡政府。为摧毁阿尔巴尼亚人民的民族解放阵线，德军在1943年和1944年向其发动两次进攻，但均告失败。1944年5月，第一届反法西

---

[1] 马细谱，郑恩波. 阿尔巴尼亚 [M]. 北京：社会科学文献出版社，2004：69.

斯民族解放大会在佩尔梅特召开，组建了带有临时政府性质的反法西斯民族解放委员会，霍查任反法西斯委员会主席和民族解放军总司令，大会决定禁止索古回到阿尔巴尼亚，不承认任何在国内外建立的违背人民意愿的政府，继续反抗德国侵略者直至全国解放等。6月，民族解放阵线转入反攻。10月，他们击败德军，解放了吉诺卡斯特、培拉特、科尔察等重要城市。同时，反法西斯民族解放委员会召开第二届会议，决定成立民主政府，霍查任政府主席。11月17日，地拉那解放。29日，斯库台解放，阿尔巴尼亚赢得了反法西斯运动的胜利。[1]

五、二战后至今

第二次世界大战后，阿尔巴尼亚在共产党的领导下建立了人民民主政权，走上了建设社会主义的道路。1945—1985年，阿尔巴尼亚在政治、经济、文化、教育、科技和卫生等领域均发生了翻天覆地的变化，人民生活水平显著提高，但在复杂的国内外环境下，阿尔巴尼亚逐渐走向孤立与自我封闭的困境。1991年，阿尔巴尼亚确立了资本主义制度，通过经济转轨建立了自由市场经济。21世纪的前20年，阿尔巴尼亚以融入欧洲为民族复兴的根本方向，加入北大西洋公约组织，成为欧盟候选国。

（一）二战后至20世纪80年代末

第二次世界大战期间，阿尔巴尼亚共产党在南斯拉夫共产党的帮助下成立并不断发展壮大。解放后的阿尔巴尼亚，由于受到战争的巨大破坏，

---

[1] AKADEMIA E SHKENCAVE E SHQIPËRISË. Fjalor enciklopedik shqiptar: Vol. 3 [M]. Tiranë: Akademia e Shkencave, 2009: 2570.

经济与社会生活完全瘫痪，基础设施损害严重，银行业凋敝，人民缺衣少食，居无定所，此时阿尔巴尼亚共产党成为国内唯一有领导力量的政党。阿尔巴尼亚共产党继续领导二战期间诞生的民族解放阵线，并采取一系列紧急措施在国内恢复正常的社会生活秩序，为社会主义制度确立创造条件。

社会主义制度确立初期可分为两个阶段：1944年至1946年为第一阶段；1946年至1947年为第二阶段。第一阶段，没收意大利、德国等在阿尔巴尼亚的股份公司以及本国的战争罪犯、旧政府高级官员和投机商人的财产，监管工矿企业和内外贸易，禁止生产资料、食品、药品的自由买卖，进行农村土地改革等。这些措施旨在打击外国资本、本国封建阶级和反动资产阶级的残余势力，是一场带有反帝反封建性质的民主革命；第二阶段，没收本国资产阶级的工矿企业，建立国营企业、城市及农村的合作社，进行币制改革，实行国家统一购销粮食和日用品配给制。这些措施实现了生产资料的社会主义公有制，为发展国民经济创造了条件。[1]1946年1月11日，阿尔巴尼亚人民共和国宣布成立，君主制共和国在法律上正式终结，3月，通过战后的第一部宪法，规定国家所有机构产生并隶属于人民议会，保护国民的基本权利和自由等，同时确定了稳定国内形势、快速重建经济、保障人民基本生活需求等首要任务。1946年年底，全国的土地改革结束。1947年年底，国内工业生产恢复到战前水平，在获得国际经济援助和战争赔款后，进行经济社会改革。

二战后，受到南斯拉夫、苏联及东欧社会主义阵营的影响，阿尔巴尼亚选择建立社会主义制度。在解放初期，苏联及东欧国家也率先承认了阿尔巴尼亚的共产党政府。1948年前，阿尔巴尼亚优先发展与南斯拉夫的关系，双方签署了一系列政治和经济合作协议，导致阿尔巴尼亚一些关键命

---

[1] 马细谱，郑恩波. 阿尔巴尼亚 [M]. 北京：社会科学文献出版社，2004：73-74.

脉部门严重依赖南斯拉夫。[1]1948年，南斯拉夫与苏联关系恶化，苏联加强了同阿尔巴尼亚的联系。在经济上，阿尔巴尼亚接受苏联的援助，模仿苏联模式优先发展重工业和农业集体化，进行高度集中的计划经济建设。1949年，阿尔巴尼亚加入了经济互助委员会，通过与其他成员国签署协议，得到了经济上相当可观的援助。[2]1953年，苏南关系缓和，阿尔巴尼亚与南斯拉夫的关系也得到了改善。[3]1955年，阿尔巴尼亚加入华约组织，成为联合国成员，在重要国际组织设立代表。

为了保持主权独立和坚持斯大林主义路线，1961年，阿尔巴尼亚断绝了与苏联的外交关系。随着阿尔巴尼亚退出经济互助委员会，东欧各国也从阿尔巴尼亚撤走大使，阿尔巴尼亚转向关注与中国的关系，两国关系迅速升温，中国开始给予阿尔巴尼亚政治、经济和军事方面的援助。1968年，阿尔巴尼亚退出华沙组织后，为了加强自身的军事防御能力，提出"御敌于国门之外"的口号，耗巨资动员全民在各地建造多处碉堡。如今，这些难以拆除的碉堡已经成为阿尔巴尼亚的独特风景，有的甚至被改造成咖啡屋。

从解放后至20世纪70年代中期，在各国援助和自身努力下，阿尔巴尼亚的经济建设取得了较大的进步，修建公路、铁路，改造荒地与沼泽，国家的面貌和人民的生活水平都得到了明显改善。工业领域的重要成果是成功建立了一批水电站、火电站。国家歌剧芭蕾舞团、人民剧院、地拉那大学等教育、文化和科学机构纷纷建立，阿尔巴尼亚在教育、文化、科技和卫生方面也有了长足的发展。在教育方面，阿尔巴尼亚普及了义务教育，在全国开办学校，完成了消除文盲的任务，发展高等教育，设立科研机构，

---

[1] 达利皮，米弗蒂乌. 阿尔巴尼亚历史与文化遗产概览 [M]. 柯静，马赛，译. 北京：外语教学与研究出版社，2017：43.

[2] AKADEMIA E SHKENCAVE E SHQIPËRISË. Fjalor enciklopedik shqiptar: Vol. 3 [M]. Tiranë: Akademia e Shkencave, 2009: 2576.

[3] 柯静. 阿尔巴尼亚历史四大阶段 [C]// 北京外国语大学欧洲语言文化学院. 欧洲语言文化研究：第7辑. 北京：时事出版社，2013：194.

开展语言和民族历史领域的研究，提高了国民的文化水平和身份认同。在卫生方面，建立公共医疗机构和城市免费医疗体系，国民医疗条件得到改善。1976年，阿尔巴尼亚修改宪法，改国名为阿尔巴尼亚社会主义人民共和国。

1985年，霍查去世，阿利雅接任党中央第一书记。为摆脱经济上的困境和孤立封闭的状态，阿尔巴尼亚开始积极谋求与西方国家建立和恢复外交关系，经济上寻求在社会主义体制内进行改革，但阿尔巴尼亚当时物资匮乏、极度贫困，导致改革效果不佳。1990年10月起，阿尔巴尼亚国内出现抗议示威活动，社会矛盾激化。迫于压力，政府宣布实行多党制，允许建立独立的政治组织，民主党、共和党、社会民主党等相继成立。1991年，在阿尔巴尼亚劳动党控制下的临时政府宣布举行议会大选，劳动党获胜，实行总统制，阿利雅当选首任总统，纳诺任总理，劳动党不久后更名为社会党。[1]

（二）20世纪90年代至今

1991年4月，阿尔巴尼亚改国名为阿尔巴尼亚共和国，规定国家体制为议会制共和国，总统是国家代表。1992年，阿尔巴尼亚举行了第二次议会选举，民主党获胜，贝里沙当选总统，组阁政府，阿尔巴尼亚共产党半个多世纪的执政期结束。同年，对宪法中的总统权力进行修订，国家政体实际上为总统共和制。但1997年的金字塔集资骗局[2]激起民愤，警察局和

---

[1] AKADEMIA E SHKENCAVE E SHQIPËRISË, INSTITUTI I HISTORISË NË MESIN E VITEVE 90. Historia e popullit shqiptar: Vol. 4 [M]. Botimi i dytë. Tiranë: TOENA, 2009：359-362.

[2] 1996年年初，在阿尔巴尼亚银行业无力提供贷款的情况下，一些投资公司乘机高息集资，利用"金字塔投资计划"向投资人承诺将向其回报高收益，吸收了大量企业或个人资金。最初，部分政府官员参与了集资，媒体也大力宣传，集资活动迅速席卷全国。但阿尔巴尼亚狭小的投资市场很快无力承担越来越多的投资人的高额利息，1997年起，大批投资公司宣布破产，最终酿成全国性金融风暴和骚乱。

军械库里大量的武器被抢，全国陷入混乱的无政府状态，总统贝里沙被迫下台。1997年，纳诺领导的社会党在选举中获胜，纳诺出任政府总理，推举迈达尼为总统，总统仅为国家的象征，议会共和制得以最终确立。

1991年，政治转轨后，阿尔巴尼亚采取经济转轨措施，私有化进程按照企业性质分阶段进行。第一步是商业、服务业、运输业和渔业的私有化，第二步是对轻工业和食品加工业的私有化，第三步是对重工业的私有化。[1]1993年年底，国营农场的土地和城市住房的私有化基本完成，1998年年后，国有垄断行业也进行了私有化。1991—1992年，阿尔巴尼亚经济剧烈动荡，国内生产总值大幅下降，通货膨胀严重，失业率明显攀升。在世界银行、国际货币基金组织等的协助下，阿尔巴尼亚在1992—1996年才实施稳定的经济计划，国内生产总值年增长约9%，失业率和通货膨胀率明显下降。此外，20世纪90年代后，阿尔巴尼亚持续出现大量移民，以前往希腊和意大利的打工者为主。在阿尔巴尼亚，几乎每个家庭都能收到来自海外工作的亲人的汇款，这也直接对阿尔巴尼亚的宏观经济产生了持续的积极影响。

冷战后，阿尔巴尼亚外交政策发生了根本性转变，回归欧洲是历届阿尔巴尼亚政府的首要目标，阿尔巴尼亚政府致力于加强与美国及欧洲主要国家的联系。1991年，阿尔巴尼亚加入欧洲安全合作组织，2006年与欧盟签署了《稳定与联系协议》。2009年，阿尔巴尼亚和克罗地亚一同加入北约。2014年，阿尔巴尼亚成为欧盟候选国，2020年，欧盟拟启动阿尔巴尼亚的入盟谈判。

从国别史视角看，阿尔巴尼亚历史是一部跌宕起伏的独立史。实现民族独立是阿尔巴尼亚人取得的弥足珍贵的胜利，更是他们世世代代不懈奋斗的理想。民族英雄斯坎德培带领阿尔巴尼亚人成功抵抗奥斯曼帝国的入侵。在民族复兴运动的影响下，1912年，阿尔巴尼亚在发罗拉宣布独立。

---

[1] 孔寒冰. 东欧史[M]. 上海：上海人民出版社，2010：502.

1944年，阿尔巴尼亚在劳动党领导下取得反法西斯战争的胜利，这些都是这部独立史中星光闪耀的时刻。从全球史角度看，阿尔巴尼亚历史更是一部意蕴深长的成长史。罗马帝国、拜占庭帝国、奥斯曼帝国对巴尔干半岛西部的漫长统治虽未曾给予阿尔巴尼亚独立的机会，但这些大帝国承载的文明也慢慢滋养了阿尔巴尼亚人的文化血脉，塑造了今日阿尔巴尼亚的国家形象，激发了他们全面融入欧洲大家庭的愿望。

第二节 风土人情

一、日常生活

阿尔巴尼亚是一片适宜人类居住的土地，国土面积虽然不大，人口不多，但各地的美食、服饰与建筑在东西方文化的碰撞与交融中保留了纯朴、天然的本色，日常生活宁静而不失热闹，乡土风情相似又不乏差异，这些令阿尔巴尼亚人引以为豪，如数家珍。

（一）饮食

阿尔巴尼亚美食是当地饮食传统和外来烹调艺术相结合的产物，主要受到了土耳其、希腊、意大利和斯拉夫美食的影响。比如说，新年时，在阿尔巴尼亚家庭的餐桌上，烤肉、肉饭、沙拉、果仁蜜饼等都是传统菜肴，与土耳其、希腊等国的餐桌有不少相似之处。

总体上说，阿尔巴尼亚人注重烹调，偏爱新鲜食材，冷冻、风干或晾干的食品在阿尔巴尼亚人的餐桌上并不常见。阿尔巴尼亚人在烹调时大量使用橄榄油，常见的香料有罗勒、薄荷和牛至，配料中也常用大蒜和洋葱，装饰上崇尚简约。从餐饮礼仪的角度看，盛情好客的阿尔巴尼亚人经常邀请客人到家中用餐。客人离席时如未吃饱，则是对主人的不敬乃至羞辱，所以主人通常会多预备些食物，以防款待不周。

阿尔巴尼亚传统菜肴以肉食为主，鸡肉、牛肉、羊肉为常见的肉类。从地域上看，北部、中部和南部有细微的差别，平原和山区以鸡肉、牛肉、羊肉为主，沿海地区以鱼类为主。阿尔巴尼亚各地均有特色菜肴，如爱尔巴桑的乳酪肉煲和巴罗库麦甜饼、地拉那的土煲、佩尔梅特的炖肉和腊肠、科尔察的杂碎汤、台佩莱拉的火鸡烩面包，等等。在阿尔巴尼亚，游客还常常品尝到菠菜馅饼、烤灌椒、烤羊肉串、烩蔬菜等家常菜和果仁蜜饼、果仁丝饼、黄油酥饼等传统甜点。在阿尔巴尼亚的传统早餐中，不可或缺的还有杂碎汤，由牛羊内脏等与香料、蒜煮制而成，可以与馅饼或米饭搭配食用。

阿尔巴尼亚人的主食以面包为主，在食物匮乏的时代，面包甚至成了最美味的食物。阿尔巴尼亚语习语中常用"某物的面包与盐"指代"重要、不可或缺的东西"，可见面包在当地主食中的重要地位。

在传统的阿尔巴尼亚家庭里，馅饼和果仁蜜饼是家家户户擅长制作的美食。一位优秀的家庭主妇往往以长于制作美味的馅饼为荣。馅饼是一种多层薄饼，以馅料可分为番茄肉饼、奶酪馅饼、菠菜奶酪馅饼等，更有传统家庭制作以荨麻入馅的馅饼。而果仁蜜饼是一种核桃薄饼，浇上糖浆，通常作为餐后甜点。果仁蜜饼因其制作程序复杂，十分考验厨师的技艺。无论是馅饼，还是果仁蜜饼，成败都取决于饼皮擀制的好坏。

至于酒类，果酒是阿尔巴尼亚的佳酿，通常由葡萄等时令水果酿制而成，常见的种类有葡萄果酒、桑椹酒、李子酒等，以自酿为佳，葡萄果酒被称为果酒之王，桑椹酒则有药效。在阿尔巴尼亚，果酒通常在婚礼或待客时饮用，主人常好品鉴自酿的美酒，而在酒吧里，人们通常选择外国品牌的葡萄酒、啤酒等。阿尔巴尼亚人喜爱饮酒，有的地方还有劝酒的习俗。在工作时，阿尔巴尼亚人通常不饮酒，因为在公共场合醉酒是一件不光彩的事，只有在婚礼等特殊场合或与友人闲聊时才可以喝醉酒。

阿尔巴尼亚人喜爱饮用山茶。山茶生长或种植于阿尔巴尼亚高山地区，叶茎细长，带有黄色小花，是一种草药茶。人们常常在冬夜里围炉煮茶，饮茶以驱赶寒意。山茶煮沸后即可饮用，香气独特，具有预防感冒、促进消化等药效，加入蜂蜜或柠檬片后风味更佳。

在咖啡馆里消磨时光、谈天说地是阿尔巴尼亚人最常见的休闲方式。在城市里，遍地都是各式各样的咖啡馆，咖啡馆里常常座无虚席，人们离开家门和回家前的第一件事往往是去咖啡馆里喝咖啡，也常有人把咖啡馆作为洽谈生意的理想场所，甚至有人终日在咖啡馆里消磨时光。

据阿尔巴尼亚统计局发布的数据显示，2018年，阿尔巴尼亚家庭在餐饮和酒店的最终消费高达478亿列克，约合3.85亿欧元，年增幅达11%，创历史新高。阿尔巴尼亚平均每10万人就拥有518家餐吧，其数量在欧洲地区遥遥领先。[1]

（二）服饰

阿尔巴尼亚民族服饰是其民族传统的产物，与其族群生活和历史特征相适应，服饰的美学装饰风格及展现方式是其民族特质的形象体现。阿尔贝尔封建公国存续期间，是阿尔巴尼亚民族逐渐形成的阶段，也是阿尔巴尼亚传统服饰的缘起阶段。随着经济的较大发展，社会产品日益丰富，民族服饰也开始展现出它的风貌，逐渐产生出适应不同年龄、性别、地域、

---

[1] 资料来源于阿尔巴尼亚统计局官网。

生产生活条件、风俗习惯和节日的各类服饰。[1]而且，由于阿尔巴尼亚各地长期处于分散、独立的状态，所以各地在服饰上也呈现出明显的多样性，主要体现在服饰剪裁式样和装饰上。通常，年轻人和孩子的服饰较为简单，而成人和女性的服饰相对复杂。

在阿尔巴尼亚的传统服装中，所有元素并不是在同一个时期产生和发展起来的，受自然条件和历史发展的双重影响，其民族服饰不仅具有鲜明的农村环境特征，也是民族生活史的鲜活见证。在中世纪后期，阿尔巴尼亚民族服饰主要由居家女性来制作，部分由流动的裁缝或城市的手工艺者制作。原料以纺织布、毡、粗呢面料为首选，颜色以白、黑、暗蓝为主，少用红色，装饰有各色毛、棉或丝绸饰带等。18世纪时，在大城市已经出现不少制作服饰的工匠，除部分服饰使用织机外，大部分为手工制作。民族服饰也开始承载社会、美学、仪式等现实功能，以装饰与配饰的数量和质量区分不同的社会阶层，其中尤以婚礼服装的配饰最为繁复。

从时间上看，19世纪末，阿尔巴尼亚最为流行的男装是短裙和毡裤，并从北方逐渐拓展到南方。阿尔巴尼亚中部主要流行灯笼裤，而南方大部分地区流行上宽下窄的裤装。直到20世纪初，长衫、开衫在阿尔巴尼亚的一些地方兴起。最流行的女装是带围裙的长裙，天冷的时候外罩羊毛短外套，各地式样丰富。阿尔巴尼亚最富原创性的女装是钟形毡裙，双围裙的长裙、裹裙等服饰也各具特色。

阿尔巴尼亚传统服饰不仅式样丰富，一些特征还与巴尔干地区其他民族相似。钟形毡裙、带穗装饰的围裙、短裙、毡裤等一些元素，来源于地中海的早期文化，与伊利里亚人穿着的服饰有相近之处，另有不少元素则可追溯到中世纪。山民常戴的白色毡帽、脚穿的红缨系带牛皮鞋和身穿的马甲等富有浓郁的乡土气息和地方特色，如今已成为阿尔巴尼亚传统服

---

[1] AKADEMIA E SHKENCAVE E SHQIPËRISË. Fjalor enciklopedik shqiptar: Vol. 3 [M]. Tiranë: Akademia e Shkencave, 2009: 2878.

饰的典型代表。常见的阿尔巴尼亚传统服装共有 10 种：女装有钟形毡裙、前围裙长裙、外裹裙、双围裙长裙和灯笼裤；男装有短裙、长袍（又称开衫）、灯笼裤、毛裤和半截裤，其中以下 6 种风格最为鲜明。

1. 钟形毡裙

钟形毡裙因裙子的形状与波浪状钟类似而得名，造型非常独特，是阿尔巴尼亚乃至巴尔干地区最早期服饰的代表，它在阿尔巴尼亚民族文化中承载了伊利里亚文明的元素。裙子在色彩上多选用黑色、紫色或蓝色，装饰的图案与样式颇可称道。这种服饰流行于整个阿尔巴尼亚以及黑山的阿尔卑斯山区。

2. 前围裙长裙

该服饰的主体部分是可松可紧的长袖长裙，中间系一条彩色毛制腰带，前面配有毛制或棉制围裙。这种服饰流行于米尔迪特、迪勃拉、马特、培拉特、科尔察、吉诺卡斯特和萨兰达等地，围裙的大小和装饰各地不尽相同。

3. 外裹裙

外裹裙是一种腰部带小褶的宽大长裙，上身外罩背心和窄袖绒衣。外裹裙通常为黑色，是一种相当漂亮的裙装，搭配不同款式和颜色的毛袜。外裹裙的款式繁多，甚至同一地区也有所不同。

4. 短裙

短裙是一种男士白色棉布短褶裙。短裙里面穿着长衬裤，衬裤从脚踝至膝盖处套有毡袜。男士上身可穿着宽袖短衬衣，在腰部系上毛质宽腰带，在寒冷的季节还可以加上毛斗篷，头上搭配一项白色尖顶毡帽。这种男装直到20世纪初才在从科索沃地区到恰默里亚的阿尔巴尼亚人聚居区出现，之后也仅在阿尔巴尼亚南部农村流行，但如今已经成为阿尔巴尼亚民族男士传统服饰的重要代表。

5. 长袍

长袍即白色长衬衣、毡制长开衫，是男士的经典传统服饰。该服饰在米尔迪特、马特、迪勃拉、科尔察和吉诺卡斯特等地流行，不同地区长袍或开衫的款式有所不同。二战后，这种款式的服饰被毛衣取代，但作为仪式性服装，长袍可罩于毛衣之外，在集会场合穿着。

6. 灯笼裤

灯笼裤因裤型下摆宽大而得名，一般由毛料或棉布制成。通常裤子长至脚踝处，穿着时搭配樱桃色毛质宽腰带，上身搭配长袖紧身衬衣。在温暖的季节，这种服饰在扎德里默、马特、米尔迪特等地的一些村庄流行，男女均可穿着。

总体上说，阿尔巴尼亚民族服饰继承了伊利里亚文化最初的经典元素，随着时代的变迁，继承和彰显了其民族特色。在现代人的日常生活中，传统服饰并不常见，主要在节日或举行重要纪念活动时穿着。

（三）建筑与民居

1. 建筑的发展变迁

在新石器时代中后期，阿尔巴尼亚所在的地区就有了早期的人类定居点。公元前 5 世纪的伊利里亚时期，受古希腊文化的影响，沿海地区殖民城市发达，以都拉斯和阿波罗尼亚为代表，当时的建筑多修建在山坡上，由石砖垒成的高墙环绕，带有方形或圆形的塔楼，是古代防御工事的雏形。在都拉斯、阿波罗尼亚和布特林特等古代建筑遗迹上，神庙、半圆形剧场、带有柱廊的林荫道最为常见，建筑式样古朴精致。在公元 1 世纪后，罗马帝国时期，都拉斯等城市的现代设施逐步完善起来，排水系统、热水浴室等均已出现。公元 4—6 世纪，在布特林特留下的罗马建筑风格的遗迹上可见早期基督教文化的印迹，如圆形洗礼堂，地面铺设了几何和动物图案的马赛克镶嵌画，均具有较高的艺术价值。

公元 7—15 世纪的拜占庭时期，随着阿尔巴尼亚的宗教祭祀建筑、防御工事和住宅建筑水平的不断提高，式样更为丰富。在阿尔巴尼亚封建公国繁荣的 13—14 世纪，在克鲁亚和吉诺卡斯特等城市均修筑了防御性的城堡。15 世纪时，都拉斯、莱什、斯库台、发罗拉等地的城堡以城墙坚固和塔楼林立而著称。[1]15 世纪后的奥斯曼帝国统治时期，伊斯兰教建筑与本地建筑风格相结合，产生了一批具有独创性的清真寺，其中以斯库台的大清真寺为代表。16—19 世纪，基督教建筑也在继承传统的基础上，由建筑面积小、式样简单的小教堂向式样复杂的大教堂发展，如沃尔科波亚的圣科尔教堂就具有较高的历史价值。

从城市建筑的角度看，阿尔巴尼亚城市可分为两类：一类是以培拉特、

---

[1] 达利皮，米弗蒂乌. 阿尔巴尼亚历史与文化遗产概览 [M]. 柯静，马赛，译. 北京：外语教学与研究出版社，2017：196.

吉诺卡斯特和克鲁亚为代表的城堡式城市，另一类是以地拉那、爱尔巴桑和卡瓦耶为代表的平原式城市。前者根据地势成排修建，错落分布，甚至采取垂直阶梯式排列，俯瞰或远眺均气势壮观。后者修建于开阔地面，由高墙环绕。市内房屋根据大小和构造又细分为带壁炉的房屋、带门廊的房屋、带休息室的房屋和民用塔楼四类。[1]

近代以后，阿尔巴尼亚的城市与建筑开始了欧洲化进程。在1920年定都地拉那后，在意大利和奥地利建筑师的协助下，阿尔巴尼亚政府设计了市中心的斯坎德培广场、政府办公楼和南北林荫道，这些建筑形成的整体格局至今仍是阿尔巴尼亚首都的重要标识。在社会主义时期，阿尔巴尼亚在城市中兴建了一大批五六层的小型公寓，城市规划遵循统一的标准设计施工。

20世纪90年代以后，阿尔巴尼亚城市建筑的规划与建设开启了一个新的时代。国营企业和私营企业均参与到了国家机构的建筑设计与规划之中。由于大城市人口极速膨胀、商业快速发展等因素，迫切需求在城市新增一两层的私人商品住宅和十至十二层的公寓式住宅楼，同时需要配备商业和社会服务等设施。在这一时期，建筑总量大幅增长，城市面貌也发生了巨大变化，在房地产投资的热潮之下，高层建筑纷纷在大城市中心拔地而起，不少大型的商业中心和居住区也在大城市和高速公路沿线层出不穷。同时，由于城市规划设计缺乏整体统筹和有效监管，地拉那等主要城市出现了非法建筑，楼房位置、建筑材料及外观杂乱无章。在2000年前后，以地拉那为首的政府在短期内大力清理非法建筑，并给主干道的不少房屋外墙绘制了多彩的几何图案，使阿尔巴尼亚城市建筑的面貌有了较大改观。

---

[1] 达利皮，米弗蒂乌. 阿尔巴尼亚历史与文化遗产概览[M]. 柯静，马赛，译. 北京：外语教学与研究出版社，2017：199-201.

2. 传统民居

阿尔巴尼亚民居的类型丰富，因地域和经济社会环境的不同而有所差异。农村地区的民居以 6 个区域为代表，分别为西北地区、东北地区、中部山区、西部沿海地区、西南及南部地区和东南地区，其特征分别为：装饰简朴的两间单层或双层石屋；单层木屋或石楼；装饰丰富多样、具有防御性的两三层房屋；装饰简朴的带前廊或前庭的单层房屋；个别地方装饰繁复的单层或双层（可为半层阁楼式）的房屋；19 世纪时迅速形成的一种双层均可居住、以中心区域为重点、风格多样的房屋。[1]

城市民居从类型上分为五类。前四类均为封建社会时期的样式，后一类属于资本主义社会时期的样式。[2] 在封建式样的民居中，地拉那民居历史最为悠久，以壁炉居中的两层小楼为主要建筑式样。其他民居分别为带木柱前庭的民居、带廊厅或前庭的二层民居和石楼民居。带木柱前庭的民居为主流民居，主要出现在阿尔巴尼亚中部城市。带廊厅的房屋是最流行的城市民居样式，分布在斯库台、培拉特等城市，两层小楼以廊厅或前庭为中心的建筑及其装饰最为美观。吉诺卡斯特民居，又称城市石楼，主要分布在吉诺卡斯特及其周边地区，以房屋高、布局多变和防御性强著称，在 18 世纪时最为流行。19 世纪中期，在科尔察兴起资本主义样式的新式民居，此类民居为两层楼，构图合理，注重外观，既融合了传统特色，又使用了砖、铁等新式材料与工艺，19 世纪末至 20 世纪，此类民居拓展到了其他城市。

阿尔巴尼亚民居的价值集中体现在 18—20 世纪建造的"博物馆城"中，其中吉诺卡斯特民居和培拉特民居均得到了联合国教科文组织的保护。

---

[1] AKADEMIA E SHKENCAVE E SHQHIPËRISË. Fjalor enciklopedik shqiptar: Vol. 1 [M]. Tiranë: Akademia e Shkencave, 2008：109.

[2] AKADEMIA E SHKENCAVE E SHQHIPËRISË. Fjalor enciklopedik shqiptar: Vol. 1 [M]. Tiranë: Akademia e Shkencave, 2008：109.

二、风俗习惯

阿尔巴尼亚民族的传统与风俗穿越了千年的历史，深刻呈现出了在纷繁复杂的历史进程中磨砺出的丰富特征，这些既具世界民族共性又具自身特质的家庭观念、婚俗习惯、民间信仰和节日传统，使阿尔巴尼亚民族得以繁衍生息，在东西文化的碰撞与交融中保有自己的独特魅力。

（一）家庭与婚礼习俗

1. 传统家庭与婚姻

传统的阿尔巴尼亚家庭在类型上属于父权制家庭，其主要特点如下。第一，通常，家庭中最年长的男性为一家之长，全权掌管与安排家庭的各项事务，有权奖惩家庭成员。第二，家庭中实行夫权制，丈夫拥有绝对权威，妻子地位低下，被视为丈夫的财产，无继承权。在家庭中，男性一般不从事生产劳动，不干家务活，而女性除怀孕期间外，不仅需操持家务，还要承担繁重的体力劳动。男女不同席用餐，通常男性先吃，女性后吃。第三，一家之长的妻子通常负责掌管家庭内部的具体事务，监督其他的家庭女性成员。旧时族规规定，在家庭没有成年男性的情况下，年长的女性可以临时充当家长，待男孩成年后接任。第四，重男轻女的思想表现明显，在阿尔巴尼亚山区，生男孩的家庭要鸣枪来报喜，过继儿子的情况很少见，男人入赘也不受欢迎，而生女孩的家庭则会收到诸如"祝愿你们再生一些男孩子"的祝福。[1]

在旧时的阿尔巴尼亚，男女婚姻多由父母包办，家庭中的男性长辈均可

---

[1] 马细谱，郑恩波. 阿尔巴尼亚 [M]. 北京：社会科学文献出版社，2004：20.

发表意见，但女性长辈和当事人无权过问。有不同宗教信仰或有直系血缘关系（主要是父系）的男女一般不通婚。男女适婚年龄很早，男孩为15岁，女孩为7—14岁，不同地域也有区别，通常农村人会早于城市人结婚。嫁娶顺序也有讲究，一般都是先嫁女儿，再娶媳妇。即使女儿年龄很小，也要先嫁出去，而不结婚则会被他人另眼看待，不生育更会受到歧视。

阿尔巴尼亚人的联姻过程通常包括订立婚约、准备嫁妆和举办婚礼三个阶段。在第一阶段，通常由男方出面请媒，媒人通常由男性担任，也有些地方请女性担任。在说成一桩婚事后，男女双方要送媒人袜子或鞋子等物品作为酬谢。媒人对双方的联姻要负责到底，他既是媒人又是证婚人，甚至还要充当双方发生婚姻纠纷的调解人。经过媒人的说合，双方家长表示赞成便可联姻，订立婚约的常规程序如下。首先，双方达成口头允诺。接着，双方需举行订婚仪式，即家长、男女双方和媒人一起喝咖啡，把婚事定下来。之后，男女双方交换信物。男方给女方的信物有戒指、红头巾和一枚银币；女方给男方的信物是毛袜子。交换完信物，订婚就正式生效，从此双方的行为均要受到婚姻的约束。从订婚到结婚期间，男方不得去未婚妻家中，更不能同未婚妻见面和说话，外出都要避开未婚妻所在的村庄。而女方受到的限制更多，从订婚之日起到婚礼举行前，女方不能出家门，在家学做针线活，准备嫁妆，不允许同未婚夫及未婚夫的家人见面。此外，男方还要在确定婚礼日期前给女方家送去聘金和其他用作嫁妆的实物，如羊毛、棉花等。婚约确定后，只有男方有权提出解除婚约。订婚之后，即便在此期间男方同其他女性结婚，已订婚的女方也无权解除婚约，直至丈夫死亡。单方面悔婚往往造成双方家庭的恩怨，甚至招致血仇。但是，在一些地方，如果男女双方中一方死亡，婚约便自然解除。在第二阶段，即订婚之后，女方正式开始预备嫁妆。嫁妆包括用专门的毛料或布料裁制的衣服、被褥、地毯、壁毯，为未婚夫准备的袜子、坐垫、头巾、围巾、手套，为其家人及亲戚准备的小礼物和为未来的婴儿准备的物品，等等。新娘的嫁衣不必自行准备，由男方提供。婚礼时，这些嫁妆将在双方家中展示，以充分体现女方勤劳、灵巧等美德，这对女方本人及其母亲的声望都至关重要。由于新娘的嫁妆种类繁多，数量巨大，所以一般女孩从学会干活起就开始准备嫁妆。在第三阶段，举行婚礼。婚期一旦确定便不可更改。举行婚礼的理想季节是夏季和秋季，尤其是在农作物收割完毕之后。通常斋月[1]不举行婚礼，有些地方还忌讳把婚礼定在阳历的5月和8月。婚礼的日子大多定在月圆之日，传说在无月之日结婚，女人容易早产。婚礼前，男方要给女方送去嫁衣、胭脂等礼盒，女方也要回赠礼物。婚礼前夜，新娘要梳妆打扮，并在女伴的陪同下唱歌，内容以歌唱新娘的美貌与灵巧为主。婚礼中迎亲的队伍只有身强力壮、聪明勇敢的人才可胜任。在接亲途中，男方亲友以歌声赞颂新郎的勇敢，有的地方的婚俗还要鸣枪。如果双方距离遥远，女方亲友就将新娘送至半路，交给男方的迎亲队伍。彼此距离近的，迎亲队伍就直接前往女方家接亲。女方要举行盛大的午宴招待迎亲的人们并向其展示嫁妆，男方家人则用歌声夸赞嫁妆的精美。迎亲队伍返回后，男方需在家中举行婚礼，此时不邀请女方家人参加。因此，在阿尔巴尼亚，男女双方的婚礼仪式需要分开举行，旧时的婚礼程序非常繁琐，通常要持续一个星期。婚礼前，男方亲友一起为迎娶新娘做好准备，砍柴锯木，搭建婚棚，杀鸡宰羊、磨面臼米、烤制面包等。婚礼仪式隆重热烈，新娘入门时，人们要往她头上撒大米和钱币，预示早生贵子，多子多福。婆婆要把"婚礼面包"塞在儿媳的腋下，并亲吻她的额头，表示接纳她为家庭成员。[2] 新娘还要用手指蘸蜂蜜抹在门框上，表示她希望给家庭带来和睦平安，今后的日子甜甜蜜蜜。新娘不能用脚踩过门槛，而要跳过门槛或由别人架过门槛。进门后，新娘要围着家里的炉灶转三圈。新婚之夜，新郎必须被同伴推搡着进入新房，与新娘一起跳舞。

---

[1] 指伊斯兰教的斋月，即伊斯兰教历第九个月。
[2] 马细谱，郑恩波. 阿尔巴尼亚 [M]. 北京：社会科学文献出版社，2004：19.

在阿尔巴尼亚南方地区，婚礼的第二天清晨，新娘要亲自去山泉处为全家取水。

阿尔巴尼亚大部分地区实行一夫一妻制。一般情况下，一个男性娶两个妻子被视作违反宗教教义和族规，但在一些地方，受传统观念的影响，仍保留了一夫多妻制的婚姻形式。尤其是在结发妻子无法生育的情况下，男性可以迎娶第二个妻子，但其地位通常十分低下。还有一种特殊情况，即当家中兄弟死后，其妻可以改嫁给叔伯。

2．现代婚姻与家庭

随着时代的变迁和社会的进步，阿尔巴尼亚人的婚姻习俗和家庭观念也发生了很大的变化。在城市中表现得尤为明显，大家庭逐步被小家庭所取代，孩子的数量也逐渐减少。同时，家庭的稳定性也在减弱，离婚率不断攀升。如今，妇女地位逐渐提高，家庭规模趋于缩小，包办婚姻不断减少，自由恋爱越来越普遍。结婚的程序由繁入简，在城市里一般一天就可以完成。婚礼的模式也逐渐摆脱了传统的风俗习惯，一般只邀请关系亲密的亲朋好友，婚前的准备工作和一些传统习俗都难觅踪影。但是，在婚礼仪式上，众人载歌载舞、通宵达旦的场面还比较常见。另外，一些传统婚礼的环节在现代婚礼中有一定的保留，例如：新郎和新娘一起点燃"单身手帕"表示结束单身生活，携手共度人生。当然，车队、精美婚纱、教堂宣誓、饭店婚宴、乐队助兴等现代婚礼的元素已经自然融入了阿尔巴尼亚普通人的婚礼之中。

（二）节庆活动

阿尔巴尼亚的节日是纪念民族、社会和宗教事件的日子，如新年、夏节、花节、圣水节、拜兰节等。这些节日或与古老的风俗习惯有关，或根植于宗教信仰之中，纪念家族先人与圣贤，或促进农牧业生产，或表达对大自然的崇拜，并通过形式各异的庆祝方式展现出来。

根据阿尔巴尼亚现行法律规定，国内节日分为正式节日和纪念节日，正式节日为法定假日，分为确定日期和不确定日期两种类型，而纪念节日由官方或民间设立，为非法定假日。节日如遇周六或周日，则根据政府规定相应顺延。宗教节日来临时，国家领导人需慰问宗教团体或参加宗教团体举行的庆祝活动，以加强本国各宗教团体之间的包容和理解。在其他节日，国家领导人参加与否则要依据传统惯例、实际需要和领导人的日程来确定。在正式节日期间，国家机关和私人机构所在地应悬挂国旗和有关机构的明显标志，城市中心广场需进行节日装饰。在纪念日期间，相关的部门依据惯例和规定组织相应的活动。阿尔巴尼亚的部分节日如表2.1所示。

表 2.1 阿尔巴尼亚部分节日

类别	日期	节日名称
正式节日	1月1—2日	元旦
	3月14日	夏节
	3月22日	内弗鲁兹节
	5月1日	劳动节
	9月5日	圣特蕾莎日
	11月28日	独立日（国旗日）
	11月29日	解放日
	12月8日	青年节

续表

类别	日期	节日名称
纪念节日	3月7日	教师节
	3月8日	妇女节
	5月5日	烈士节
	5月9日	欧洲日
	5月20日	孤儿日
	6月1日	儿童节
	10月1日	老人节
	10月24日	联合国日
	12月4日	军队节

在阿尔巴尼亚的众多节日中，以下三个节日比较特殊，有其自身的民族特色。

1. 3月7日——教师节

1887年3月7日，在科尔察成立了第一所以阿尔巴尼亚语为教学语言的学校，首任校长为潘德里·索提里。学校的成立具有里程碑式的意义，标志着阿尔巴尼亚人民在民族独立的道路上取得了一个重大胜利。阿尔巴尼亚复兴运动的著名人物，如潘德里·索提里、佩特罗·尼利·卢阿拉西、努奇·纳齐、索玛·阿弗拉米等都担任过这所学校的校长。在禁止教授阿尔巴尼亚语的恶劣条件下，这所学校仍坚持办学15年之久。为了纪念这一壮举，阿尔巴尼亚政府规定这一天为教师节，在社会主义时期，它曾是国家的正式节日。

2. 3月14日——夏节

夏节是阿尔巴尼亚祖先伊利里亚人留下的传统节日。在古代，阿尔巴尼亚人信奉自然女神扎娜，夏节是扎娜把春天送到人间的日子，预示着新年的来临。按照阿尔巴尼亚的传统历法，一年分为冬夏两季。每年的3月14日，冬去夏来，夏节因此得名。爱尔巴桑及其周边地区庆祝夏节的活动已有上千年的历史，它表达了人们对大自然的敬意。按照传统习俗，人们的庆祝活动从前一夜拉开帷幕，家庭主妇准备年夜饭，制作节日标志性的甜点——巴罗库麦。晚餐后，人们涌向中心广场观看文艺表演，老人则在家守夜，把白天采来的鲜花绿草放在亲人的床头，保佑他们一年健康平安。第二天清晨，人们早早起床，老人打扫庭院，青年去田间施肥，小孩穿上新衣，戴上由红白双色彩线编织的"夏环"，分送巴罗库麦。当天上午，全城出动，观看乐团和狂欢游行，迎接春天的到来。

3. 11月28日——独立日

1912年11月28日，来自阿尔巴尼亚各地区的人民代表和一大批阿尔巴尼亚海内外爱国者怀着巨大热情，举起了民族旗帜，宣布阿尔巴尼亚独立，组建了以伊斯玛依尔·捷玛利为首的政府。在阿尔巴尼亚宪法中，11月28日被定为阿尔巴尼亚的独立日，又称为"国旗日"或"国庆日"。

此外，阿尔巴尼亚还设有各类音乐节、民俗节、电影节等文化节日，以继承与发扬传统，同时丰富与发展民众的文化生活。

（三）民间原始信仰

神话传说是阿尔巴尼亚民间文化的重要载体，反映出阿尔巴尼亚先民对自然的原始信仰与崇拜。

阿尔巴尼亚先民崇拜太阳。因为太阳是光和热的来源，万物的生长都要依赖太阳，人们将对太阳的崇拜与农业及畜牧业联系了起来。每年开春后的第一次农牧活动，人们往往选在阳光灿烂的晴天进行，可以预兆一年风调雨顺。阿尔巴尼亚山区的订婚仪式也必须选在太阳升起后的上午举行，因为他们认为早晨的太阳是未来美好命运、夫妻生活美满、白头偕老的象征。同时，古人还将一些山峰尊称为"太阳峰"，如鲁米埃山、托莫里山等，在特定的日子里，他们要在山顶上举行拜山活动。在节日期间，人们燃起篝火，等待日出，相信火光可以增强太阳的力量。

在古代的神话史诗中常常提到一些庇护神，如奥拉、扎娜及斯托伊佐娃莱。人们想象奥拉是山林湖泽间除恶扬善的女子。扎娜是勇敢、尚武，帮助勇士的美丽仙女，有研究者认为，扎娜与伊利里亚人信仰的森林和泉水女神有关，在罗马神话中被称为狄安娜。斯托伊佐娃莱是深山密林中歌舞度日的美丽仙女。这些庇护神居住在林间或洞穴中，时常在泉边或山巅的阴凉处休憩，在民间传说或歌谣中多以仙女的形象出现。

在阿尔巴尼亚的许多地区，人们还崇拜蛇，尤其是把出现在家里的蛇视作保护神。在山区，家家户户都有自己的守护蛇。这可能源自先民伊利里亚人，特别是达尔马特人[1]对蛇的信仰。

在阿尔巴尼亚民间传说中，龙被描绘成一种具有天生神力的超自然生物，它击败了九头蛇，夺回被九头蛇堵塞的水源，拯救了一方百姓。人们相信，龙在暴风雨中使用棍棒、长矛、弓箭作战，还会在犁和轭上打孔，它巨大的力量足以拔起大树，移动山石。而九头蛇是一种象征自然破坏力的神话形象，它往往霸占着水源，禁止百姓取水，让他们饱受干旱之苦。[2]

---

[1] 达尔马特人是古代生活在达尔马提亚地区的伊利里亚人部落之一。

[2] 达利皮，米弗蒂乌. 阿尔巴尼亚历史与文化遗产概览[M]. 柯静，马赛，译. 北京：外语教学与研究出版社，2017：91-92.

除了上述这些鲜活的神话故事形象，阿尔巴尼亚人也相信魔法、"恶眼"和算命等内容。比如：在旧时的阿尔巴尼亚，为了防止遭到"恶眼""凶神"的伤害，妇女生产后 40 天不得出门；人们认为家门上的门环可起到防备"恶眼"的功用。

三、国民性格

毫无疑问，阿尔巴尼亚人的国民性格是在天然的地理环境和漫长的历史变迁中逐渐形成的。在阿尔巴尼亚社会生活中曾经发挥过重要作用的"习惯法"[1]对其性格的形成发挥过重要作用。其中，在阿尔巴尼亚北部地区使用的《莱克·杜卡吉尼法典》和《斯坎德培法典》在后世得以编纂出版，这些是体现古代阿尔巴尼亚人杰出立法能力的重要依据。从历史价值的角度看，这两部法典不仅反映出在相当长的历史时期里阿尔巴尼亚当地的经济、社会情况，也在客观上协调了各阶层的利益，规范了个人同家庭、宗族、土地、国家等的关系。从法典的内容中也不难看出，阿尔巴尼亚人热情好客、重视荣誉与信义的国民性格有着悠久的历史渊源和深厚的文化土壤。比如：阿尔巴尼亚人对客人尊崇备至，认为"阿尔巴尼亚人的家属于神和客人"[2]，客人进入一所房屋时不需要得到房屋主人的许可。阿尔巴尼亚人捍卫荣誉，法典提到"被玷污的荣誉需要用血来偿还"[3]，可见必须誓死捍卫个人的荣誉，防止被羞辱。阿尔巴尼亚人还尊崇信义，法典称"言语是

---

[1] "习惯法"指的是阿尔巴尼亚世代相传的一系列不成文的法律法规。
[2] 达利皮，米弗蒂乌. 阿尔巴尼亚历史与文化遗产概览 [M]. 柯静，马赛，译. 北京：外语教学与研究出版社，2017：121.
[3] 达利皮，米弗蒂乌. 阿尔巴尼亚历史与文化遗产概览 [M]. 柯静，马赛，译. 北京：外语教学与研究出版社，2017：122.

做完的事情"[1]，表明阿尔巴尼亚人一诺千金的美德。同时，以"墙葬"[2]和"复活"[3]为主题的民间传说也可以证明阿尔巴尼亚人的承诺具有某种超越生死的内涵。如今，好客、重荣誉、讲情分仍体现在阿尔巴尼亚人的日常交往中。

从整体上说，阿尔巴尼亚人民虽然历经磨难，却顽强地生存了下来。虽然受到诸多外来影响，却保留了自身的语言和文化，这在一定程度上有赖于他们国民性格中的诸多因素，这些性格特征在现实生活中仍然影响着阿尔巴尼亚的国家形象。我们可以很自然地联想到，阿尔巴尼亚人把客人与神同等看待的观念在一定程度上促使他们在第二次世界大战期间庇护了来到阿尔巴尼亚的犹太人，纳粹的威胁迫害都没能让他们屈服。在科索沃战争期间，阿尔巴尼亚人家家户户无私地庇护逃难的科索沃地区居民，也可以视为其民族勇敢、坚韧和团结的实例。据统计，有60万科索沃地区居民在阿尔巴尼亚得到安置。[4]从个体上说，阿尔巴尼亚人待人真诚，与人和善。由于传统家庭多子多孙，三代同堂的情况并不少见，祖辈照顾孙辈，小儿子奉养年迈父母，兄弟照顾姊妹，婆媳共处，亲密的家庭纽带让绝大多数的阿尔巴尼亚人具有浓厚的家庭观念。

阿尔巴尼亚身处东西方交汇之地，其国民性格兼具东西混杂、传统与现代碰撞的特征。在外国人看来，他们的国民性格就像硬币的两面，复杂而善变。然而，阿尔巴尼亚人保守与开放、谦逊与自信、拘谨与开朗并存的个性正是被自然与人文环境不断塑造的结果，阿尔巴尼亚也正是尊崇了灵活、进取的生存之道，才能在纷繁复杂的历史演进中延续并发展至今。

---

[1] 达利皮，米弗蒂乌. 阿尔巴尼亚历史与文化遗产概览[M]. 柯静，马赛，译. 北京：外语教学与研究出版社，2017：125.

[2] "墙葬"是一种献祭形式，即把活人砌入桥梁或城堡的墙中，以便使所修建的建筑不倒塌。

[3] "复活"指已战死多年的康斯坦丁为兑现对母亲的承诺死而复生，把远嫁的妹妹送回母亲身边的传奇故事。

[4] 达利皮，米弗蒂乌. 阿尔巴尼亚历史与文化遗产概览[M]. 柯静，马赛，译. 北京：外语教学与研究出版社，2017：83.

第三节 文化名人

一、乔治·卡斯特里奥蒂·斯坎德培

乔治·卡斯特里奥蒂·斯坎德培，1405年生于克鲁亚，是阿尔巴尼亚大公约翰·卡斯特里奥蒂和公主沃伊萨娃最小的儿子，他有3个哥哥和5个姐妹。他生活的时代正值奥斯曼帝国从小亚细亚崛起，征服并占领了阿尔巴尼亚。他小小年纪就被奥斯曼帝国抓去作人质，养在苏丹的宫廷里。后来，他被送到苏丹的近卫军学校学习，毕业后在土耳其军队服役，因出众的智慧和勇气，被授予"贝伊"的头衔，阿尔巴尼亚语称作"斯坎德培"。但此时的斯坎德培并未忘记他的祖国阿尔巴尼亚，一直渴望回归故土。父亲去世后，他想接替父亲的职位，苏丹却派他到阿尔巴尼亚以外的地方任桑贾克贝伊[1]。尽管如此，他仍没有放弃回到阿尔巴尼亚的计划。1443年11月，匈牙利与土耳其两军在尼什附近相遇，土耳其军队被击败，仓皇撤退。斯坎德培趁苏丹派其增援的机会，实施了他的起义计划，带领着300名阿尔巴尼亚骑兵和他的侄子哈姆扎·卡斯特里奥蒂一起回到了迪勃拉，伪造上令混入并控制了克鲁亚，于当年的11月28日宣布卡斯特里奥蒂王国光复，在克鲁亚城堡升起了黑色双头鹰的家族旗帜。在斯坎德培的号召下，起义迅速遍及阿尔巴尼亚各公国，12月，中部和北部的公国相继消灭了土耳其军队。斯坎德培为了团结各公国，1444年3月在莱什召开会议，缔结了莱什同盟，6月底，领导同盟军击败了土耳其军队的大举进攻。1445—1446年，斯坎德培采取游击战术两次击败土耳其军队。[2]1448年，斯坎德培与威尼斯签署和平协议。1450年，挫败苏丹的亲征。1453年君士坦丁堡陷落后，斯坎德培依

---

[1] 桑贾克贝伊是奥斯曼帝国二级行政区（桑贾克）的行政长官。
[2] ELSIE R. Fjalori historik i Shqipërisë[M]. Tiranë: UEGEN, 2011: 521.

旧继续抵抗，1456—1466 年击败了土耳其军队数次对克鲁亚的围攻。1467 年，苏丹又一次倾全力进攻阿尔巴尼亚，1468 年 1 月斯坎德培身患疟疾，于 1 月 17 日在莱什逝世，对土耳其大军的抗击失败。

斯坎德培是 14 世纪末至 15 世纪末阿尔巴尼亚反抗奥斯曼帝国入侵的标志性人物，是阿尔巴尼亚历史上最伟大的民族英雄。他具有卓越的领导才能，对内联合全体阿尔巴尼亚人组成莱什同盟，为实现长期防御发展经济，对外推动欧洲有关国家加入反抗奥斯曼帝国的斗争，成功抵抗了奥斯曼帝国对阿尔巴尼亚长达 25 年的入侵。

16—17 世纪，斯坎德培在西欧声名远播，有关他的描述多达上百卷，以多种语言在世界各地出版。比如：1508—1510 年，在罗马出版的拉丁文版《斯坎德培的生平和英雄事迹》和意大利文版《穆扎卡依家族史》，等等。在阿尔巴尼亚，斯坎德培不仅成为阿尔巴尼亚人为争取自由和独立的化身，在大量的歌曲和民间传说中也被赋予了传奇色彩。例如：传说斯坎德培在临死前留下遗言，让人"把他的战马牵到海边，让风吹起挂着他的宝剑的旗"[1]，于是他的马高声嘶鸣，他的剑沙沙作响，土耳其人闻风丧胆，不战而退。

1982 年，阿尔巴尼亚政府在克鲁亚建成斯坎德培博物馆，并将斯坎德培在克鲁亚升起双头鹰旗帜的那一天确定为阿尔巴尼亚的独立日，以表达对这位伟大的民族英雄的敬意。

二、纳伊姆·弗拉舍里

纳伊姆·弗拉舍里，1846 年生于阿尔巴尼亚珀尔梅特地区。他年少时

---

[1] 王洪起. 陨落的双头鹰——阿尔巴尼亚的复兴之路 [M]. 台北：巴尔干洋行，2014：421.

在家乡学习波斯语，1865年举家迁往约阿尼亚，就读于当地高中，1869年毕业。1870年在伊斯坦布尔期刊办事处任职，后患肺结核回国休养，先后在培拉特和萨兰达供职，其间受贝克塔什教派影响，开始用阿尔巴尼亚语和其他语言创作诗歌。受游吟诗歌风格的影响，弗拉舍里非常喜爱创作波斯文诗歌。在长兄普里兹伦同盟领袖阿卜杜勒和弟弟民族复兴运动思想家萨米的影响下，弗拉舍里1878年参与普里兹伦同盟活动，开始转向阿尔巴尼亚文学创作，随后全身心投入爱国民族运动中。他致力于发展民族启蒙事业，坚持用母语写作，开办母语学校，编撰母语教材，1882年定居伊斯坦布尔，曾出任教育部出版委员会主席，是阿尔巴尼亚语文学杂志《光明》的创办者之一，被誉为"阿尔巴尼亚主义传播者"[1]。

弗拉舍里在近20年间用阿尔巴尼亚语和其他语言创作了大量作品，在诗歌、散文、教材、翻译方面均有所建树。阿尔巴尼亚语长诗《阿尔巴尼亚》中表现的爱国思想是弗拉舍里在复兴时期诗歌创作的主旋律。他最著名的诗歌作品有波斯语抒情诗《梦想》，希腊语长诗《阿尔巴尼亚人的真正愿望》，阿尔巴尼亚语抒情长诗《畜群与大地》、爱国哲理抒情诗集《春花》、叙事长诗《斯坎德培的一生》和宗教长诗《卡尔巴拉》等。他撰写了《低年级学生诗选》《教育》《宇宙》《阿尔巴尼亚历史》等教材。他最早将《伊利亚特》翻译为阿尔巴尼亚语，并编译了法国、波斯等国作家的诗歌及寓言作品。[2]

弗拉舍里在诗歌创作和知识传播方面具有非凡的语言创造力。他的作品广泛吸收了多国民族语言，丰富了母语的词汇与表达，从文化和知识领域完善与发展了现代语言，对于唤醒民族意识、发展民族文化、发扬民族精神与道德发挥了积极作用。作为浪漫主义诗人和复兴者，他通过创作抒

---

[1] AKADEMIA E SHKENCAVE E SHQIPËRISË. Fjalor enciklopedik shqiptar: Vol. 1 [M]. Tiranë: Akademia e Shkencave, 2008: 727.

[2] AKADEMIA E SHKENCAVE E SHQIPËRISË. Fjalor enciklopedik shqiptar: Vol. 1 [M]. Tiranë: Akademia e Shkencave, 2008: 727.

情诗追忆民族历史、描绘自然美景、唤醒民族意识和人类价值，作品蕴含了实现民族复兴的政治理想，开创了用长诗抒发爱国之情的先河。例如：《畜群与大地》用优美的语言构建了理想祖国的诗意景象，表达出了对祖国的赞美与思念。他的哲理抒情诗《春花》《梦想》内容宏大，触及人类的生命本质和灵魂世界，思索存亡、生死、美、爱、神与宇宙的哲学精髓，包含了对泛神论精神、宗教领域和宇宙起源的思考，把阿尔巴尼亚语诗歌的思想深度、情感表现和艺术价值提升至前所未有的高度。他的叙事诗《斯坎德培的一生》响应时代对历史史诗的需求，以历史题材塑造了反抗奥斯曼帝国统治的民族英雄斯坎德培形象，彰显了阿尔巴尼亚人的爱国精神，是民族复兴时期最受欢迎的诗作之一。《卡尔巴拉》则以宗教题材记述了宗教的神秘体验和人类的奉献传奇，语言纯净流畅，表现出了弗拉舍里驾驭复杂叙事结构与宏大主题的能力。

他在哲学上坚持泛神论，在《贝克塔什教派》中把贝克塔什教当作融合佛教、基督教和伊斯兰教的宗教，倡导宗教宽容观念，认为应把民族情感置于宗教情感之上。他崇尚法国启蒙思想家的理性主义，在教材中宣传科学进步思想、达尔文主义和康德理论，相信人类具备认知宇宙与世界的规律并造福自身的能力，坚信文化知识对国家发展的作用，政治上主张民主治国，在教育上倡导男女平等、德才兼备。

弗拉舍里是阿尔巴尼亚诗人、启蒙思想家、国民教育和民族复兴文化活动家，他对阿尔巴尼亚诗歌民族化、诗歌形式革新及诗歌语言发展都发挥了重要作用，被誉为阿尔巴尼亚民族复兴文学的奠基人。他的作品不断再版，不仅入选学校教材，而且成为学术研究的对象。为表达对这位伟人的敬重与喜爱，阿尔巴尼亚各地设立了多座以纳伊姆·弗拉舍里命名的塑像，一些学校和机构也以他的名字命名。阿尔巴尼亚政府还设立了"纳伊姆·弗拉舍里"奖，以表彰那些在文化领域做出杰出贡献的人。

三、艾格涅丝·龚莎·博雅舒

艾格涅丝·龚莎·博雅舒[1]，阿尔巴尼亚族，1910年出生于斯科普里。她是世界著名的宗教慈善团体的领导人，终生帮助穷人、收养弃婴，在全世界设立了五百多家慈善机构，数以百万计的人得到过她的帮助。罗马教皇为她封圣，称她为阿尔巴尼亚修女。[2] 据不完全统计，她一生大概获得过八十多项荣誉和奖励。[3] 阿尔巴尼亚国际机场和位于地拉那城市中心的一座广场都以其名命名，2007年在机场入口处还落成了她的雕像。

博雅舒出生在斯科普里一个普通商人家庭，信奉基督教。父亲尼科拉·博雅舒和母亲德拉娜菲莱·贝尔纳伊都来自科索沃地区。幼年时，家庭环境对博雅舒产生了潜移默化的影响，父亲是一位爱国商人，经常在家里举行爱国人士的聚会，支持阿尔巴尼亚独立。母亲关心穷苦人，乐善好施，一家人生活富足而安宁，博雅舒从小就富有正义感和同情心。但是，博雅舒刚满九岁时，父亲猝然离世，家庭一度生活艰难。后来，意志坚强的母亲靠做小生意供孩子们继续上学，生活景况逐步改善。1925年，自幼善良坚韧的博雅舒参加了教堂圣母会，从耶稣会修士那里逐渐了解到孟加拉、印度等地深重的贫穷与苦难。1928年，博雅舒高中一毕业便加入了修女会，后来离开斯科普里的修道院，前往修女会总会所在地爱尔兰都柏林。不久，她在短暂的培训后，宣誓取名特蕾莎[4]，被派往印度的大吉岭分院修道两年。

1931年，博雅舒被指派到印度加尔各答的圣玛丽中学教书，1941年升任该校校长，加入印度国籍。然而，博雅舒的仁爱之心没有受到修道院高墙的束缚，她始终关注着修道院之外的悲惨穷困的社会现实。1948年，她

---

[1] 另称特蕾莎嬷嬷或德兰修女。
[2] 王洪起. 陨落的双头鹰——阿尔巴尼亚的复兴之路 [M]. 台北：巴尔干洋行，2014：424.
[3] 华姿. 德兰修女传：在爱中行走 [M]. 重庆：重庆出版社，2010：265.
[4] 因仰慕19世纪法国著名圣女德莉莎，所以在宣誓时取名为"特蕾莎"。

获得了教宗的批准，以修女的身份离开修道院，学习了医药和护理方面的知识后，便真正开始了她在加尔各答贫民窟的工作——救助穷人、病人和儿童。1950年，她在加尔各答成立了仁爱传教修女会，开办学校、收容中心和儿童之家。1952年，她建立了第一家临终关怀医院，1957年后，仁爱传教修女会开始关注麻风病人，试图改变印度全社会对麻风病人的不友善态度，成立了麻风病基金会。1960年，仁爱传教修女会成为国际性修女会，人们开始正式称她为特蕾莎嬷嬷[1]。1966年起，仁爱传教修女会在世界各地开办了大大小小的中心，其中包括多家麻风病康复中心，帮助因自然灾害、战乱和疾病而孤寂无助的人们，来自不同国家的青年志愿者在中心提供无偿服务。1979年，博雅舒荣获诺贝尔和平奖。尽管此时博雅舒的仁爱活动已遍布世界各地，但当时的阿尔巴尼亚政府一直不允许她回国探望亲人，直至1989年后，她才开始在阿尔巴尼亚从事慈善活动。此外，博雅舒也曾多次应邀来到中国，多部有关她的传记在中国出版。

博雅舒衣食朴素，生活清贫，一生奉献给穷人、病人以及那些得不到庇护与关爱的人们，她的仁爱之心体现了阿尔巴尼亚人的友爱精神，也激励着社会的进步。

四、伊斯玛依尔·卡达莱

伊斯玛依尔·卡达莱[2]，1936年生于吉诺卡斯特，在家乡完成中学学业；1958年，从地拉那国立大学阿尔巴尼亚语言文学专业毕业后，赴莫斯科马克西姆·高尔基世界文学学院深造。1970—1982年，卡达莱曾任三届人民议会议员，为1972年阿尔巴尼亚正写法大会代表。1990年卡达莱离开阿

---

[1] 按照天主教惯例，一般只有修会的会长或院长才有资格被称为"嬷嬷"。
[2] 国内又译为伊斯梅尔·卡达莱。

尔巴尼亚，定居法国，但经常往返于巴黎与地拉那两地。

卡达莱是20世纪解放民族文化的"六十一代"文学[1]的先驱，他的早期作品以诗歌为主，主要作品有《青春的热忱》《梦想》《我的世纪》《群山为何沉思》《太阳的旋律》《时代》。[2] 他的诗歌继承了前人戴·拉达、米杰尼成熟的自由诗体，在内容和表现手法上颠覆传统，富有寓意。

卡达莱在小说创作领域成就斐然。他通过小说作品来展现自身与他者的本质关系，不仅把过往的阿尔巴尼亚历史视作英雄的抗争史，也将其视为谋求身份认同的生存史。卡达莱的成名作《亡军的将领》作为第一部新阿尔巴尼亚文学小说，是阿尔巴尼亚文学史上的转折点。小说以一位意大利将军战后返回阿尔巴尼亚搜集阵亡部下尸骨为故事主线，从独特视角审视了反法西斯战争，呈现出了对生死关系这一永恒话题的思考。此外，卡达莱还创作了一大批以墓穴和鬼魂为关键词的文学作品，如《破碎的四月》《耻辱龛》《伟大的帕夏》《草原之神的黄昏》《不顺之年》《秃鹫》《魂灵》《幽灵》《继承者》等，意在探讨生与死的意义和价值。

"城堡"与"桥"的抉择是卡达莱小说的又一对关键词，他将抗争与和平、封闭与开放视为阿尔巴尼亚民族的宿命。《城堡》《破碎的四月》《送亲者冻住了》《金字塔》是支持抗争封闭的一方，而《三孔桥》《谁带回了杜伦迪娜》《天使的堂兄弟》是支持和平开放的一方，这些作品也表现出了作者对这一问题的摇摆与迷惑。卡达莱在创作上偏爱以民间故事为题材，例如：在《三孔桥》《谁带回了杜伦迪娜》《H档案》《昔日的徽章》等作品中，他远离现实题材，在艺术上试图重构一个与欧洲互通有无的阿尔巴尼亚形象。

卡达莱是阿尔巴尼亚科学院院士，也是阿尔巴尼亚最负盛名的现代作

---

[1] "六十一代"指20世纪60—70年代，一批公开反对前人（指二战后至20世纪50年代的作家）的创作模式，对文学语言的表现手法、技巧和形式追求创新的青年作家。

[2] AKADEMIA E SHKENCAVE E SHQIPËRISË. Fjalor enciklopedik shqiptar: Vol. 2 [M]. Tiranë: Akademia e Shkencave, 2009：1087.

家、评论家、散文家，20世纪下半叶阿尔巴尼亚文学及文化的杰出代表。他的作品多涉及历史和政治，探索阿尔巴尼亚的文化精神和民族认同，常采用寓言的方式，蕴含深刻的哲理，屡获国内外文学奖项，作品在世界上被译为四十多种文字。20世纪90年代，阿尔巴尼亚政府虽一度谴责他离开阿尔巴尼亚的行为，却并未禁止其文学作品在国内出版发行，后来他的作品逐渐成为阿尔巴尼亚语言艺术的重要代表。2005年，卡达莱摘得"布克文学奖"，此后又荣获阿尔巴尼亚"民族荣誉勋章"和由法国授予的"荣誉军团十字勋章"等。

第三章 教育历史

教育是国之大计，对提高人民综合素质、促进人的全面发展、增强民族创新创造活力具有决定性意义。自古以来，教育的发展都是一个民族和国家的重要问题。纵观阿尔巴尼亚的教育历史，不同时期的教育发展状况反映了阿尔巴尼亚民族的思想变迁。因此，系统性地回顾与梳理阿尔巴尼亚教育史，对于我们了解阿尔巴尼亚的过去、现在和未来有着重要意义。

阿尔巴尼亚虽然历经战乱，遭受数百年的外族统治，但仍然创造、形成并发展出了丰富独特的民族文化教育传统，特别是贯穿始终的对民族语言——阿尔巴尼亚语——的守护和追求。通过梳理阿尔巴尼亚的教育历史，有助于我们探究这一古老民族的精神世界。

第一节 历史沿革

一、古代及中世纪的教育

（一）古代教育

阿尔巴尼亚人是伊利里亚人的后裔，伊利里亚时期的文化是日后阿尔巴尼亚教育发展的土壤。作为巴尔干半岛古老的民族之一，公元前 5 世纪，在希罗多德的著作中第一次出现了关于伊利里亚人的记载。[1] 在接下来的数个世纪里，与色雷斯人、古希腊人的接触、交融，给这个民族带来了不同的风俗习惯和文化信仰。在伊利里亚时期，由于当地文化主要受古希腊和古罗马文化的影响，远离帝国文明中心，大部分伊利里亚人保存了自己的语言文化。[2] 阿尔巴尼亚国内的考古学、语言学等领域的研究证明，阿尔巴尼亚语是伊利里亚语的分支，尽管后来斯拉夫语、土耳其语等均对阿尔巴尼亚语产生了重大影响，但始终没有改变阿尔巴尼亚语在印欧语言家庭中的独特地位。而以伊利里亚语为载体的民族文化和社会的发展都为后世教育的发展创造了根本条件。

（二）中世纪教育

公元 395 年，伴随罗马帝国的分裂，阿尔巴尼亚的领土被划入东罗马帝国（史称拜占庭帝国）。这一历史进程在阿尔巴尼亚文化教育的发展中留下了深刻的印记。随着罗马统治的结束以及罗马制度的灭亡，伊利里亚的罗马化进程结束。同时，由于斯拉夫人 7 世纪开始在此定居，伊利里亚又面临被斯拉夫化的危险。天主教、希腊正教和东正教三方势力在这片土地上开始拉锯，出现了北部使用拉丁语、南部使用希腊语的语言格局。但在伊利里亚南部，特别是今阿尔巴尼亚的周边地区，阿尔巴尼亚人依然保持着自己的民族特征。[3]

在中世纪，人们可以在宗教机构开设的学校里接受教育，按照学习内容可以分为个人教育与集体教育两种模式。个人教育包括阅读和学习教会

---

[1] DHANA P. Arsimi dhe kultura në Myzeqe[M]. Tiranë: Lulu, 2010: 15.
[2] 弗拉舍里. 阿尔巴尼亚史纲[M]. 樊集，译. 北京：读书·生活·新知三联书店，1972: 41-42.
[3] 弗拉舍里. 阿尔巴尼亚史纲[M]. 樊集，译. 北京：读书·生活·新知三联书店，1972: 50.

歌曲。集体教育分为初级课程和高级课程，前者包括语法、修辞、逻辑等课程；后者涵盖算数、几何、天文和音乐等课程。当时，除了在教会学校学习外，一些阿尔巴尼亚人还会选择到意大利的拉古萨和帕多瓦学习，毕业后大多成为学者、牧师、僧侣等。教育机构数量少，受教育人群的比例较低，多数阿尔巴尼亚人的教育是在家里完成的。在民族和语言形成的过程中，阿尔巴尼亚人传承着本民族的独特文化，接受着民族传统教育，在俗语、谚语等广泛使用的语言形态中，凝聚了本民族在生活和工作中获得的智慧。这一时期还发展出具有民族特色的童话和民谣，其中有不少体现了阿尔巴尼亚民族传统的教育观念。

在这一时期，阿尔巴尼亚杰出的教育家往往也是阿尔巴尼亚语的教授者和宗教文化的传播者。1555年，约翰·布祖库[1]发表的《弥撒》是第一部以阿尔巴尼亚语书写的完整著作。莱卡·马特兰格的《基督教教学》作为第一部由阿尔巴尼亚作家撰写的教育教学论著，在阿尔巴尼亚教育史中也具有极高的重要性。

二、奥斯曼帝国时期的教育

（一）奥斯曼帝国的教育

在东罗马帝国灭亡后，阿尔巴尼亚开始了长达500年的奥斯曼帝国统治时期。土耳其-阿拉伯语成为当时的官方语言，旨在强化阿尔巴尼亚人的穆斯林身份，弱化其民族身份。在教育方面，通过禁止使用和教授本民族语言——阿尔巴尼亚语——来淡化民族意识。这一禁令一直持续到1880年，

---

[1] 约翰·布祖库（Gjon Buzuku）生于16世纪，是阿尔布莱什地区的天主教神父，于1555年将天主教的《弥撒》翻译成古阿尔巴尼亚语。引自 ÇLIRIM D. Arsimi i lartë në Shqipëri 1945-1968[M]. Tiranë: Uet Press, 2015: 6.

使得阿尔巴尼亚文化和语言的发展受到压制。

这一时期，伊斯兰教、天主教和东正教在阿尔巴尼亚并存。宗教机构始终承担着教育及文化推广的任务。伊斯兰学校开设阿拉伯语、波斯语、奥斯曼语、东方修辞学和文学等课程。天主教和东正教神职人员可以创办宗教学校，课程包括宗教课和阅读课。比如：天主教会的方济会修士开设了教拉丁语和意大利语的中小学课程，传教士主要帮助阿尔巴尼亚民众解决语言上的问题。教会也开设了一些教授阿尔巴尼亚语的学校，这对增强阿尔巴尼亚人的民族意识起到了一定作用。

（二）民族复兴运动与教育

奥斯曼帝国长期禁止阿尔巴尼亚人开设阿尔巴尼亚语学校的政策阻碍了其民族教育和文化的正常发展，导致阿尔巴尼亚人文化水平较低，在很长一段时间内成为欧洲唯一没有高等院校的地区，但阿尔巴尼亚民族复兴者始终为创办阿尔巴尼亚语学校、发展民族文化不懈努力。

19世纪，阿尔巴尼亚建立了许多爱国协会和学校，出版阿尔巴尼亚语报纸和书籍。1844年，民族复兴先锋纳乌姆·韦奇尔哈尔吉着手编纂并出版了第一本阿尔巴尼亚语《识字课本》。此教材的问世不仅体现了民族复兴者对保护民族语言的努力，也为日后阿尔巴尼亚语的教学奠定了基础。

1878年，爱国志士建立了普里兹伦同盟并将民族复兴运动推向高潮，教育成果也不断显现。经历了一系列争取民族语言权利的斗争后，部分学校开始使用阿尔巴尼亚语教学，统一的字母表和教材确定了下来。

当青年土耳其党运动[1]取得胜利后，阿尔巴尼亚民族复兴者抓住时机，通过建立爱国俱乐部和社团，加紧发展国家文化和教育事业。1887年3月

---

[1] 青年土耳其运动，也称青年土耳其党人革命，发生于1908年7月，由奥斯曼帝国立宪派团体青年土耳其党人发动，意在结束苏丹的专制，复兴1876年宪法。

7日，第一所阿尔巴尼亚学校最终在科尔察创建。这是一所兼有民族性和世俗性的小学，所有课程都用阿尔巴尼亚语教授，而后成为民族运动中宣传文化和爱国主义思想的阵地。随后，科洛尼亚、波格拉德茨、普里兹伦的学校也逐渐改用阿尔巴尼亚语进行教学。20世纪初，全国各地陆续办起了阿尔巴尼亚语学校。学校不仅招收儿童，同时还专门为成年人开设夜校。[1]1909年9月2日，阿尔巴尼亚历史上第一所师范中学爱尔巴桑师范学校成立，学生来自阿尔巴尼亚各地。1913—1914年，学校还系统开设过心理学和教学理论两门课程，在20世纪初成为国家培养教师的重要阵地。[2]

在民族运动兴起之时，女性教育也得到了发展。在奥斯曼帝国统治时期，女性鲜有受教育的权利，女性教育主要在家庭中展开，这也导致女性成为当时阿尔巴尼亚文盲的主体。1891年，阿尔巴尼亚民族复兴者在科尔察又创建了阿尔巴尼亚第一所女子学校。该校的课程共包含18个科目，涵盖社会、科学和艺术等方面，尤其重视阿尔巴尼亚语的读写、语法规则和阿尔巴尼亚历史。[3]在科尔察男子学校停办后，该校成为当时阿尔巴尼亚南部唯一一所用阿尔巴尼亚语授课的学校。据20世纪初期英国著名的阿尔巴尼亚学者杜尔罕姆回忆："来此就读的学生及其家长有可能会遭受土耳其当局的迫害，但班级里依然人满为患。基督徒和穆斯林女学生在同一间教室学习阿尔巴尼亚语读写规则，回到家后再教给她们的家人。"[4]

总体来说，在这一阶段，阿尔巴尼亚尽管面临社会发展缓慢、教育资源匮乏等困难，但用阿尔巴尼亚语授课和写作已成为爱国志士的崇高责任和使命，他们的不懈抗争与努力促进了阿尔巴尼亚教育和民族文化事业的发展。

---

[1] KARAZI N. Mësimi i gjuhës shqipe gjatë Rilindjes Kombëtare e deri në fillimin e viteve'20 të shekullit XX[A]. 2016.

[2] 马细谱，郑恩波. 阿尔巴尼亚 [M]. 北京：社会科学文献出版社，2004: 170.

[3] 1891—1913年，共1 028名女学生在此就读。

[4] QIRIAZI S. Mësonjësja e vashave korçare në vitin 1891[A]. 2019.

三、建国后及两战期间的教育

（一）建国初期的教育

1912年，阿尔巴尼亚宣布独立。国家的独立为阿尔巴尼亚的语言文化和教育发展创造了良好的政治环境。由伊斯玛依尔·捷玛利领导的第一届政府在建国之初便制定了全民教育政策，具体内容包括：建立具有民族、民主、世俗化的教育体制，培养教育人才，实行小学义务教育，关闭外国学校等。[1] 政府通过建立全国统一的世俗学校、编纂教科书、开展基础义务教育等决议，宣布将阿尔巴尼亚语作为官方语言，在许多地区开设小学和中学，举行规模较大的学术研讨会。例如：1913—1914年，时任教育部部长卢伊奇·古拉古齐在阿尔巴尼亚各城镇、农村创办小学和师范学校，并在发罗拉、培拉特、爱尔巴桑和都拉斯创办了4所教育中心。据统计，国内当时共创办了60所学校，大部分学校在农村。这有力地提高了乡村教育质量，缩小了城乡教育差距，为日后国家的义务教育均衡发展奠定了基础。

事实上，自1878年建立普里兹伦同盟以来，民族复兴者和爱国志士就开始了一系列致力于推动阿尔巴尼亚语的运动。从1879年阿尔巴尼亚印刷学会的创办到1908—1917年马纳斯蒂尔大会、爱尔巴桑大会、斯库台文学大会的举办，再到1920年卢什涅教育大会的召开，阿尔巴尼亚语言文学逐渐发展，民族教育事业也逐步走向统一。[2] 其中，1920年召开的卢什涅教育大会不仅确认了由捷玛利政府发起的教育政策，而且进一步推动了教育政策在全国范围内的落实。此次大会讨论了学校结构的统一化和标准化、具

---

[1] 马细谱，郑恩波. 阿尔巴尼亚[M]. 北京：社会科学文献出版社，2004：170.

[2] SOTA J. Kongresi arsimor i vitit 1920 dhe rëndësia e tij në përcaktimin e fizionomisë kombëtare të arsimit në Shqipërinë e viteve 1920-1922[J]. Studime Historike, 2003(39): 129-154.

体的教学内容与教学法等重要教育问题。这些关于教材、书面语言的标准化和统一化的指导方针与决议使得阿尔巴尼亚在全国范围内建立起了统一的国民教育体系，有利于加强民族团结。同时，阿尔巴尼亚教育部门积极进行教育方面问题的讨论，注重借鉴西方学校的教学理论和模式，明确指导路线与方针，提高本国学校的教学质量。在此基础上，1921—1924年，阿尔巴尼亚进行了一系列以创办学校、推广民族语言和教学为核心的教育改革，进一步推动了阿尔巴尼亚教育体系的标准化、世俗化和民主化。

阿尔巴尼亚语被确立为官方语言后，阿尔巴尼亚政府制定了一系列措施和条例加强推广，还专门为行政部门官员开设了语言学习课程，成立了专业委员会等。在创办小学和推广阿尔巴尼亚语的过程中，教科书的编纂成为重中之重。政府召集了大批杰出的教育工作者和语言学家编纂了一系列教材，此举彻底改变了国内没有用阿尔巴尼亚语撰写的语文课本的状况。

在这一时期，捷玛利政府还对女性教育予以了一定重视。20世纪初，全国仅有2.4%的女性接受过高中教育，此外，教学资源[1]极度匮乏，对于女子学校的类型、结构和办学形态也没有清晰的发展规划。捷玛利政府的政策是强制国家建立公立女子学校，并为此制定了特别的学校招收计划。通过国家引导、借鉴西欧国家女子学校的办学经验，女性受教育状况得到改善。1913—1914年，阿尔巴尼亚创办了第一所女子学校，在接下来的6年间，共创办了十余所女子中小学校和女子师范学校。

建国初期的教育改革有力地促进了民族语言的规范和统一，推动了全国范围内文化教育的发展，强化了民族意识，通过借鉴西方的教育理念和教学方法，确立了此后国家基本的教育模式。在教育改革中，阿尔巴尼亚

---

[1] 一战前，阿尔巴尼亚全国女性教师仅有21位。详见 ASH W. Pickaxe and Rifle: The Story of the Albanian People[M]. Wimbledon: Howard Barker, 1974: 235.

政府通过大量实践，总结出了本国的教育理论并加以普及和传播。[1] 在这一阶段，阿尔巴尼亚教育事业已与国家独立和民族发展息息相关。

（二）索古时期的教育

尽管索古政府之前的历届政府都在教育领域做出了诸多努力，但由于政府的频繁更迭以及社会经济水平发展较低，阿尔巴尼亚国内受教育人数比例依然很低。1928 年的数据显示，全国有 92.4% 的人口为文盲。在 7.6% 的受教育人口中，仅有 446 人获得大学文凭，1 773 人获得高中文凭。[2] 因此，在索古执政期间，国家的发展目标是通过经济、社会、教育、立法等领域的改革，缩小与欧洲国家的差距，开启现代化道路。在教育领域，政府通过借鉴欧洲较为先进的教育理念和模式，确立了以欧洲现代化教育体系为基础的中小学义务教育体系，提高国内的教育水平，缩小城乡教育差距。政府还通过颁布一系列条例，进一步强化教育体系中的爱国主义和世俗化色彩，使全民教育得到进一步发展，初步开启了教育现代化的进程。

1. 小学五年制义务教育的建立

1928 年宪法第 206 条明确规定："阿尔巴尼亚的小学教育为义务教育，公立学校免收学费"[3]。1933—1934 年，时任教育部部长米拉什·伊凡纳伊通过引进西欧国家的教育理念，展开大刀阔斧的教育改革。在出台的新教育法中，伊凡纳伊制定了五年制小学义务教育体制，实行外国学校国有化，

---

[1] SOTA J. Educational reform in Albania during 1921-1924 in the context of affinities for Albanian's western orientation[J]. Gjurmime Albanologjike, 2010(40): 107-122.

[2] GJONÇA A. Mortality transition in Albania 1950-1990[D]. London: University of London, 1998: 39.

[3] 资料来源于阿尔巴尼亚合作发展研究所官网。

进一步加强了阿尔巴尼亚教育的世俗化特征。这一改革史称"伊凡纳伊改革"。

在这一时期，政府着重发展小学教育，将提高办学质量放在首位。[1] 就具体措施而言，首先在城市的每一个社区建立一所小学，并增设"见习"学校，提供与今天的中学水平相当的课程。截至1939年，全国共创办了650所小学。初高中教育建设也取得了显著成绩。全国共创办了18所普通高中和职业学校，为学生提供了自然科学和社会科学等领域的相关教育。这些学校在数量和质量上同巴尔干地区各邻国相比毫不逊色。其中较为著名的学校有爱尔巴桑师范学校、科尔察法国学园、吉诺卡斯特学园、卡瓦亚美国农业学校、发罗拉贸易学校等。各级别学校的创办为培养师资、培育人才和创办高等院校奠定了坚实基础。除了增加科目、优化评分系统，这些高中还要求学生学习2—4种欧洲国家语言。在首都地拉那的伊斯兰教学院还教授东方语言。这些举措使得学生能够接触到东西方文化知识，拓宽眼界。此外，政府还大力创办军校，培养高质量的军官，军校的学生有机会被派往其他欧洲国家的军事院校进行交流。

2. 国家教育监管力度的加强

1929年，政府组建了特别委员会展开教育改革，教育部部长阿普杜拉·迪布拉担任主席，其主要目标是加强国家对学校的监管，突出学校的世俗化和民族化特征。其中，政府通过宪法及相关法律，采取颁发资格制的方式统一监督和管理全国所有学校的建立和运行。1929年宪法第207条规定："为了落实国家对于私立学校开办的相关政策，加强政府对其的监管效率，只有阿尔巴尼亚公民有权利开办私立学校"。也是在这一时期，阿尔

---

[1] 尽管在索古时期，教育事业的发展取得了明显的进步，但教育水平仍然很低。这一时期小学教育在理论上变为义务教育，但在实际操作中并未达到预期效果。

巴尼亚第一次实现了全部学校公立化。1933年，政府对1929年宪法第207条进行了补充，规定"阿尔巴尼亚公民的教育为国家所有，私立学校必须与国家协同合作方可获批办学资格。"

3．突出世俗化、民族化和爱国主义特色

与以往相比，索古时期的教育改革展现出明显的以国家为主导的爱国主义和世俗化特点。1928年宪法的总则明确规定，阿尔巴尼亚为世俗国家，即政府不带有任何宗教色彩，并实施严格的政教分离制度。[1] 在学校公立化的过程中，政府通过相关立法关闭了私立外国学校和一些宗教性学校；加强了对斯库台地区耶稣会、方济各会高中、天主教神职人员开办的中小学、伊斯兰教私立学校、科尔察法国学园、与希腊交界的希腊学校、由美国出资建立的教育机构和一些由意大利人运行管理的学校的监管。同时，政府对于外籍教师的任用采取了严格的标准，以便确保各层次的学校都在教学过程中使用阿尔巴尼亚语。

索古政府要求小学课程应由专家委员会拟定批准，旨在从幼童时期就开始进行爱国主义教育，并贯穿于初高中教育。比如：在阿尔巴尼亚的小学教科书中这样写道。

> 美丽的识字课本，
> 白纸黑字，
> 我非常爱学习，
> 如同想为祖国争光。
> 我要学习，

---

[1] DELA ROKA R. Kombi dhe feja në Shqipëri 1920-1944[M]. Tiranë: Elena Gjika, 1994: 125.

因我是堂堂正正的阿尔巴尼亚人，
不会说谎。
阿尔巴尼亚有任何烦恼，
我都要勇敢面对。[1]

政府还规定每天早上学校需举行升国旗、唱国歌等仪式。青少年只有在阿尔巴尼亚完成基础教育后才能获得出国机会。索古政府认为，这些政策有利于强化阿尔巴尼亚人的民族认同感，使他们即使在国外学习生活也不至于忘掉自己的身份。

索古政府的教育改革具有超前的理念高度和实践广度。从教育领域看，先进教育体系的建立增加了受教育的人数和比例，提高了全民受教育水平，缩小了同周边国家在教育领域的差距。特别是第一次在阿尔巴尼亚确立了公立学校制度，体现了国家综合实力的初步提升。从社会和历史视角看，一方面，其教育改革强化了阿尔巴尼亚人的爱国主义情怀，提升了阿尔巴尼亚人的民族认同感，在一定程度上避免了民族身份认同的淡化或错位。在加强民族化和世俗化的教育改革中，有利于教育资源的整合与统一建设，巩固了国家政权。另一方面，其集权特征也为日后宗教团体和境内少数民族的关系埋下了一定的隐患。

4．女性教育的发展

索古政府继承了建国初期的女性教育政策。在1929年的教育改革中，农村女性的教育问题被提上了日程。教育改革特别委员会重新制定了中小学教育制度，并在农村地区创办学校，改善城乡女性受教育程度不平等的问题。

---

[1] 资源来源于阿尔巴尼亚出版官网。

1928—1929 学年，全国女子中小学校增至 38 所，小学女生注册人数由 1924—1925 学年的 4 200 名增加到 1928—1929 学年的 5 454 人。[1]

女性进入混合制学校是这一时期女性教育发展的另一个阶段。根据教育部的决议，科尔察的私立学校转变为公立学校后应开始接收女生。1934—1935 学年，吉诺卡斯特高中、斯库台高中、爱尔巴桑师范学校招收的女生人数显著增加，全国混合制学校增加了 40 余所。全国 575 所小学的 50 890 名学生中，有 14 944 名为女性，相较改革初期，女生人数增加了近两倍（见表 3.1）。

表 3.1　1934—1935 学年阿尔巴尼亚全国中小学女生人数占比 [2]

学校类型	学生人数	女生人数	女生占比
小学	50 890	14 944	29.3%
初中	308	106	34.4%
高中	2 303	529	22.9%

同时，政府还着力改善乡村女童的教育状况。政府在农村和重点小城镇为女生开设了两年制课程，并提供奖学金。但由于资金缺乏、改革力度不到位等原因，这一措施并没有涵盖阿尔巴尼亚北部山区，同时由于乡村教师紧缺和女性极高的文盲率，在索古执政时期并未实现女童教育状况的改观。

---

[1] 资源来源于阿尔巴尼亚妇女报网。
[2] XHERAJ E. Çështje të pabarazisë gjinove në vitet 1920-1967 [A]. 2019.

5. 留学教育的开端

在这一时期，留学教育也迈出了第一步。教育部设立专项资金，为高质量人才提供留学奖学金，支持他们赴西欧和美国学习交流。据统计，1924—1939 年，阿尔巴尼亚共为 400—500 名学生提供了留学奖学金，留学目的国主要为意大利、奥地利、法国、英国、德国和美国。索古政府鼓励出国留学的政策体现了国家对国际交流和高端人才培养的重视。

四、社会主义时期的教育

在社会主义时期，阿尔巴尼亚高度重视发展教育事业，通过借鉴苏联的教育模式，以 1946 年宪法、1949 年教育法、1950 年增订法、1976 年宪法为准则展开了一系列的社会主义教育改革，自上而下构建了一套体现共产主义思想的教育体系。国家加快推进教育现代化，开展爱国主义教育，其目标是以最快速度消除文盲的同时向全国青年人宣扬共产主义理念和原则，并使各阶级人民最终得到马列主义原则和共产主义思想的指导。

（一）扫盲运动的开展

二战结束后，阿尔巴尼亚国内满目疮痍，百废待兴，民族文化遗产遭受到了严重的破坏，全国文盲率达 80%，农村文盲率为 90%—95%。1946 年，国家出台《教育改革法》，明确将扫除文盲确立为教育事业的目标。[1]

1945—1949 年是扫盲运动的第一阶段。政府在各城市乡镇开设"扫盲

---

[1] GJONÇA A. Mortality Transition in Albania 1950-1990 [D]. London: University of London, 1998: 40.

班"。[1]由于缺少监督者、扫盲场所和统一的教材，以及民间落后保守思想根深蒂固，扫盲工作遭遇诸多困难。扫盲运动虽然进展缓慢，但还是取得了明显效果。据统计，1945—1949年，阿尔巴尼亚的学校共开设了566门不同类别与形式的课程，有10 243人首次接触并系统学习了读写规则与方法，1946年，全国文盲率下降至60%。1949年，国家出台了第一部教育法，制定了"关于公民有学习书写和阅读的义务；40岁以下的公民必须学习识字"的规定，为减少文盲率创造了良好的政策环境。

1950—1966年为扫盲运动的第二阶段，国家主要通过立法解决文盲问题。通过出台和落实一系列法律，这一阶段的扫盲工作取得了重大成果。截至1966年，全国已消灭大部分40岁以下的文盲。[2]

（二）教育体系的完整化

这一时期，政府通过初步确立学前教育制度、改革义务教育体制、开展高等教育等一系列措施，建立了从学前教育到研究生培养的完整教育体系。

1. 学前教育的大力发展

教育改革的条例初步规范了学前教育制度，在全国范围内建立隶属于卫生部的托儿所及隶属于教育部的幼儿园和儿童之家。以此为基础，国家开始了扩大幼儿园办学规模、改善幼儿园教师工作条件、提高学前教育教师队伍水平等相关改革。政府还制定了学前教育基本原则与教学法，并以此为指导编制教学大纲，确定相关读物，以确保学前教育的质量。截至1983年，全国学前教育机构增加到2 913个，相比1938年增长了127.3倍。

---

[1] SOTA J. Lufta kundër analfabetizmit [J]. Studime historike, 2008（1-2）: 105-122.

[2] 张林辉. 阿尔巴尼亚的教育事业 [J]. 国际论坛，1989（2）: 13.

入学儿童人数增加至 103 034 人，比 1938 年增长了 42 倍。这一时期的学前教育改革对学前教育质量的提升起到了关键性的作用。

2. 八年制义务教育体制的确立

1946 年宪法第 28 条规定："国家保障每个阿尔巴尼亚公民接受教育的权利，尤其是年轻人的教育。小学教育和初中教育为义务教育，由政府免费提供。"[1] 这确立了学校、儿童及青少年的基础教育工作等由国家统筹管理的基本原则。二战后初期，全国实施教育改革，小学教育和初中教育得到大力发展。党和人民政府着手对全体青少年开展义务教育。国家大规模开办小学、修复校舍。在经济发展水平较落后的北方山区，利用现有的条件和资源初步建立起义务教育体制，同时在全国各地区迅速普及。1952 年，阿尔巴尼亚建立了全国教育体制，即十一年普通教育体制，包括七年制义务教育（四年小学教育、三年初中教育）和四年高中教育。20 世纪 50 年代，大规模兴建的首批七年制中小学可视为阿尔巴尼亚国内教育改革的第一阶段。1956—1960 年，阿尔巴尼亚教育得到进一步深化和发展。1961 年，国内共有七年制中小学 557 所，中小学的课程类型得到完善。

20 世纪 60 年代为阿尔巴尼亚教育改革的第二个阶段。1963 年，阿尔巴尼亚政府颁布了重组阿尔巴尼亚教育体制的规定，由之前的七年制义务教育改变为八年制义务教育，改制的目的是为了提高青年一代的文化水平，使教育更好地与生产劳动和社会实践相结合。此外，高中教育和职业技术教育在这一阶段也开始兴起。

---

[1] 资源来源于阿尔巴尼亚公共政策官网。

3. 高等教育的发端与发展

阿尔巴尼亚高等教育发端于社会主义时期。20 世纪 40—50 年代中期是高等教育发展的第一阶段。1946 年，地拉那创建了阿尔巴尼亚第一所高校——地拉那两年制师范学院——又称亚历山大·朱万尼师范学院。1947—1956 年，阿尔巴尼亚相继建立了科学院、农学院、经济学院等高等教育和科研机构。1955—1956 年，全国共有 6 所四年制和五年制高校，涵盖 22 个学科，学生总人数约 1 595 名。1957 年，地拉那国立大学成立，接管了当时的高等教育科学机构，主导开展全国的教育学术活动。在随后的几年间，地拉那高等农学院、高等艺术学院等 7 所高等教育机构相继创建。20 世纪 80 年代，每年从高等院校毕业的学生人数几乎是 1938 年全国受高等教育人数的 6 倍。[1] 政府按所学专业给全体大学毕业生分配工作。

（三）师资培养模式的优化

阿尔巴尼亚高度重视对教育工作者的培养，将教师誉为社会主义新人的教育者、党的路线的宣传者，认为师资队伍的水平直接关乎国家教育大计。1948 年，地拉那开办教育中心之家，将其作为教学人员交流进修的重要基地。1955 年，党中央特别决议决定，在全国 10 个区设立教育联合会，通过举办暑期培训班、短训班、讲座等形式，向全国教师推广教育教学工作的先进经验，对培养教师、提高师资文化和专业素养发挥了重要作用。在这一时期，伴随学前教育、基础教育和高等教育的全面发展，各级别教育机构的教师数量也随之大幅增加。1983 年学前教育教师的人数相比 1938 年增加了近 114 倍。中等专业学校的教师人数增加了近 30 倍。师资队伍的

---

[1] 达利皮，米弗蒂乌. 阿尔巴尼亚历史与文化遗产概览 [M]. 柯静，马赛，译. 北京：外语教学与研究出版社，2017：214.

扩大有力支撑起了全国不断扩大的教育体系（见表3.2）。

表 3.2 1938—1983 年阿尔巴尼亚各级别学校教师人数 [1]

学校类型	1938 年	1950 年	1960 年	1970 年	1983 年
幼儿园	40	297	1 004	2 460	4 601
八年制学校	1 431	4 851	8 569	18 994	27 129
普通中学	46	91	502	1 157	1 792
中等专业学校	34	171	511	1 205	4 460
大学	—	13	288	926	1 360

在社会主义时期，教师的社会地位较高。例如：教师有时会被选为街道、社区、乡镇的人民委员会委员或人民议会的代表。为了表彰模范教师的贡献，国家还设有"人民教师"和"功勋教师"两个荣誉称号。这些物质和精神上的保障体现了国家对教师的鼓励和认可，有利于其在教育领域贡献自己的力量。

（四）女性教育的进一步发展

在社会主义时期，女性受教育的权利得到更为明显的改善。在社会主义时期颁布的三部宪法都对女性权利做出了规定。1946 年宪法第二章第 17 条规定："女性在个人、政治和社会生活中享有与男性同等的权利；在工作中与男性同工同酬"[2]。1976 年宪法总则强调："在所有革命的进程中，作为重要的社会力量，阿尔巴尼亚妇女在各领域中享有与男性平等的权

---

[1] 张林辉. 阿尔巴尼亚的教育事业 [J]. 国际论坛，1989（2）：15.
[2] 资料来源于阿尔巴尼亚全国档案中心官网。

利,"[1]1976年宪法第二章第41条明确规定:"妇女从政治压迫和经济剥削中得到解放,作为革命的重要力量,在国家社会主义建设和保卫祖国的事业中发挥了积极的作用"[2]。在男女平等思想的倡导下,社会主义时期女性从事教育文化领域工作的占比逐步增加(见表3.3)。

表3.3 1960—1990年阿尔巴尼亚从事教育文化领域工作的女性占比(%)[3]

年份	1960	1970	1980	1985	1990
女性占比	41.4%	48.7%	50.5%	52.8%	53%

同时,女性的受教育机会也明显增多。1960—1985年,高等教育机构五个主要学科中毕业女性占比均显著提高(见表3.4)。

表3.4 1960—1985年阿尔巴尼亚高等教育机构中各学科毕业女性占比(%)[4]

学科	1960年	1970年	1985年
工程学	5.8%	10.6%	20.8%
农学、兽医学	6.6%	3.7%	20.2%
经济学	17.1%	17.8%	50.1%
医学、牙科、药学	18.6%	28.2%	48.5%
师范	25.3%	26.4%	43.4%

---

[1] 资料来源于阿尔巴尼亚合作发展研究所官网。
[2] 资料来源于阿尔巴尼亚合作发展研究所官网。
[3] HALL. D. Albania and the Albanians[M]. London: Pinter Reference, 1994: 84.
[4] GOLEMI B, MISJA V. Zhvillimi i arsimit të lartë në Shqipëri[M]. Tirana Universiteti i Tiranës 1987: 45.

（五）社会主义理念的进一步强化

社会主义时期的教育改革不论是向南斯拉夫取经，还是借鉴苏联的教育模式，其核心都是以高度意识形态化的理念为指导，同时呈现出高度世俗化的特点。

教育活动建立在教学、生产、军事训练这三个当时被称为"革命铁三角"的基础上。1946年宪法第33条明确规定："阿尔巴尼亚社会主义人民共和国的教育建立在马列主义世界观的基础上，并与劳动生产、体育锻炼和军事训练相结合"[1]。此外，在这一过程中，教育改革延续了之前的高度世俗化特征。1946年宪法第33条指出："共和国的教育继承了阿尔巴尼亚语学校最优秀的传统，即民族性和无神论。"[2]1976年宪法第37条规定："国家支持无神论的宣传，倡导科学的唯物主义世界观"[3]。此后，教育体系中的宗教色彩被完全剔除。

五、20世纪90年代后的教育

东欧剧变、苏联解体后，包括阿尔巴尼亚在内的东欧国家在政治、经济、社会、文化等领域均发生了巨大变化，教育领域也随之发生了颠覆性转变，从此开启了欧洲一体化的教育进程。

转轨初期，教育水平的下滑引起了国内外的普遍关注。随着国门的开放，历届政府出台了一系列政策，在欧洲教育一体化的进程中，探索适合自身发展的教育模式和道路。近年来，阿尔巴尼亚教育不断发展，

---

[1] 资料来源于阿尔巴尼亚全国档案中心官网。
[2] 资料来源于阿尔巴尼亚全国档案中心官网。
[3] 资料来源于阿尔巴尼亚全国档案中心官网。

教育体制愈发完善。2015 年，国民识字率达 98.7%。截至 2016 年，全国有超过 5 000 所学校。2018—2019 学年，有 1 964 所幼儿园，注册学生 78 942 人，幼师 4 644 名；有 1 370 所小学和中学，注册学生 328 000 人，教师 24 866 人；有 496 所高中，学生 127 000 名，教师 9 042 名；全国共设立 41 所高校，其中公立高校 15 所，私立高校 26 所，注册学生 139 043 人，教师 9 254 人。地拉那大学是阿尔巴尼亚最著名的综合性大学。

第二节 教育家

一、康斯坦丁·克里斯托弗里奇

康斯坦丁·克里斯托弗里奇是阿尔巴尼亚杰出的民族复兴者、教育家、翻译家。作为最早的民族复兴者之一，他将母语视为促进民族进步、推动民族文化和教育发展的重要途径。

克里斯托弗里奇生于阿尔巴尼亚中部城市爱尔巴桑，在希腊亚尼纳读完高中后，前往伊斯坦布尔完成大学学业。大学毕业后，他在地拉那、培拉特等城市教授阿尔巴尼亚语。1869 年，他被选为阿尔巴尼亚语字母委员会委员。

1872 年，克里斯托弗里奇第一次用北方盖格方言翻译《新约》，又于 1879 年用南方托斯克方言对其进行重译，进一步完善了 1823 年凡吉尔·梅克西的翻译版本。同时，他与其他早期民族复兴者一道，积极致力于创建阿尔巴尼亚字母表，推动阿尔巴尼亚教育的发展。1882 年，克里斯托弗里奇出版阿尔巴尼亚第一部规范化、体系化的语法著作《阿尔巴尼亚语语法》。此书为创建完整的阿尔巴尼亚语语法体系做出了重要贡献。随后，克里斯托弗里奇着手编写《阿尔巴尼亚语词典》并于 1904 年出版。这部词典被视为二战前阿尔巴尼亚最重要的词汇学著作之一。

二、潘德里·索提里

潘德里·索提里，阿尔巴尼亚民族复兴者，在民族复兴时期为阿尔巴尼亚语的传播和教学发展做出了重要贡献，曾担任第一所现代阿尔巴尼亚语学校校长。

索提里生于奥斯曼帝国德亚尼纳省，完成高中学业后在吉诺卡斯特任教。19 世纪末，由于奥斯曼政府对阿尔巴尼亚语的限制，索提里和其他民族复兴者们只能秘密教授阿尔巴尼语，向学生传播民族文化。

1884 年，索提里创办了第一本阿尔巴尼亚语杂志《光明》。作为这一时期重要的民族文化宣传阵地，这本杂志滋养和鼓舞了一批杰出的民族复兴者和爱国志士。1887 年，在民族复兴精神的引导下，借助普里兹伦同盟建立的契机，索提里在科尔察创办了第一所阿尔巴尼亚语学校。这所学校的建立在阿尔巴尼亚文化教育发展史上有着里程碑式的意义，标示着民族教育的开端，汇聚了全体阿尔巴尼亚人上百年来对本民族语言文化的追求与努力。

索提里一生致力于阿尔巴尼亚民族语言的统一，为阿尔巴尼亚语字母表的确定进行了不懈努力。1908 年，马纳斯蒂尔大会最终通过了由他倡导的阿尔巴尼亚字母标准化的决议，此决议为日后阿尔巴尼亚标准语的创立奠定了坚实基础。

三、亚历山大·朱万尼

亚历山大·朱万尼是 20 世纪上半叶阿尔巴尼亚教育领域最杰出的教育家和语言学家之一。他主张"教育的基本理念是人格的塑造，教学的目的是通过自由意志塑造人，使人们在生活中无所畏惧，对每一个神圣的事物，尤其是人类社会中的人类行为都保有真挚的爱"[1]，而且这一主张可以通过正确有效的教育活动来实现。朱万尼对阿尔巴尼亚教育体系的发展做出了巨大贡献，被称为"阿尔巴尼亚教师之父"。

朱万尼 1880 年出生于爱尔巴桑，在奥斯曼帝国马纳斯蒂尔省完成中学学业，1903—1906 年在雅典大学语言学院学习。1908 年回国后，他参加了 1909 年的爱尔巴桑大会，后来还参与了爱尔巴桑师范学校的建设，其间开始编纂阿尔巴尼亚语语法教材。他大部分时间都致力于改善阿尔巴尼亚学校的办学条件，并在阿尔巴尼亚建国初期为实现阿尔巴尼亚语的标准化做出了重要贡献。

1920—1922 年，朱万尼在教育部高等教育委员会任职，其间主持召开了卢什涅教育大会。此次大会是 19 世纪末到 20 世纪初阿尔巴尼亚一系列教育文化改革的集中体现。大会进一步推动了教育政策在全国范围内的落实。作为此次大会的主席，朱万尼带领与会人员，讨论了学校机构的统一化和标准化、具体的教学内容与教学法等重要教育问题，同时明确了借鉴西方学校教学理论和教学模式的教育方针。

朱万尼还为阿尔巴尼亚教学法的发展做出了突出贡献。他将传统教学法与阿尔巴尼亚的教育现状与需求相结合，第一次在教学中引入赫尔巴第教学法，对国内的教育理念、办学形态、授课方式产生了深刻的影响。在语言研究领域，从民族复兴时期起，他就从事阿尔巴尼亚语的研究和教学，

---

[1] 资料来源于阿尔巴尼亚爱尔巴桑电子档案馆。

编写了大量阿尔巴尼亚语和教育学方面的教材，如《正字法指南》《阿尔巴尼亚语的净化》《阿尔巴尼亚语前缀》《阿尔巴尼亚语后缀》等语言学论著，这有利推动了阿尔巴尼亚语的发展。

四、埃切雷姆·恰贝伊

埃切雷姆·恰贝伊是阿尔巴尼亚杰出的语言历史学家、教育家。恰贝伊将欧洲较为先进的语言学研究方法和研究成果引入阿尔巴尼亚语研究中，极大地提高了阿尔巴尼亚语语言学研究的水平。

恰贝伊出生于土耳其的埃斯科什尔小镇，在阿尔巴尼亚的吉诺卡斯特完成小学和中学学业后前往奥地利攻读印欧比较语言学学位。他大学毕业回到祖国后，任职于当时的地拉那国立大学（地拉那大学的前身）。他曾多次婉拒教育部部长一职，一生致力于阿尔巴尼亚语研究，为阿尔巴尼亚语言文化传播和教育推广做出了巨大贡献。1972年，恰贝伊成为阿尔巴尼亚科学院的创始成员。

恰贝伊一生著有200多部著作，其最重要的贡献是引入欧洲语言学的研究方法和成果，对阿尔巴尼亚语的起源和本土性进行了系统、科学的研究。他发表了大量专著，如《阿尔巴尼亚语词源研究》《阿尔巴尼亚语历史入门》《阿尔巴尼亚语历史语音学》等，论证了阿尔巴尼亚语的古老性，极大地提高了国内相关领域的研究水平。为纪念恰贝伊在教育文化领域的杰出贡献，阿尔巴尼亚及其周边国家和地区的多所学校以其名字命名。

第四章 学前教育

学前教育对幼儿习惯养成、智力开发和身心发展具有重要意义，发达的学前教育是整个教育体系的良好开端。积极发展学前教育、遵循幼儿身心发展规律、坚持科学的保教方法，已成为各国重要的教育目标。

根据现行的阿尔巴尼亚宪法和2012年《阿尔巴尼亚共和国大学前教育体制法》（以下简称《大学前教育体制法》）第三章第21条规定，学前教育是大学前教育的第一阶段，即对3—6岁的学龄前儿童进行的早期教育，旨在实现每个儿童的智力、身体健康发展，同时为适应基础义务教育打下基础。

第一节 学前教育的发展与现状

一、教育历史

阿尔巴尼亚1946宪法和同年出台的《教育改革法》确立了学前教育制度。同时，阿尔巴尼亚政府着手在全国范围内建立隶属于卫生部的托儿所及隶属于教育部的幼儿园和儿童之家。[1] 此后在1950年宪法、1976年宪法以及一系列修订法案的基础上，国家开始了扩大幼儿园网络、提高幼儿园教师的工作条件、提高学前教育教师队伍水平等相关改革。政府还制定了学前教育基本原则与教学法，并以此为指导确定了教学大纲和相关读物，以确保学前教育的质量。截至1983年，全国学前教育机构共计2 913所，相比1938年增长了127.3倍。入学儿童人数增加至103 034人，较1938年增长42倍。

在普及全国学前教育的发展战略下，农村学前教育机构大幅增加。1990年，农村学前教育机构的数量达到2 622所，较1950年的62所增长了约40倍。城市的学前教育机构也逐步增加，1990年达到804所，较1950年的93所增加了近9倍（见图4.1）。

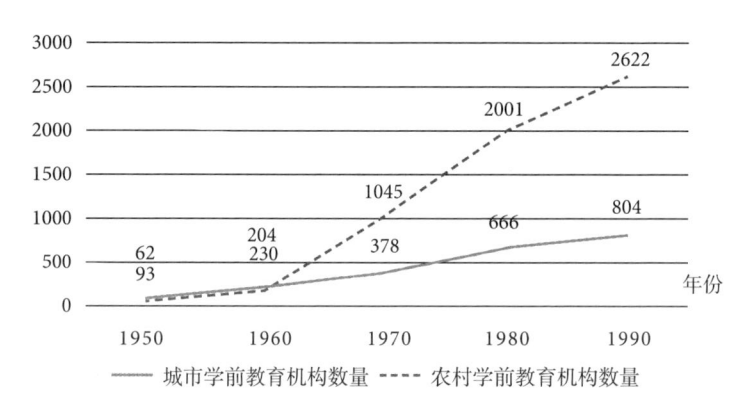

图4.1 1950—1990年阿尔巴尼亚学前教育机构数量（所）

1990年后，社会的转型与经济的发展增加了幼儿教育的社会需求，为学前教育的发展带来了机遇与挑战。据统计，1990年，阿尔巴尼亚学龄前儿童的入学率达60%。同时，阿尔巴尼亚转变了政府包办的思路，实行幼儿

---

[1] 1946—1976年，阿尔巴尼亚私立幼儿园占比3.5%。在1976年新宪法出台后，国家叫停了所有私立办学机构。

教育社会化，民办幼儿园得到初步发展，多元化办学格局逐渐形成。整体上，学前教育近年来取得了显著成就，政府投入力度加大、教育质量有所提高，但依然存在教育资源城乡分布不均、教育质量参差不齐等问题。

二、教育现状

作为阿尔巴尼亚大学前教育体系[1]的第一阶段，学前教育属于非义务教育。1991年以来，在学前教育机构、儿童入园率均有小幅增加的状况下，阿尔巴尼亚将学前教育的政策制定和组织管理等纳入大学前教育体系的整体发展之中。2012年，伴随进一步的欧洲一体化，全国开始了包括学前教育阶段的大学前教育改革，并相继出台了《大学前教育体制法》《大学前教育发展战略（2014—2020年）。在这两份纲领性文件中，阿尔巴尼亚在教育方面明确了四项与欧盟《2030年可持续发展议程》相一致的优先事项：加强领导力、治理和资源管理；提供包容性的优质学习；确保与欧盟标准相一致的优质教育；改进职业培训。这四项发展重点不仅体现了阿尔巴尼亚政府对教育领域的思考和反思，同时显示了其致力于进一步融入欧洲一体化的决心。自2012年大学前教育改革以来，阿尔巴尼亚政府加大了对学前教育的重视并设定了将残障儿童和贫困家庭儿童入园率提高2%的目标，同时承诺将增加入园机会，积极改善园区基础设施等。3—5岁儿童净入园率一直维持在60%左右，与欧盟的平均比率75%仍有明显差距。近年来，政府通过采用与现代儿童发展理论相符的新式课程标准，改革学前教育机构校长选拔程序等措施，旨在提高教育质量，这些措施使学前教育取得了一定进步。

---

[1] 包括学前教育、小学教育和初中教育、高中教育。

（一）学前教育的培养目标与组织架构

《大学前教育体制法》第 21 条指出，阿尔巴尼亚学前教育的培养目标是"全面发展儿童的社交能力、智力和体力，学习能力和卫生习惯，为进入小学教育阶段做好衔接与准备。"[1]

根据《大学前教育体制法》第四章第 25 条和《地方政府组织与运行条例》等相关细则，学前教育的组织管理由中央与地方共同承担。在现有法律的框架内，学前教育由教育部协同相关部委、地方各级政府与国内外政府机构或非政府机构合作进行组织协调、课程设置及教师培训等事项，以保障国家公立和私立学前教育机构的质量。

大学前教育质量保障局负责保障学前教育的发展。其下设的教育监管司为学前教育的监管部门，负责监督中央与地方各级学前教育机构的质量并公布审查报告；大学前教育委员会负责草拟和制定学前教育政策和年度预算。各州、区的教育厅为学前教育的地方管理部门，负责执行中央层面出台的各项法案，并与基层教育单位协同制定具体实施方案，保障各项政策在地方的落实。

（二）学前教育类型与招生

根据现行的《大学前教育发展战略（2014—2020 年）》，阿尔巴尼亚的学前教育具体分为幼儿园教育和学前班教育。幼儿园由政府和私立机构共同设立。除了公立幼儿园和私立幼儿园外，阿尔巴尼亚还有社区幼儿园，这类幼儿园多由非政府组织建立，目的是满足儿童多元化的培养需求。学前班也称为基础教育预科班，一般在公立小学开设，招收 5 岁且未在幼儿园

---

[1] 资料来源于阿尔巴尼亚教育部官网。

接受过学前教育的儿童。目前，由于考虑到幼小衔接的重要性，政府计划将学前教育的最后一年纳入义务教育。学前教育的授课语言为阿尔巴尼亚语，在少数民族地区可使用其母语。

1．入园人数

据阿尔巴尼亚统计局数据显示[1]，自1992年以来，学龄前儿童入园人数历经较大的周期性波动。1992年入园儿童人数为10 889人，之后呈下降趋势。2010年为74 914人，达历年来人数最低值。2010年前后呈缓慢上升趋势，2016年达到83 133人，但近四年来又呈下降趋势。据专家分析，入园人数的波动与阿尔巴尼亚的低出生率无明显正相关，或与周期性的移民海外人口的增加有一定关系。

据联合国教科文组织数据显示，阿尔巴尼亚学前净入园率长期以来在60%左右波动，近年来增幅较大。政府在《国家发展与融合战略（2015—2020年）》中，制定了2020年学前入园率达80%，5岁儿童学前班参与率达97%的目标。2019—2020学年，阿尔巴尼亚的学龄前儿童入园率约为80%。这一数字在西巴尔干地区排名第一，大幅领先排名第二的塞尔维亚和黑山，但仍低于欧盟的87%和经合组织的84%。

2．公立幼儿园和私立幼儿园概况

阿尔巴尼亚的公立幼儿园数量、注册人数、教师数量与私立幼儿园相比优势明显。例如：2016—2017学年，公立幼儿园占比93.2%，约92%的学龄前儿童就读于公立幼儿园，公立幼儿园教师占比90%；2018—2019学年，

---

[1] 资料来源于阿尔巴尼亚统计局官网。

公立幼儿园的数量、就读人数和教师占比略有下降，但仍然是学前教育机构中的主要形式（见表4.1）。

表4.1 2016—2017学年、2018—2019学年阿尔巴尼亚公立和私立幼儿园学生及教师人数占比 [1]

学年	公立幼儿园占比 私立幼儿园占比	公立幼儿园学生人数占比 私立幼儿园学生人数占比	公立幼儿园教师人数占比 私立幼儿园教师人数占比
2016—2017	93.2% 6.8%	92% 8%	90% 10%
2018—2019	91.8% 8.2%	90% 10%	87% 13%

1945—2000年，私立学前教育机构占全国学前教育机构的比例仅为0.2%。近十年来，由于政府办学理念的转变以及公立幼儿园所提供的教育无法满足学前教育整体发展的现实状况，私立幼儿园数量不断增加，占比增加到8.4%，但就读于私立教育机构的儿童人数仅占全国学前儿童总数的10%左右，远低于经合组织34%的平均数。

需要指出的是，近年来，公立幼儿园虽然收费比较低，但发展不尽如人意，比如：普遍缺乏专业化管理人员和学前教育领域的从业人员，物资设备也相对缺乏，硬件条件较差，[2] 缺少固定的教学场地、教学材料。而私立幼儿园虽然收费比较高，但采取由创办者直接管理或由创建教育委员会委托管理的方式，资金实力比较雄厚，校舍、教室内的多媒体等硬件条件较好，还有丰富的教育教学材料和国际化办学经验，因此其数量和就读人数都有所增长。

---

[1] 资料来源于阿尔巴尼亚公开数据网。

[2] 其他硬件设施如中央厨房、室内体育馆等，多集中在私立幼儿园。

（三）学前教育改革

20世纪90年代初至今，制度转型和加入欧盟的愿景对阿尔巴尼亚的教育目标、理念、内容和方式等都产生了重要影响。2014年，阿尔巴尼亚政府出台《国家发展与融合战略（2015—2020年）》，随后在教育领域制定了相应的《大学前教育发展战略（2014—2020年）》。为了积极面对入盟以及新形势下人才培养的挑战，阿尔巴尼亚开启了学前教育改革，2014年起，在结构性调整、教育评估框架、课程改革、教师队伍优化等方面做出了重要调整。

1. 结构性改革

依据《大学前教育发展战略（2014—2020年）》，阿尔巴尼亚政府在教育领域开启结构性改革，将资金分配与校长任命的权力下放至地方层面。

现阶段学前教育的资金来源分为中央政府和地方政府两个渠道，教育预算仍然由教育部进行分配。2014年的改革将中央财政资源部分下放给各地方教育机构。此举不仅拓宽了学前教育机构的资金来源，还在一定程度上提高了地方政府在学前教育财政管理的效率和竞争力。

同时，《大学前教育发展战略（2014—2020年）》对学前教育机构校长的选拔和任命制度做出了新的规定：公立教育机构的校长由所在市的市长任命；提高了校长候选人的任职条件，如需具有教育领域的工作经验，不能同时任职于任何政党机关等。但是，《大学前教育发展战略（2014—2020年）》缺少针对地方政府对学前教育应负职责的规定，如未对市长任命幼儿园园长、幼儿园园长任命教师等具体操作予以说明，也未对私立教育机构校长的任命做出说明。

2．课程改革

学前教育课程是保证学前教育质量的核心要素之一。统一、高水平的幼儿园课程标准是学前教育质量的重要基础。2017年，阿尔巴尼亚教育部大学前教育质量保障局对学前教育与大学前的各层次教育进行了整合。

2018年，教育部出台了《学前教育课程框架》。2019年出台了全新的《3—6岁儿童发展与学习标准》并应用于全国所有公立和私立学前教育机构。在此基础上，教育部与联合国儿童基金会联合制定了新的学前教育课程规范及衡量学习效果的标准，并出台了《新版学前教育规划》，其中将学前教育细分为学前一年级、学前二年级和学前三年级三个阶段，旨在打通各级别的学前教育，实现与小学教育的衔接。这三个阶段的学习科目均为语言与交流、数学、艺术、自然与科学、社会与环境、体育与健康。教育部为不同阶段的学习科目制定了相应的教学大纲、教材和教学要求，对儿童应达到的知识目标、能力目标和素质目标给出了具体标准。在教学中，每个科目均设有培养学前儿童的核心能力的教学项目，通过进行空间布置、师幼互动等多样化活动，促进儿童的认知和实践能力，最大限度地满足学前儿童的发展需要。这既体现了欧盟学前教育中不同年龄层儿童的发展指标，即知识、技能、价值观和态度，还鼓励教师根据所在教育机构的教育传统开展教学，旨在向欧盟学前教育理念靠拢的同时兼容阿尔巴尼亚本国学前教育理念。

3．学前教育评估框架改革

在学前教育领域，阿尔巴尼亚长期缺乏统一的教育质量标准，这导致不同地区的学前教育质量差异较大。2019年1月，在欧盟及联合国儿童基金会的帮助与指导下，阿尔巴尼亚教育部学前教育质量保障局开始引入

《学前教育评估框架》，旨在对学前教育领域的专家、教师和园区工作人员提供全方位的支持，保障教育机构质量的统一化。各地区幼儿教师可参照该评估框架开展教育工作，明晰自己的教学行为、模式等是否合宜。但由于实施时间较短，该评估框架的适用性尚待观察。

4. 教师队伍优化

2009 年出台的《监管职业法》第 57 条规定，教师的文凭均由教育部颁发，从事学前教育的教师需具备本科学历。2018 年，基于课程改革及国家对学前教育的发展愿景，教育部重新修订并出台了《学前教育教师职业标准》，进一步规范和提高了学前教师的入职门槛及专业水平。学前教师除了需具备本科学历这一规定外，还需具备专业领域的科研能力，并在申请教师岗位前通过全国教师考试。《学前教育教师职业标准》对教师应具备的品德也做出了相应规定。

在学前教师在职培训方面，2017 年，教育部出台了《教育从业者继续教育法》修订法，成立了大学前教育从业人员培训计划认证委员会，给予学前教师在职培训较高的重视，并对教师在职培训提出了具体要求。国家教育发展局作为在职培训的主导部门，负责培训总纲领的制定并协同专门的培训机构开展教师在职培训。[1]

第二节 学前教育的特点与经验

阿尔巴尼亚学前教育属于大学前教育的一部分。近年来，随着欧洲一

---

[1] 资料来源于欧盟委员会官网。

体化进程的不断推进，学前教育的发展与改革成就明显，欧洲较为先进的学前教育理念在阿尔巴尼亚学前教育领域被逐步借鉴，并展现出以下特点。

一、多元包容的教育特色

教育不仅应反映当今世界的多样性，关照边缘群体，保障性别平等，还应当弘扬和平与发展的理念，倡导全球公民意识，维护文化多样性。在欧盟、联合国儿童基金会和经合组织等国际机构的指导下，阿尔巴尼亚的学前教育通过不断改革，逐步形成了培养儿童多元文化视野的教育特色。

阿尔巴尼亚是以阿尔巴尼亚族为主体民族，希腊族、马其顿族、黑山族和罗姆人等为少数民族的多民族国家。自1999年以来，阿尔巴尼亚政府发起保护少数族裔权利的运动，如加入《欧洲保护少数民族框架公约》、开展"罗姆人十年国家行动计划（2005—2015年）""全国罗姆人和埃及人融合行动计划（2016—2020年）"等，旨在通过不同的方式帮助少数族裔更好地融入社会。跨文化的教育目标是这些纲领方案的重要内容之一，近年来，罗姆人作为欧洲最古老的少数民族群体之一，正式被确认为文化少数民族群体，罗姆人的学前教育问题已受到国内外社会的广泛关注。

二、监管与评估逐步完善

自2015年以来，教育部下设的国家教育监管局负责对学前教育机构进行年度审查与评估。评估采取随机抽查的方式，覆盖八个阿尔巴尼亚主要城市的公立和私立幼儿园。评估主要包括五个核心指标：课程设置、教育教学活动、机构管理、人力资源发展和儿童关怀。[1]这几项评估指标符合欧盟教育委员会颁布的指示精神，为监督学前教育机构的质量和优质发展奠定了良好的基础。

三、全纳教育体系逐步发展

阿尔巴尼亚的特殊教育主要针对有智力缺陷和身体缺陷的儿童，此类儿童的受教育权利受到国家法律的保护，并在宪法中得以体现。1990年以来，阿尔巴尼亚政府在欧盟和联合国儿童基金会的支持下，逐步加大了对特殊儿童群体的保护。在2006年联合国颁布的《残疾人权利公约》和2012年颁布的修订案的基础上，阿尔巴尼亚政府于2012年出台了体现《残疾人权利公约》中"多元、包容、共享"重要精神的《大学前教育体制法》，其中第十一章第63条阐述了国家对残障儿童少年教育的目标："确保残疾儿童智力、身体潜能的充分开发，改善其生活质量，旨在为这一人群更好融入社会和劳动力市场做好准备"[2]。该法规定残疾儿童进入特殊教育机构只是暂时性的，在儿童自身条件允许后使其融入幼儿园是首要任务。其中第65条规定残疾儿童的教育组织应使用合适的常规教材或者由教师和心理学家共同制定的特殊教材。同时，政府承诺提高残障儿童和贫困儿童的入学率，将学前教师的培训作为优先任务。2016年，阿尔巴尼亚青年与社会福利部本着《残疾人权利公约》的精神，与联合国开发计划署共同出台了另一部重要文件《国家残疾人行动计划（2016—2020年）》，其中对于残障儿童受教育问题予以了高度重视。

随着政府与社会对学前教育的逐渐重视，阿尔巴尼亚原有的特殊教育格局已经不能满足社会发展的需要，难以适应国民整体教育事业的变革，

---

[1] 资料来源于阿尔巴尼亚教育监管局官网。
[2] 资料来源于阿尔巴尼亚教育部官网。

呈现出特殊教育资源匮乏、体制机制不健全、配套服务水平较低等诸多亟待解决的问题。如何更好地解决这些问题成为能否实现特殊教育公平、高质量发展、促进残障儿童更好融入社会生活的重要前提。

四、性别平等基本达标

教育中的性别平等观念是阿尔巴尼亚教育体系向欧盟靠拢的又一重要特征。总体来看，阿尔巴尼亚在实现学前教育性别平等方面取得了长足的进展。在学前教育阶段，自2013—2014学年起，入园女童占比均在总人数的47%—50%。2018—2019学年，全国学前教育在园幼儿78 942人。其中，女童37 721人，分别比上年减少2 084人和991人，是2013年以来人数最少的一年；学前教育女童占比为47.7%，基本与上一年持平（见表4.2）。

表4.2 2013—2019年阿尔巴尼亚幼童总人数及女童人数占比 [1]

学年	2013—2014	2014—2015	2015—2016	2016—2017	2017—2018	2018—2019
幼童总人数	81 448	82 494	83 133	81 194	81 026	78 942
女童人数占比	47.6%	47.5%	50%	50%	47.7%	47.7%

从城乡差异看，2018—2019学年，城市与农村幼儿园各年级男女招生比例基本持平。在农村的幼儿园中，学前二年级的女童比例多于男童；接受学前教育超过一年的男童比例为48%，女童为58%，比例差为10%，已超过经合组织2.5%的平均值（见表4.3）。

---

[1] 资料来源于阿尔巴尼亚统计局官网。

表4.3 2018—2019学年阿尔巴尼亚城市与农村幼儿园各年级招生数据[1]

	公立教育机构					
	总招生人数	女童人数	女童人数占比	农村招生人数	女童人数	女童人数占比
学前一年级	11 015	5 175	47%	2 713	1 271	47%
学前二年级	14 766	7 071	48%	4 348	2 096	48%
学前三年级	21 871	10 459	48%	7 077	3 387	48%
混合班	23 911	11 540	48%	20 899	10 123	48%
	私立教育机构					
	总招生人数	女童人数	女童人数占比	农村招生人数	女童人数	女童人数占比
学前一年级	1 446	707	49%	113	60	53%
学前二年级	1 772	829	47%	146	83	57%
学前三年级	2 755	1 287	47%	231	110	48%
混合班	1 406	653	46%	229	108	47%

第三节 学前教育的挑战与对策

一、学前教育的挑战

目前，加强学前教育成为各国的主要教育目标之一，各国都在探索优质学前教育发展之路。由于学前教育体系建立较晚，国力及经费支持有限

---

[1] 资料来源于阿尔巴尼亚公开数据网。

等因素，加之近年 3—5 岁儿童入园率增长，学前教育仍面临政策及保障机制不完善、资金支持不足、教育资源分配不合理、教育机构的监管力度不够等挑战。

（一）政策层面

在学前教育领域，阿尔巴尼亚政府迄今并未出台单独的学前教育法，所有涉及学前教育领域的法案都划归大学前教育。这直接导致学前教育的法律地位不明确，同时在开展学前教育的过程中，有时会面临无法可依的情况。同时，由于阿尔巴尼亚执政党与在野党的相互制衡，导致由历届政府制定的教育发展纲要、法律在执行过程中难以长期贯彻落实，例如：《大学前教育发展战略（2014—2020 年）》尽管对学前教育的发展愿景、政府职责、各环节的实施方案等均有规划，但由于各部门无法协同配合，导致落实效果不佳。

（二）社会资金及资源层面

由于阿尔巴尼亚经济发展仍处于较低水平，城乡贫富差距显著，导致学前教育资金短缺、教育资源分配不公等现象长期存在。

1. 教育资源分配不均

阿尔巴尼亚城乡发展差距较大，大批教育人才涌向大城市。在一些地区，特别是东北部的贫困山区，严重缺乏优质的学前教育机构和具有资质的合格教师。同时，农村儿童的入园率和参与度较低，据世界银行数据显示，北部贫困地区儿童入学率仅有 25%，中部地区学前儿童净入园率是北部贫困地区的 2 倍。在城市，由于大批人口涌入，造成现有的学前教育资源供不应求，导致教育资源分配不合理，加之公共部门对不断增长的需求反应缓慢，进一步导致优质教育资源总量不足，拉大了城乡、区域之间学前教育质量的差距。

在阿尔巴尼亚，私立幼儿园的教育质量远高于公立幼儿园，但高质量的私立幼儿园的资源分配在城乡层面明显不均。据 2018—2019 学年的数据统计，全国 162 所私立幼儿园中，开设在农村的仅有 18 所。同时，从幼儿园教师资质看，公立、私立幼儿园也存在明显差距（见表 4.4）。

表 4.4 2018—2019 学年阿尔巴尼亚幼儿园及教师数量 [1]

	公立教育机构		私立教育机构	
地点	城市	农村	城市	农村
幼儿园数量（所）	336	1 495	144	18
教师总人数	2 163	2 061	554	42
具有高中学历的教师人数	170	288	58	8
具有本科学历的教师人数	1 993	1 773	496	34

在教师资源的分配方面，据阿尔巴尼亚财政部数据显示，2016—2017 学年，阿尔巴尼亚学前教育师生比为 1∶18.3。在 2020 年的年度预算报告中 [2]，政府承诺将这一比例降至 1∶15，但实际情况是，大部分优质的公立幼儿园班级规模大，学生人数多，师生比达到 1∶20—1∶25.3。[3] 学前教育体系从业人员仍存在极大的缺口，直接导致监管质量和学前教育活动的开展水平较低。这一问题与国家长期以来对学前教育缺乏足够重视、学前教育教师的待遇得不到提高有一定的关联。

---

[1] 资料来源于阿尔巴尼亚公开数据网。

[2] 资料来源于阿尔巴尼亚财政部官网。

[3] FULLER S. Early childhood education in Albania at a glance [J]. ITSF 5006: Comparative Policy Studies, 2017: 10.

2．学前教育经费投入不足

在欧洲国家中，阿尔巴尼亚是国家财政性教育经费占GDP比重最低的国家之一，[1] 国家和地方政府的教育投入一直处于较低水平。加之学前教育未列为义务教育，近年来财政投入持续降低。2001年，国家对学前教育的经费支出占公共教育总支出的5.9%，而到2013年，这一比例降至4.6%。学前教育支出占国家财政预算比重以及占GDP比重也逐年减少（见图4.2）。

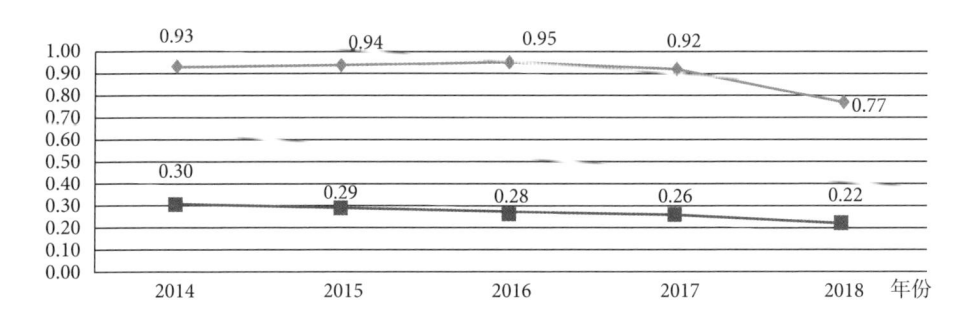

年份	学前教育在国家财政性预算的占比	学前教育在GDP中的占比
2014	0.93	0.30
2015	0.94	0.29
2016	0.95	0.28
2017	0.92	0.26
2018	0.77	0.22

图4.2 2014—2018年阿尔巴尼亚财政性学前教育经费占比（%）[2]

目前，学前教育机构的职责由中央和地方政府共同承担，存在权责不清的结构性弊病。同时，纵观欧盟国家，学前教育有单独的国家经费预算，而阿尔巴尼亚对于学前教育的经费没有专项预算，目前全部划归在基础教育的预算中。因此，在有限的基础教育的资金中，学前教育可享受的额度非常有限，这直接导致政府拨款无法覆盖大部分的学费，阿尔巴尼亚较边缘化的人口，如少数民族、残障儿童、弱势群体等无法接受良好的学前教育。这些问题导致学龄前儿童无法更好地行使受教育的权利、阻碍了学前教育质量的提高，进一步影响了国家的发展战略。

---

[1] 2017年，阿尔巴尼亚财政性教育经费占GDP的2.9%，欧盟平均占比为5.1%。
[2] 资料来源于阿尔巴尼亚教育部官网。

（三）教育监管层面

阿尔巴尼亚学前教育监管能力与欧盟平均水平相去甚远。阿尔巴尼亚教育部下设的国家教育监管局每年对大中小学及幼儿园的办园资质、教学方式等方面进行检查，每 4 000 所教育机构仅有 27 名检查员，而这 4 000 所机构中有 1 800 所为学前教育机构。这意味着监管局没有充足的人力、物力对教师教学进行有效考核，更无法给教育人员提供专业性建议，故学前教育的质量难以保障。

二、学前教育的对策

（一）完善学前教育法律法规，加强学前教育制度建设及保障机制

在制度建设和机制保障方面，阿尔巴尼亚关于学前教育的法律法规正在逐步完善。首先，政府应明确职责，把发展学前教育纳入城镇建设和新农村建设的统一规划之中，建立由政府主导、社会参与、公办民办并举的办园体制。积极发展公办幼儿园，大力扶持民办幼儿园。实行成本合理分担机制，对家庭经济困难的幼儿给予入园财政补助。完善幼儿园工作制度和管理办法，制定学前教育办园标准和收费标准，建立幼儿园准入和督导制度，加强学前教育管理，规范办园行为。

其次，在制度建设的过程中，政府的职能应相应转换。政府对学前教育的责任不是直接创办幼儿园，而是创造有利于教育发展的社会环境和政策制度。就学前教育而言，因其具有多功能和综合性的特点，应实施跨部门综合管理，协同发展，而非仅限于教育部门的单一垂直管理。2020 年 2 月，在教育部、内务部、健康与社会保障部联合举办的全国性会议中，阿

尔巴尼亚教育部副部长表示，国家将协同各部委发展学前教育。当然，这既需要教育行政部门的宏观指导和明确的行动规划，也要求各部委、各级地方政府和民间机构各尽其职。在各部门协同发展的同时，还应逐步实施权责下放，如将中央的职责下放到地方政府与基层社区。

（二）加大财政支持与投入

在2014年的年度预算中，教育部制定了加大学前教育领域资金投入力度的目标，但在目标中未设定学前教育的投入占比。为有效解决这一问题，政府应提高对学前教育的重视，完善教育资源投入与配置机制；在增加学前教育专项投入的基础上，扩大经费来源渠道，健全财政统筹体制，扩大地方政府的教育统筹权，从而为学前教育事业的顺利开展保驾护航。

（三）完善学前教师队伍建设和培养体系

教师是提升教育质量的关键。加强幼儿教师队伍建设、提升学前教育教师的保教能力的同时，还应提高幼儿教师的地位和待遇。幼儿园应根据当地学前教育发展的实际情况，增设教师岗位类别和数量，以满足国家保教工作的需要。同时，通过对学前教师进行培训，帮助幼儿教师在日常保教活动中提升教学能力，培养具备满足儿童总体发展和学习需求的高素质教师，不断改善不同发展阶段的园所教育质量水平。除此之外，还要采用新的教学方法以满足儿童的各项兴趣及需求，从而培养儿童各项能力，促进儿童身心的全面发展。

（四）加强学前教育与小学教育的衔接

在 2014 年开始的学前教育改革中，政府通过改革 3—4 岁、4—5 岁和 5—6 岁三个年龄层的学前教育课程，进一步打通了幼小衔接的渠道，但仅依靠课程改革还不够，在进一步落实现有学前教育课程改革的基础上，还应制定全面、科学的幼小衔接行动计划，以推动解决幼儿园和小学教学分离的问题。同时，应引导全社会，特别是教师和家长坚持科学的教育理念，加大对家长进行学前教育重要性的宣导力度，尊重幼儿身心发展规律和学习特点，为学前儿童今后的学校生活和终身发展做好准备。

（五）多样化办学理念与全方位参与

学前教育的总体目标是实现家庭与幼儿园之间的合作，以保证儿童的多样化可持续发展。从世界范围看，发达国家中也仅有个别国家把学前教育的一部分纳入义务教育，其余国家的幼儿园大都是民间创办。因此，家庭、教师、社区和幼儿之间的黏合度对于满足当下社会的多样化需求十分重要。

阿尔巴尼亚作为欧洲人口平均年龄最年轻的国家之一，学前教育的发展对其人才培养具有重要影响。自 20 世纪 90 年代以来，通过加大对学前教育的投入力度，阿尔巴尼亚的学前教育取得了长足进步，师资力量、教育水平、普及程度均得以提升。但是，阿尔巴尼亚学前教育的整体质量与欧盟甚至西巴尔干地区国家相比仍存在差距。要建立健全学前教育体系、提升学前教育质量、使教育公平与包容的观念深入人心，阿尔巴尼亚依然任重道远。

第五章 基础教育

阿尔巴尼亚将学前教育、小学教育和初中教育、高中教育合称为大学前教育。学前教育是大学前教育的第一阶段,小学教育和初中教育是大学前教育的第二阶段,高中教育是大学前教育的第三阶段。为便于与世界大多数国家基础教育进行比较,本章基础教育分为小学教育、初中教育、高中教育三个阶段。

自1912年阿尔巴尼亚独立以来,阿尔巴尼亚的基础教育历经多个发展阶段。从1887年第一所阿尔巴尼亚语学校的建立到发展出较为完善的义务教育体制,在阿尔巴尼亚历届政府与社会各界的不断努力与探索中,具有本国特色的教育体系与发展模式逐渐形成。在欧洲一体化进程中,阿尔巴尼亚尽管依然存在各式各样的问题与挑战,同国际先进的教育水平相比也存在明显差距,但取得的成就仍是令人瞩目的。目前,阿尔巴尼亚的小学教育和初中教育已进入普及化阶段,高中教育即将进入普及化阶段,为国家开展教育事业、培养人才和提高公民素质奠定了坚实基础。

第一节 基础教育的发展与现状

一、教育历史

阿尔巴尼亚近百年的教育发展史,也是阿尔巴尼亚走向统一、实现民族自强的真实写照。1887年,第一所阿尔巴尼亚语学校在科尔察建立。在随后的一个多世纪,基础教育体系逐步形成并得以完善。

(一)二战前期的小学教育——从百废待兴到迈向正轨

1912年,阿尔巴尼亚宣布独立。独立之初,国家教育底子薄、基础弱,普及教育,尤其是普及小学教育,成为这一时期教育工作的首要任务。这一阶段的教育发展目标是开展小学教育并实现义务教育制。政府在许多地区开设小学和中学,举行规模较大的学术研讨会,通过多项基础教育改革的决议。第一次世界大战后,阿尔巴尼亚政府建立了教育局,并在斯库台、地拉那和培拉特三个城市设立了分局,随后出版了一系列小学教材。在索古政府执政期间,基础教育体系进一步发展。1928年宪法第206条规定:"公立学校的基础教育向全体阿尔巴尼亚公民免费。"[1] 通过全国范围内的基础教育改革,阿尔巴尼亚初步建立起以欧洲现代化教育体系为基础的教育体系。

---

[1] 资料来源于阿尔巴尼亚公共政策网。

（二）社会主义时期——小学教育和初中教育的普及与高中教育的开端

解放初期，阿尔巴尼亚基础教育得到大力发展，小学教育和初中教育被纳入国家统一的发展战略与管理体系中。1946年宪法规定小学教育和初中教育为义务教育，政府提供免费教育。这是二战后阿尔巴尼亚首次以宪法形式确定在国内普及小学教育和初中教育，由此，小学教育和初中教育进入发展的第一阶段。国家开始大规模兴建第一批七年制中小学。截至1949年，全国小学数量增长了71%，七年制中小学数量增加了70%，学生人数增加了30%。1961年，国内共有七年制中小学557所。

20世纪60年代，全国基本实现了小学教育和初中教育的全覆盖，[1] 阿尔巴尼亚的小学教育和初中教育进入发展的第二阶段。1963年，国家将义务教育体制由七年改为八年，同时确立了四年制高中教育体制。

在第三阶段，即20世纪70—80年代，国家在普及八年义务教育和确立四年制高中教育的基础上，着手推动高中教育的标准化，并为日后高中教育的普及奠定了基础。这一时期，约90%的学生完成了小学教育和初中教育，74%的学生继续进行高中阶段的学习。

在普及小学教育和初中教育的发展战略下，城市和农村的中小学数量大幅增加。1990年，城市的中小学达到245所，较1950年的92所增加了近2倍。同时，由于国家出台的免费义务教育政策和贫困生奖学金政策，小学和初中的入学率和毕业人数也都大幅增加（见表5.1）。经过社会主义时期的发展，基础教育得到进一步普及，全国文盲率从二战后的80%降至40%以下。

---

[1] 张林辉. 阿尔巴尼亚的教育事业 [J]. 国际论坛，1989（2）：13.

表 5.1 1950—1990 年阿尔巴尼亚城市与农村中小学数量和毕业人数

年份	中小学数量（所）		中小学毕业人数
	城市	农村	
1950	82	111	4 300
1960	132	425	11 200
1970	187	1 187	34 600
1980	323	1 347	60 400
1990	245	1 482	80 400

二、教育现状

据 2020 年出台的《大学前教育机构运行章程》，阿尔巴尼亚的大学前教育分为三个阶段：学前教育阶段、小学和初中教育阶段和高中教育阶段（见表 5.2）。

表 5.2 阿尔巴尼亚现行教育阶段学制

起始年龄	年级	教育阶段		
15	13	高中教育	定向教育（艺术、体育类、外语类）	中级职业教育 1 级
	12			中级职业教育 2 级
	11			中级职业教育 3 级
	10			
11	9	初中教育		
	8			
	7			
	6			

续表

起始年龄	年级	教育阶段
6	5	小学教育
	4	
	3	
	2	
	1	
3		学前教育

小学教育和初中教育是大学前教育的第二个阶段，为义务教育[1]。教学机构可以是五年小学和四年初中一体的学校，也可以仅是五年的小学或四年的初中。教学语言为阿尔巴尼亚语。学生年龄6—16岁，年满16岁但未完成第二阶段教育的学生，可以在非全日制的模式下继续完成学业。据阿尔巴尼亚统计局2020年的数据，完成第二阶段教育的学生中有92%的学生选择继续攻读高中。[2]

高中阶段教育是大学前教育的第三个阶段，又称高等中级教育，分为普通高中教育、中等职业教育和中等定向教育。学习时间上可分为全日制、非全日制。普通高中学习年限为三年，中等职业教育分为三个级别，学习年限两年到四年。中等定向教育培养方向分为艺术、体育和外语，学习年限三年到四年。普通高中的就学年龄不得高于18岁，职业教育和定向教育的就学年龄则较为弹性。[3]

（一）管理机构与组织运作

据《大学前教育机构运行章程》，阿尔巴尼亚教育部为最高组织机构，

---

[1] 2012年，阿尔巴尼亚义务教育的学制从八年增至九年，包括小学五年、初中四年，与欧洲多数国家教育体系中的义务教育年限一致。

[2] 资料来源于阿尔巴尼亚统计局官网。

[3] 此章中的阿尔巴尼亚高中教育不涉及职业教育。

下设的大学前教育核心部门有：大学前教育总局、大学前教育委员会、大学前教育质量保障局和教育服务中心。

大学前教育总局于2019年创建，是教育部下设的执行部门，负责统筹协调四个区域办公厅。具体职责包括：协调专业发展和课程开展；对学校进行检查和评估；管理学校资金和人力资源的分配；组织开展全国中小学毕业考试；收集和管理教育领域的相关数据。

大学前教育委员会于2012年成立，是大学前教育的政策与建议部门，由来自财政部、内务部、社会问题部、各行政区最大规模的协会、全国家长协会以及教育领域的杰出人士组成，负责对大学前教育发展纲要与政策战略的起草提供建议，并对课程及其质量评估进行监管。

大学前教育质量保障局由教育发展司和国家教育监管司于2019年合并而成，主要职责为监管教育体系整体质量。总体负责课程体系建设，确定学校外部评估与学校自我评估的指导方针，提供进行学校外部评估的人员培训，负责教育模式与教学活动中相关技术问题的保障等。大学前教育质量保障局下设课程、标准与资格司，教学法与教学技术司和教育政策发展司。

教育服务中心的前身是于2001年创建的国家评估与考试局，负责技术开发；管理、分析、发布国内和国际教育行业相关评估结果；起草相关法律法规；管理阿尔巴尼亚4个教育数据库。

近年来，大学前教育体系内的地方组织架构逐步拓展和优化，并出现去集中化的趋势。据《大学前教育地方组织架构》条例，大学前教育地方组织框架分为都拉斯区、莱扎区、科尔察区和费里区四个教育办公厅，每一个区域办公厅下设12—16个地方教育办公室，[1]负责向上一级汇报。每一个地方教育办公室下设职业发展与课程监管处以及服务处（见图5.1）。作为

---

[1] 阿尔巴尼亚全国目前共51个办公室。

中央行政的下级单位，区域办公厅配有视察联络员，定期向教育总局汇报，并协同教育部落实全国性的教育政策，共同保障教育质量。

2019年，教育服务职能进一步分散至地方，为学生和家长更好更快地获得教育服务创造了条件。在权力下放的改革中，区域行政部门在大学前教育总局的监管下开始承担学校外部评估的职能。地方教育部门的领导由公开选举产生，候选人需持有教师资格证书，任职期间不得兼有政党身份。

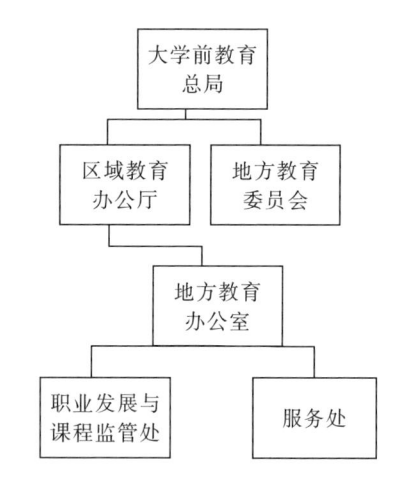

图 5.1 大学前教育地方组织架构

（二）教育改革与培养目标

2012年的《大学前教育体制法》明确规定大学前教育的目标为"促使每一个学生认识、尊重并捍卫民族的认同感、文化传统和多样性；培养品行、审美、智力、思辨能力与创造力，为社会的进步、自由和民主做出应有的贡献"[1]。

在进一步明确欧洲一体化发展方向的基础上，教育部于2015年和2018年分别对2012年出台的《大学前教育体制法》予以修订，进一步提高了大学前教育在国家社会发展中的地位。同时，该法明确了四项与联合国《2030年可持续发展议程》相一致的优先事项：加强领导力和资源管理能力；提供包容性的优质教育；确保与欧盟标准相一致的优质教育；改进职业培训。这四大项发展重点不仅体现了阿尔巴尼亚政府对教育领域的思考

---

[1] 资料来源于阿尔巴尼亚教育部官网。

和探索，还显示了进一步融入欧洲一体化、推进教育全球化的决心。2014年，阿尔巴尼亚教育部通过《大学前教育发展战略（2014—2020年）》，为国家大学前教育发展与改革做出了重要指示。该战略提出了七项改革原则（见表5.3）。

表5.3 阿尔巴尼亚大学前教育发展战略原则及措施

序号	原则	措施
1	素质教育与全纳教育	向学生提供能够平等享有高质量教育的机会，同时保障学生的个性化发展。
2	统一的教育体系	教育机构所提供的学习条件符合欧盟教育精神。
3	生存教育	为学生创造学习新知和增强竞争力的条件，使其适应国家的发展和劳动力市场的转变。
4	基于欧盟教育标准的质量保障体系	大学前教育的法律框架应建立在教育标准和内外部的评估框架之上。
5	去中心化	通过促进教育机构的自治，为去中心化的教育体系创造集中管理的条件。
6	问责制和透明化	加强与完善问责制和透明化所需的法律框架、机制和流程。
7	社区支持	利用所有社会资源为公立和私立教育机构提供财政支持。

该战略进一步明确了大学前教育的四个优先发展领域，即加强对教育资源的管理，提高"善治"能力；进一步提高中小学的办学质量，完善全纳学习与终身学习体系；完善与欧盟标准相一致的质量保障体系和质量监督体系；开展现代化的教师培训。

（三）机构类型与招生

阿尔巴尼亚基础教育机构性质分为公立和私立两类。近年来，中小学的就读人数均呈下降趋势。据国家统计局发布的报告显示，2020年的小学阶段教育人数较 2015 学年下降了 9.6%，初中阶段较 2015 年下降了 19%，高中阶段较 2015 年下降了 17%。[1]

1995 年，阿尔巴尼亚允许开办私立学校，中小学私立教育机构逐年增加。2013—2014 学年，全国共有 121 所私立小学和初中及 116 所私立高中，其中有 3 405 位教师，35 169 名学生（占总人数的 6.9%）（见表 5.4）。[2]

表 5.4 2013—2014 学年阿尔巴尼亚公立和私立小学、初中和高中数据统计

	公立小学和初中	私立小学和初中	公立高中	私立高中
学生人数	342 765	20 643	125 517	14 526
机构数量（所）	1 372	121	381	116
教师人数	22 905	1 872	7 138	1 533

（四）课程体系

小学阶段、初中阶段及高中阶段的课程体系分为小学课程、初中课程和高中课程。课程体系旨在通过加强学生的沟通与表达能力、独立思考与创造力、学习能力、生活能力、集体感和在数字化时代的适应力，达到国家对大学前教育的培养目标。

小学、初中和高中三个阶段的课程分为核心课程与非核心课程。核心课程为 1—12 年级公立中小学学生通用的统一课程，包括语言与沟通、数学、自然科学、社会与环境、艺术、体育与健康、科技七门课程。课程依据《大学前教育体制法》《小学教育核心课程》《初中教育核心课程》《高中教育核心课程》以及国际教育标准分类的三个级别进行了设置（见表 5.5）。

---

[1] 资料来源于阿尔巴尼亚统计局官网。
[2] 资料来源于阿尔巴尼亚教育部官网。

表 5.5 阿尔巴尼亚基础教育课程国际教育标准分类

国际教育标准分类	教育体系级别	课程级别
KSNA[1] 1	小学 I-II	课程 1 级（基础知识获取）
	小学 III-V	课程 2 级（基础巩固与拓展）
KSNA 2	初中 VI-VII	课程 3 级（基础知识深化）
	初中 VIII-IX	课程 4 级（基础巩固与专业探索）
KSNA 3	高中 X-XI	课程 5 级（核心知识拓展）
	高中 XII	课程 6 级（核心巩固与专业定位）

小学和初中的非核心课程可依据学生的兴趣、需求和所在学校的条件，由校长和教师共同制定实施。教学规划应包括一个学年内两个学期的教学计划，并细化至每天的教学内容。教师需在每一学期开始时将教学计划提交至校董事会，审核通过后方可执行。

高中的非核心课程进一步分为国家统一规定的自选课程和所在高中开设的课程。所在高中开设的课程可以是跨学科的，也可以是跨学校的，根据学生的兴趣、爱好和所在学校的条件开设。教学规划与小学和初中相同。另外，高中阶段还需包含社区服务等实践类课程。

---

[1] KSNA 是 Klasifikimi Standard Ndërkombëtar i Arsimit（国际教育标准分类）的缩写。

（五）教育支出与投入

阿尔巴尼亚基础教育资金来源包括：国家预算及拨款，地方政府拨款，捐赠与赞助以及教育机构的营利。

公立机构的教育资金下拨由财政部统筹，再由地方政府根据学校的规模予以拨款，用于学校日常事务或紧急情况等小额支出，标准及细则由议会审批通过。由财政部预算中心创立单项基金，各公立学校可参与竞标，竞标标准由教育部和财政部拟定。这两类基金的设立由教育部和财政部共同决定。

私立机构的资金来源一部分由政府拨款，但拨款对象需具备超过五年的办学资质，并且是非营利的教育机构。议会根据私立学校的排名、学生在全国中考（或高考）以及国内外竞赛中的表现确定拨款金额。

据联合国公布的年度报告，2019年阿尔巴尼亚政府在教育领域的支出占国内生产总值的3.2%，占全国公共支出的10.4%。这两个数据均低于联合国教科文组织于2015年通过的《仁川宣言》中的目标占比，即占国内生产总值的4%—6%或至少占公共支出的15%—20%。在整体支出中，基础教育占比最高，超过50%，其次为职业教育和高等教育。[1]

（六）师生比

小学阶段的师生比最高，近五年来的平均值为1∶16.4，其中公立学校的师生比高于私立学校两个百分点；其次是高中阶段，近五年来的平均值为1∶11.2，其中公立学校为1∶13.9，私立学校为1∶8.5；初中阶段的师生比最低，平均值为1∶8.9，其中公立学校为1∶10，私立学校为1∶7.7。近年来，

---

[1] 资料来源于联合国驻阿尔巴尼亚官网。

教师资源短缺问题有所改善，师生比逐步减小，但比值仍高于欧盟国家。[1]

（七）升学模式

基础阶段的教育涉及三次全国性考试，这些大规模考试在大学前教育质量保障局的监督下由大学前区域教育办公厅、地方教育办公室和教育服务中心协同组织开展，考试成绩也由以上机构发布，并综合每年的考试成绩发布分析报告。

第一次考试为小学毕业考试，考试科目为阿尔巴尼亚语、数学和自然科学三门课程，其中自然科学包含生物、化学、物理和地理四个科目的综合知识。

第二次考试为初中毕业考试，即初中毕业时，学生需参加由教育部组织的基础教育水平考试，考试科目为阿尔巴尼亚语、数学和外语。少数民族学生的考试科目为母语、阿尔巴尼亚语和数学。成绩不及格者可以在下一学期重修。高中阶段实行分流教育，初中毕业生根据成绩报考不同类型的高中，包括普通高中、技术中学、职业中学等。

第三次考试为高中毕业考试，为全国统考，考试科目分为必考科目和自选科目。必考科目为阿尔巴尼亚语和文学、数学、外语，自选科目由教育部根据各个学校开设的课程确定。成绩不合格者可在下一学年重考。

第二节 基础教育的特点与经验

近年来，随着欧洲一体化进程的不断推进，阿尔巴尼亚的基础教育在理念、模式上逐步实现与欧盟教育理念的对接，并展现出以下发展趋势。

---

[1] 资料来源于阿尔巴尼亚统计局官网。

一、教育理念的新发展

2015年9月25日,联合国大会通过《2030年可持续发展议程》,议程的核心是确立17项可持续发展目标,其中第4项"教育"的核心宣导理念为"优质教育"与"全纳性教育",旨在通过包容和公平的优质教育,让全民终身享有学习机会。在这一理念的引导下,阿尔巴尼亚出台了相应的基础教育改革措施。

2020年,阿尔巴尼亚教育部联合财政部发布了《2020年财政蓝皮书》,其中对基础教育领域给予了高度重视,包括新建或修缮了180个基础教育场所、1 800—2 000个中小学课堂或实验室;为28 000—30 000名距离学校超过2公里的中小学生和10 000名距离学校超过5公里的中小学教师设立校车;为24万名中小学生免费提供教科书;为1 300—1 400名中小学生免费提供餐饮;提高公立高中女性就读率;提高职业高中的毕业人数,由2019年的3 300人提高至3 600人。[1]这些具体措施和明确指标为提高阿尔巴尼亚基础教育质量提供了政策支持与保障。

二、国际视野与本土探索

近年来,在基础教育领域,阿尔巴尼亚一直在探索将本国实际和全球视野相结合的有效模式与路径。在持续推进基础教育普及化的同时,阿尔巴尼亚积极参与国际教育项目,其中最为重要的为"国际学生能力评估计划"。[2]

PISA测试评估主要分为三个领域:阅读素养、数学素养及科学素养。

---

[1] 资料来源于阿尔巴尼亚财政部官网。

[2] "国际学生能力评估计划"(Programme for International Student Assessment,以下简称PISA),由经合组织发起的国际性教育评估项目,从2000年开始,每三年对全世界的15岁学生进行能力评估。

通过积极参与此类国际性的测评项目，阿尔巴尼亚政府不仅可以了解到本国中小学的教学效果，同时可以在国际比较中认识其自身在这一教育阶段的优势与薄弱环节，并通过反思做出相应的调整。

2000年，阿尔巴尼亚首次参加PISA测试。尽管从成绩看，目前阿尔巴尼亚与经合组织成员国的平均水平相比仍有较大差距，但通过教育改革等措施，阿尔巴尼亚学生的表现呈显著提高的趋势，其中数学成绩的提高最为显著。

三、基于反思的课程改革

在PISA的国际经验和本土探索中，2014年的《大学前教育发展战略（2014—2020年）》进一步明确了"培养自由市场经济环境下需具备的知识、技能、竞争力"的培养目标，同时启动了基础教育课程改革。

改革首先确立了"5+4+3"的基础教育阶段划分，即小学五年、初中四年、高中三年。同时，在反思上一阶段的课程设置及其效果的基础上，通过课程设置模块化、国际化以及体系构建，进一步打通传统教学模式的局限，增强教学的灵活性与适用性。另外，改革还通过培养学生七项核心竞争力，即沟通与表达能力、创造性与批判性思维、学习能力、贡献力、健康的心态、良好的公民责任感、数字化时代的适应力，进一步向欧盟的教育标准靠拢。

四、女性受教育权利持续改善

教育中的性别平等观念是阿尔巴尼亚教育体系向欧盟靠拢的又一重要

特征。近年来，阿尔巴尼亚政府出台的一系列政策进一步保障了基础教育中女性受教育的权利。据阿尔巴尼亚统计局发布的《2020年国内男性与女性报告》显示，阿尔巴尼亚性别平等指数[1]在小学和初中及高中教育阶段基本达标（见表5.6）。

表5.6 2013—2018年阿尔巴尼亚小学和初中及高中教育阶段性别平等指数

年份	2013	2014	2015	2016	2017	2018
小学教育和初中教育	0.98	0.98	0.98	0.98	0.97	0.95
高中教育	0.88	0.89	0.93	0.93	0.93	0.92

由上表可见，在小学教育和初中教育及高中教育阶段中，性别比例指数区间为0.88—0.98，其中小学和初中阶段的平均指数为0.97，呈小幅下降趋势，高中阶段平均指数为0.91，呈小幅上升趋势。小学教育和初中教育阶段及高中阶段女性受教育的机会略低于男性。另外，从毕业生的男女比例来看，2018—2019学年，小学和初中女性占比47.4%，高中女性占比52.1%。

第三节 基础教育的挑战与对策

相比于高等教育，阿尔巴尼亚的基础教育经历了较长的发展阶段。由于国家经济发展水平有限及政治模式的更迭，基础教育展现出较明显的不连续性。1990年后，伴随欧洲一体化进程和国家经济建设的加快，阿尔巴尼亚在积极探索优质的基础教育发展之路，同时仍面临资金不足、教育机构的监管力度不够等挑战。

---

[1] 性别平等指数（Gender Parity Index）是一个社会经济指标，通常用来计算男性与女性获得教育的相对机会。

一、基础教育的挑战

（一）教育质量在数字化时代的挑战

2018 年，阿尔巴尼亚学生在 PISA 的三项测试成绩均远低于经合组织成员国和世界平均水平，分别为阅读 405 分（OECD 均分为 487 分）、数学 437 分（OECD 均分为 489 分）、科学素养 417 分（OECD 均分为 489 分）。

在 2018 年的 PISA 测试中，在阅读方面，48% 的阿尔巴尼亚学生达到 2 级及以上水平（OECD 为 77%），近 2% 的学生能够达到 5 或 6 级水平（OECD 为 9%）；[1] 在数学科目中，58% 的学生达到 2 级及以上水平（OECD 为 76%），2% 的学生达到 5 或 6 级水平（OECD 为 11%）；[2] 在自然科学素养中，53% 的学生达到 2 级及以上水平（OECD 为 78%），小于 2% 的学生能够达到 5 或 6 级水平（OECD 为 7%）。[3]

PISA 测试的成绩直接反映出了阿尔巴尼亚基础教育中的问题。在 2018 年的测试中，测试重点放在了学生在数字环境下的阅读能力和科学素养，阿尔巴尼亚学生在这两项中的表现最为薄弱，这直接反映出在阿尔巴尼亚的教育过程中明显缺乏对数字化教学设备的使用以及对相关教师的培养。

（二）地区教育发展水平不平衡

阿尔巴尼亚基础教育受到国家社会经济发展水平的影响，经济发展水

---

[1] 2 级及以上水平即学生可以从长短适中的文本中获取大意和中心思想，5 或 6 级水平即学生可以从大段的文本中获取较为抽象和复杂的概念。

[2] 2 级及以上水平即学生可以在没有他人指导的情况下理解和阐释基本数学现象，5 或 6 级水平即学生可以熟练运用数学方法模拟复杂的现象，并可独立选择解决这些问题的适当策略。

[3] 2 级及以上水平即学生能够做到至少可以识别简单的科学现象并做出正确解释，同时通过相似现象检验数据和结论的准确性，5 或 6 级水平即学生能够独立和具有创造性地将科学知识运用于广泛的案例中。

平较高的西南部和东南部的基础教育水平明显高于东北部。西南部的台佩莱纳、萨兰达、佩尔玛特和东南部的科尔察等城市的教育质量高于全国教育质量的平均值，而北部的普卡、米尔迪达、库克斯则处于均值以下。城市化发展水平不平衡，当地文化传统、宗教差异，年龄结构不均等是造成这一问题的主要原因。

（三）持续低迷的财政投入与较为单一的财政来源

阿尔巴尼亚在教育领域的投入占比一直处于欧洲国家中的较低水平。2018年，教育支出占国内生产总值的3.2%，远低于欧盟国家的均值5.1%。据阿尔巴尼亚教育联盟官网公布的数据显示，2015—2018年，政府对基础教育的投入力度持续下降，与政府所做的承诺相悖。[1] 除了较低的财政投入水平，基础教育阶段的财政来源也较为单一，绝大部分来源于国家的财政投入，而近年来国外的支持显著下降，在2014年后基本为零。这也反映出大学前基础教育阶段缺乏优质的跨国合作项目，进一步阻碍了基础教育的国际化发展。

（四）残障女性受教育权利有待提高

教育中的性别平等是体现教育公平的重要指标，也是欧盟持续推动阿尔巴尼亚改进的方面之一。在基础教育阶段，阿尔巴尼亚基本保障了普通女性的受教育权利，但残障女性学生的受教育权利仍需进一步维护。近年来，处于基础教育阶段的残障学生中，女性占比均低于男性，尤其在小学和初中阶段，这一差距更为明显。当然，残障女性的受教育机会与各地区

---

[1] 资料来源于阿尔巴尼亚教育联盟官网。

的经济发展水平息息相关，如在较为发达的大城市，残障女性就学占比普遍较高。

二、基础教育的对策

（一）持续推进基础教育均衡发展

小学教育和初中教育是阿尔巴尼亚依法统一实施、所有适龄儿童必须接受的教育，是教育工作的重中之重。阿尔巴尼亚应继续加大义务教育投入，改善办学条件，加强教师队伍建设，提高教育教学质量。同时，在促进区域间的教育均衡发展上进行更多探索，解决教育在地区间的发展不平衡问题。用各种途径吸引优秀的青年加入教师队伍，通过师资流动、委托管理和学校结对等机制，实现教师资源的均衡发展。

（二）基础教育改革"求新求变"

阿尔巴尼亚基础教育须始终与时代发展的大潮同行，在保持本国传统教育模式的基础上，应不断"求新求变"，推动创新教育的发展。在课程改革中，继续推进模块化教学，进一步在国际化视野下完善课程设置和体系构建，持续推动以培养新时代核心竞争力为导向的课程改革。在教学模式上，可通过引入"慕课"以及搭建网络教育资源平台，打破传统的"直线"学习过程，促进学生线上学习发展模式。在教学手段上，教师应不断学习新知识，更新教学法和教学理念，掌握现代信息技术。只有这样，才能更好地推动教育在新时代下的良好发展。在教育理念上，加强以学生为主体的课程导向，提高家长作为学生学习过程中的重要参与者的作用，确保学校、学生和家长三方的通力合作。

（三）实施有效教学

在 PISA 测试的结果中，三个科目的最高分和最低分差距较大，这直接反映出基础教育阶段明显的两极分化现象。在清楚认识到这一问题的基础上，还需要政府和教师的共同努力。学校可适当控制班级规模，采取小班教学。教师可以通过加强班级管理，对偏科学生进行引导，促进教师教育对学生学习生活方面的积极影响，让参与班集体活动的学生能够学有所用、学以致用。

（四）加大财政支持

为有效解决财政资金不足这一问题，阿尔巴尼亚政府加大对基础教育的重视，完善教育资源投入与配置机制。在增加基础教育投入的同时，扩大经费来源渠道，通过地区性、国际性项目的建设，增加资金来源渠道，使国家对基础教育的投入满足其长远发展的需要。

（五）持续推进性别平等

保障性别平等已写入阿尔巴尼亚宪法，并在各项教育政策中都得到了体现。在教育领域，是否能够确保性别平等，还需要国家、社会、教育者和家庭的共同努力。基础教育阶段学生的性别差异将直接影响高等教育男女生的入学率，进而对国家的稳定发展产生重要影响。因此，阿尔巴尼亚应加大政策宣传力度，采取有效可行的措施保障女童的受教育权利。

基础教育在整个阿尔巴尼亚教育体系中起到了承上启下的作用。自

1887年阿尔巴尼亚第一所小学建立以来，阿尔巴尼亚的基础教育历经一百余年的发展。尽管各时期阿尔巴尼亚教育的发展具体目标不同，但基础教育始终都是教育部门的重要发展事项。20世纪90年代以来，阿尔巴尼亚基础教育基本实现普及化。在欧洲一体化进程中，阿尔巴尼亚政府通过引入欧盟基础教育理念、改革核心基础课程框架、加入PISA测试等措施，进一步探索具有国际视野并适合本国国情的教育体系与发展模式，为国家青少年综合素质的提高提供了有力保障。

第六章 高等教育

自 1957 年第一所大学成立以来，阿尔巴尼亚的高等教育已历经半个多世纪的发展。尽管高等教育的发展与改革面临种种阻碍，但其仍取得了显著成就。如今，阿尔巴尼亚的高等教育已进入大众化阶段，实现了历史性的跨越，初步形成在欧洲一体化进程中具有本国特色的教育模式，为本国经济社会发展提供了关键的智力支撑。

第一节 高等教育的发展与现状

一、教育历史

阿尔巴尼亚的高等教育起步较晚。1990 年前，阿尔巴尼亚高等教育基本参照苏联模式。1957 年，阿尔巴尼亚第一所大学——地拉那国立大学（今地拉那大学）——建立，标志着阿尔巴尼亚高等教育的开始。此后，一批高等教育机构或分校相继创办，并于 1988 年设立教育部，高等教育正式被纳入国家发展规划。

20 世纪 90 年代初，阿尔巴尼亚面临政治转型、经济结构调整等转变，与之相应，高等教育领域也进行了一系列调整。1991年，地拉那大学工程技术系、农学系并入地拉那理工学院和地拉那农学院，并相继成为阿尔巴尼亚转型后的第一批大学——地拉那理工大学和地拉那农业大学。

伴随阿尔巴尼亚转型初期在政治经济领域开始的"回归欧洲"进程，高等教育也在过去的20余年里逐步迈向欧洲高等教育一体化。因此，阿尔巴尼亚高等教育的政策制定受到欧洲"博洛尼亚进程"和"里斯本战略"两项主要高等教育举措的影响，为阿尔巴尼亚加入欧洲高等教育区奠定了基础，也为阿尔巴尼亚高等教育改革明确了路径。以2003年阿尔巴尼亚签署《博洛尼亚宣言》和高等教育改革在不同时期的特点为依据，其转型后的高等教育大体分为三个发展阶段：发展初期（1992—2003年）、发展中期（2004—2013年）和发展后期（2014年至今）。

（一）转型初期的高等教育发展及改革（1992—2003年）

这一时期，阿尔巴尼亚政府的主要工作是建立高等教育总体框架，在法律层面对传统的高等教育体系进行技术性调整，以适应新的政治、经济与社会秩序。

转型的前三年，高等教育完全由国家主导，高等院校缺乏自主权。1994年，《高等教育法》出台，阿尔巴尼亚高等教育体系开始建立。同时，扩大公立高等学校的数量和办学规模成为转型初期政府在教育领域的首要任务，也成为历届政府的目标之一。据统计，1992—1994年，全国只有两所大学，注册学生人数为14 000人。根据1994年《高等教育法》，教育部决定将地拉那以外的高等教育机构升级为大学，由此更名的有爱尔巴桑大学、斯库台大学、吉诺卡斯特大学和科尔察大学。截至1999年，阿尔巴尼亚全国共有8所大学（含三所学院：艺术学院、体育学院、高级护理学院）。2005年，公立大学已遍布阿尔巴尼亚所有主要城市。这些高等教育机构开始提供各项学习计划和科研项目，标志着阿尔巴尼亚高等教育开始迈出拓宽专业的第一步。此举有利于高等教育与就业市场的结合，对国家经济结构转型有着非凡的重要性。但由于转型时间短、任务急，在学院改为大学的过程中也产生了各种问题，比如：国家的财政支持不到位、大学的课程设置并非有效结合就业市场的需求、缺乏相应的评估体制和标准等。这些转型初期的弊端直接影响了之后阿尔巴尼亚高等院校的办学质量。

1998年，阿尔巴尼亚议会批准了新的《高等教育法》，其核心内容是赋予大学更多的自主权和自治权，更加关注私立高等教育，为实施"博洛尼亚原则"和相关标准奠定基础。同年，政府组建了高等教育公共认证局，负责评估高等教育机构质量，认证现有或新型高等教育项目，为高等教育机构的创建和审核提供更清晰的标准和保障。

总体上看，这一阶段，阿尔巴尼亚高等教育尽管取得了显著成就，但整体发展缓慢，主要原因是政府对高等教育的未来发展没有明确的规划。同时，在转型初期，高等教育的发展也遭受了严重的打击。从前社会主义国家到向"西"看，从移植苏联高等教育模式转向欧盟高等教育模式，导致阿尔巴尼亚社会、政治、经济和教育领域产生了严重的不适性。因此，在2003年阿尔巴尼亚签署《博洛尼亚宣言》时，其高等教育体系还远未达到欧盟成员国高等教育体系的标准。

（二）高等教育改革进展（2004—2013年）

2003年，阿尔巴尼亚教育部部长在柏林部长会议上签署了《博洛尼亚宣言》，正式加入"博洛尼亚进程"，成为欧洲高等教育区46个国家中的一员。这一进程为阿尔巴尼亚提供了"共同的欧洲高等教育区"的崭新概念，并开启了欧洲一体化框架下高等教育的改革及高等教育现代化的进程。为了落实"博洛尼亚进程"中的各项原则和目标，阿尔巴尼亚政府出台了相关法案，逐步在高等教育领域进行了调整。高等教育领域的相关立法也体现出与欧盟高等教育更紧密的相适性，阿尔巴尼亚高等教育的发展进入了新的阶段。

2007年，阿尔巴尼亚出台第三部《高等教育法》。2008年，《国家高等教育战略（2008—2013年）》第一次将高等教育体制改革纳入国家发展战略，标志着阿尔巴尼亚在高等教育领域与"博洛尼亚进程"开始全方位对接。由此，高等教育改革取得了显著的成就，以变更立法、提高质量、实现高等教育机构充分的财务自主权和学术自由等为主要内容，进一步在"博洛尼亚进程"框架下推动了高等教育的现代化发展和高等教育改革的深化落实。具体措施包括：进一步普及高等教育；调整学位结构和资格框架；建立学分转换与学位互认标准；加大高等教育机构的自主权，从之前的"自上而下"的模式调整为"自上而下"与"自下而上"相互作用的模式，包括提高高校经费预算、管理层任命等权力，允许高校自主决定教学内容和科研项目等，完善与落实问责制；逐步放开高校选择与国外院校的合作方式。在这一时期，国家还建立了教育质量保障体系，对高等教育机构的创办和优质发展提供了保障机制。该体系的目的在于：提高阿尔巴尼亚高等教育的质量；加强评估过程中的质量意识，改善高等教育机构的内部机制建设；确保阿尔巴尼亚高等教育系统进一步融入欧洲高等教育体系。

这一时期有两个显著特点。一是高等教育机构数量与招收人数的迅速扩张。据统计，阿尔巴尼亚高等教育的毛入学率从2000年的15.6%增至2013年的70.35%，13年间增长了近5倍，表明这一阶段高等教育的大众化与普及化。二是大力发展私立高等教育。阿尔巴尼亚政府在《国家高等教育战略（2008—2013年）》中声明，将通过优先发展私立高等教育和加强公立与私立教育的合作，使高等教育更好地以本国经济发展和就业市场为导向，在当今经济高速发展的大环境下，更好地融入经济社会发展，应对全球化和就业市场的激烈竞争。2005—2013年，阿尔巴尼亚国内创建了将近

50 所私立高等院校，私立高校招生数量也增长了 15 倍。截至 2014 年，阿尔巴尼亚成为欧洲每百万居民拥有私立高等教育机构数量最高的国家。

（三）高等教育改革深化（2014 年至今）

2013 年，政府出台《国家发展与融合战略（2015—2020 年）》，并以此为框架在 2015 年制定了《高等教育与科学研究法》，进一步加大了阿尔巴尼亚高等教育与"博洛尼亚进程"的相适度。主要措施有进一步完善办学模式，提高高等教育质量，优化资金来源与运用，调整管理制度、课程设置并加强专业多样性和综合性等。

总体来看，这一阶段的高等教育改革取得了显著成就，但由于新一届政府与前一届政府理念上的差异，2003—2013 年实行的改革政策部分被继承，部分被纠正甚至废除。可以看出，阿尔巴尼亚高等教育改革一方面与欧盟高等教育的改革密切相关，另一方面也与阿尔巴尼亚国内政治环境息息相关。为了更好地符合"博洛尼亚进程"中的各项标准，阿尔巴尼亚高等教育还需进一步深化改革，逐步达到欧洲其他高等教育体系的标准。

二、教育现状

从加入"博洛尼亚进程"至今，阿尔巴尼亚高等教育在欧洲一体化框架下基本步入正轨，不论是从组织架构、政府的支持力度，还是从办学规模和形式，都在向着继续推进和深化高等教育改革的方向迈进。

（一）高等教育管理机构与组织运作

阿尔巴尼亚高等教育的最高管理机构是教育部。[1]在现有法律的框架内，教育部在高等教育领域主要负责高等教育和科学研究的政策制定、颁布、实施，管理教育科研项目，保障国家公立、私立高等教育机构质量及各项政策的落实。

依据2007年出台的《高等教育法》及随后出台的一系列增订法，为了使高等教育管理工作更加高效、管理职责更加明确，阿尔巴尼亚教育部下设高等教育与科学研究委员会、教育服务中心、高等教育财政局、科研与创新局、高等教育质量保障局、认证理事会来管理各类院校教育教学事宜（见图6.1）。

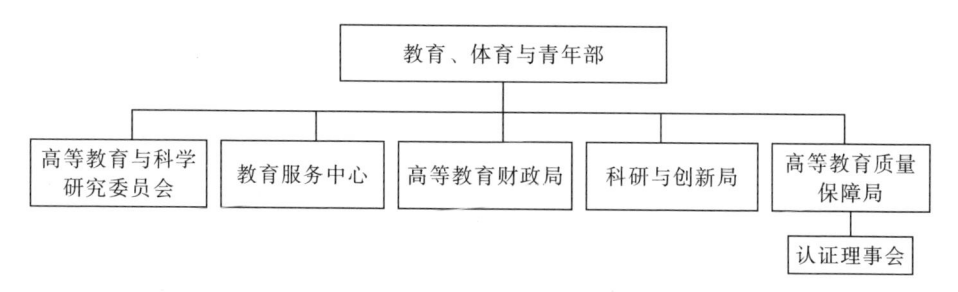

图6.1 阿尔巴尼亚高等教育组织架构

高等教育与科学研究委员会负责在国家现有法律框架和《博洛尼亚宣言》框架内制定高等教育发展政策与战略，起草课程及其质量评估监管规划。

教育服务中心为公民、高等教育机构、第三方机构等提供组织、监督、审查等与教育及教育改革相关的服务。高等教育机构每学年须向中心汇报本科生、硕士、博士三个层级的招收人数、毕业人数等数据。

---

[1] 全称为阿尔巴尼亚教育、体育与青年部。阿尔巴尼亚教育部曾进行过多次重组和更名，1988—1997年为阿尔巴尼亚教育与文化部，1998年更名为教育与科学部，2013年更名为教育与体育部，2018年改为教育、体育与青年部并沿用至今。

高等教育财政局负责统筹高等教育机构规划和分配公共资金，包括教学、科研、行政参与等事宜，向高等教育机构发放公共资金、奖学金。

科研与创新局负责管理科学技术研究并将其纳入高等教育体系；公布高等教育科研国际合作项目信息并进行协调；通过各项研究项目的资金支持和奖励，促进国内外和区域间的科研交流，为国家的可持续发展提供智力支持。

高等教育质量保障局是阿尔巴尼亚高等教育领域唯一一家质量监督和评估机构。依据《高等教育质量规范》，每年公布高等教育机构及项目的年度报告，负责监管和评估高等教育质量。高等教育质量保障局负责人由总理任命。

认证理事会隶属于高等教育质量保障局，由 11 名成员组成，其中外籍成员 3—5 名。成员须具备一定的学术素养并具有丰富的教学和科研经验。理事会成员和理事长由总理任命。

（二）高等教育发展愿景与培养目标

《高等教育法》《国家高等教育战略（2008—2013 年）》《国家科学、技术与创新战略纲要》《高等教育与科学研究法》等一系列里程碑式的政策和纲要见证了阿尔巴尼亚高等教育的发展，对阿尔巴尼亚高等教育的发展做出了重要规划和展望，为高等教育人才培养和高等教育体系优化设立了较明确的目标。

阿尔巴尼亚高等教育当前的发展改革目标有二。一是进一步明确加入欧盟的中长期目标，加快本国高等教育与欧洲高等教育的一体化进程。具体措施包括：提高高等教育质量，优化高等教育结构，促进高等教育公平性，增强高等教育体系的统一性；建立管控与问责制，打击高等教育系统内部腐败；以国内和欧盟的劳动力市场需求为导向，调整大学课程结构，促进产学研的结合;通过参与国际研究项目,加强与国际高等教育的合作与交流。二是加强高等院校的科研与创新,使之成为国家知识创新、技术创新、国防创新、区域创新的重要阵地。

2015年颁布的《高等教育与科学研究法》明确阐述了高等教育的使命与目标,即创建、发展、转化和保护教学与科研成果;保持知识技能、道德伦理和体能发展间的平衡;培养高级别、高素质青年人才,为经济、社会、文化等国家优先战略发展领域输送人才;推进国家民主化进程;向民众提供平等接受高等教育的机会;加强公共与国家安全。

(三)高等教育机构发展现状

1. 高等教育与科研机构类型

遵循1998年宪法和2015年《高等教育与科学研究法》第三章第17条的组织架构,目前,阿尔巴尼亚高等教育机构根据其财政来源可分为公立高等教育机构和私立高等教育机构。公立高等教育机构由政府直接拨款或由其他合法途径获得财政支持;私立高等教育机构性质可分为营利和非营利两种。根据办学类型可分为大学、研究院、大学学院、高等专科学校和私立大学高等学校五种类型(见图6.2)。

阿尔巴尼亚的大学同国际上的大部分大学的性质、功能相同,是涵盖多学科、专业齐全、特别强调系统理论知识、教学与科研并重的高等学校。大学设有工学、理学、法学、经济学、医学等学

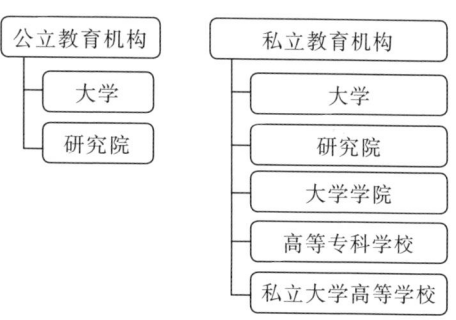

图 6.2 阿尔巴尼亚高等教育机构的类型

公立教育机构:大学、研究院

私立教育机构:大学、研究院、大学学院、高等专科学校、私立大学高等学校

科，学制 3 年。《高等教育法》规定，大学须创建至少 3 个学院。

阿尔巴尼亚的研究院数量较少，规模不大，本着因材施教的原则实行小班授课和个别教学，以培养和发展学生的个性和才能。研究院须具备能够提供本科生、硕士、博士三个层次学习项目的资质。

大学学院需至少包括两个学院并可提供本科和硕士两个层次的学习项目和科研项目。

阿尔巴尼亚高等专科学校大多建校时间较短，所设专业较少，但特色突出，一般设有工程、技术、农林、经济、金融、工商管理、设计、护理等专业。其课程设置和内容除必要的基础理论外，多偏重于应用，专业分类较细，教学安排紧凑。学制较短，一般为 2 学年。教学活动为 1—2 学年，分别对应 60 和 120 个欧洲学分，可以与大学和大学学院联合授课。高等专科学校还可隶属于大学或大学学院。

大学高等学校在 21 世纪初经政府大力推动而迅速发展，但近年来其合法性一直受到质疑，因此，阿尔巴尼亚政府叫停了大部分学校，目前国内仅存两所。

据阿尔巴尼亚教育部统计，目前国内共有 58 所高等教育机构：公立机构 20 所，私立机构 38 所。其中有 22 所大学（12 所公立机构，10 所私立机构），17 所大学分校（5 所公立机构，12 所私立机构），5 所研究院（3 所公立机构，2 所私立机构），10 所大学学院（全部是私立机构），2 所高等专科学校（全部是私立机构），2 所大学高等学校（全部是私立机构）。[1] 目前可开展科研活动的高等教育机构共 38 所（14 所公立机构，24 所私立机构），其他部委体系中具有科研性质的机构约有 20 所。

---

[1] 资料来源于阿尔巴尼亚高等教育质量保障局官网。

2. 阿尔巴尼亚高等教育学科分类及招收情况

据阿尔巴尼亚统计局于 2019 年发布的数据显示，阿尔巴尼亚高等教育机构中普遍开设的专业可以分为十大学科门类，包括：教育学；艺术与人文学科；社会科学、新闻学；商科、管理与法学；自然科学、数学及统计学；信息技术与通信技术；工程、制造及建筑学；农学、兽医学；卫生与福利；服务类专业。

从近年来阿尔巴尼亚公立和私立高校在各学科的招录情况看，商科、管理与法学；工程、制造和建筑学一直是相对热门的学科，这也反映了阿尔巴尼亚社会发展需求和人才培养方向之间的相互影响。这些学科直接影响生产力，因此可以获得相对充足的科研经费。教育学、艺术与人文学科近年来呈下降趋势，世界其他国家的高等教育也发生了此类现象，这与就业难、产出慢等问题相关（见表 6.1）。

表 6.1　2014—2019 年阿尔巴尼亚高等教育机构学科门类及招生人数 [1]

学年	2014—2015	2015—2016	2016—2017	2017—2018	2018—2019
教育学招生人数	13 654	11 236	11 779	10 689	10 062
艺术与人文学招生人数	17 588	17 095	17 278	15 441	14 348
社会科学、新闻学招生人数	10 462	13 073	10 004	12 259	14 086
商科、管理与法律学招生人数	42 089	41 523	36 471	30 233	33 447
自然科学、数学及统计学招生人数	10 473	6 719	7 816	6 325	7 060

---

[1] 资料来源于阿尔巴尼亚统计局官网。

续表

学年	2014—2015	2015—2016	2016—2017	2017—2018	2018—2019
信息技术与通信技术招生人数	9 560	8 260	7 487	8 228	10 016
工程、制造及建筑学招生人数	18 728	18 005	18 480	18 730	20 019
农学、兽医学招生人数	10 171	8 383	7 086	4 564	4 999
卫生与福利招生人数	22 780	21 550	20 900	19 837	20 727
服务类专业招生人数	5 022	2 433	2 306	3 088	4 279

3．高等教育机构招生情况

阿尔巴尼亚各类型高等教育机构是开展本科教育与研究生教育的基本教育机构，均有资格招收本科生和研究生，但公立和私立高校的发展有多方面的差异。

在招生规模方面，公立和私立高校招收本科生的数量相当，另外还有部分工艺学院也能够提供少量学士学位课程。但在硕士和博士研究生阶段，公立高校的招生数量远超过私立高校，研究生教育主要在公立大学展开。

2018—2019 学年，高等教育机构注册人数为 139 043 人，与上一学年相比增长了 5%。但就近 5 年的数据显示，2018—2019 学年较 2014—2015 学年下降了 14%。其中本科生 85 234 人，公立学校学生注册人数占总人数的 81.4%。高等院校学生注册人数近年呈下降趋势。同时，从毕业人数看，与注册人数相差较大，平均仅占注册人数的 25% 左右（见表 6.2）。

表 6.2 2014—2018 年阿尔巴尼亚高等教育机构招生情况 [1]

学年	2014—2015	2015—2016	2016—2017	2017—2018
注册人数	162 544	148 277	141 410	131 833
毕业人数	33 654	31 865	35 388	34 331
本科人数	19 152	18 652	20 423	20 108

4. 高等教育学位体系与课程设置

据 2015 年《高等教育法修订案》第六章第 70 条规定，阿尔巴尼亚高等教育体系中的学位与年限的制定与"博洛尼亚进程"中的欧洲学分转换系统相吻合，分为一级学位（本科）、二级学位（硕士）、三级学位（博士），分别对应阿尔巴尼亚高等教育资格框架[2]中的第六级、第七级、第八级。公立和私立高等教育机构根据学位层次为学生提供多种课程培养方案及项目。从数量上看，2018 年，由高等院校提供的项目类别分为本科、硕士、博士和长期项目，项目总数约 1 500 项，其中公立院校提供约 700 项。从项目级别划分看，650 项为本科项目，750 项为硕士项目，100 项为博士项目（见表 6.3）。阿尔巴尼亚两种类型的公立高等教育机构（公立大学与公立研究院）和四种主要的私立高等教育机构（私立大学、私立研究院、私立大学学院、私立高等专科学校）是开展高等教育课程并颁发学位的基本单位，学士、硕士及博士学位经教育部授权，由高等教育机构授予。

---

[1] 资料来源于阿尔巴尼亚统计局官网。
[2] 阿尔巴尼亚高等教育资格框架是指授予不同类型高等教育学历、学位的学术资格框架。

表 6.3 阿尔巴尼亚高等教育各层次项目数量（个）

本科	普通硕士	专业硕士	学术硕士	博士
650	250	350	150	100

阿尔巴尼亚高校的学士学位课程年限一般为3年，高等职业学位课程年限为2年。各专业的课程方案由学校和所在院系共同制定。本科阶段的教育目标通常注重通识教育和专业教育的结合。因此，学生既要修习学校面向全体本科生开设的公共课程，也要完成本专业的专业课程。硕士学位课程年限一般为1—2年，博士学位课程年限2—6年。此外，阿尔巴尼亚学制系统还包括专业学位，提供医药学、工程学、法学、兽医学等领域的课程和研究项目，学制一般为2年，主要针对长期从事专业实践的人员，攻读专业学位的学生须通过综合考试和毕业论文最终获得专业学位。

1990年后，阿尔巴尼亚历届政府便积极参与欧盟高等教育框架内的高等教育项目，如"田普斯计划"[1]"伊拉斯谟加计划"等。通过参与此类计划，阿尔巴尼亚开启了高等教育改革进程，如确立三级学位体制、统一课程体系与学分转换体系、认可在欧盟高等教育区的学历、建立终身学习计划、建立高等教育保障体系等，对高等教育的发展产生了深远影响。这类项目不仅使阿尔巴尼亚高等教育机构获得了更多的资金支持，还通过联合培养计划，促进了教学和科研人员的流动，加强了阿尔巴尼亚与欧盟高等教育机构的合作，有效推进了阿尔巴尼亚高等教育欧洲一体化的进程。

以"伊拉斯谟加计划"为例，2015—2017年，不论是阿尔巴尼亚方参与的项目数量还是师生交流人数，都呈逐年增加的趋势，这不仅说明了阿

---

[1] "田普斯计划"是指欧盟与周边国家开展现代化高等教育合作的计划，1989年12月由欧盟理事会教育部长会议启动，最初只限于欧盟成员国和几个伙伴国高等教育机构之间的合作，如今已发展为覆盖巴尔干西部，以及东欧、中亚、北非和中东的教育合作项目。

尔巴尼亚政府对高等教育国际化的重视，还反映出欧盟对阿尔巴尼亚高等教育质量一定程度的认可（见表6.4）。

表6.4 2015—2017年阿尔巴尼亚"伊拉斯谟加计划"参与情况

年份	2015	2016	2017
项目数（个）	78	88	109
阿尔巴尼亚师生赴欧盟交流人数	554	817	838
欧盟师生赴阿尔巴尼亚交流人数	339	376	509

此外，阿尔巴尼亚高等院校，尤其是私立高校，与欧盟框架内的高等院校和巴尔干西部地区高等院校各层次的合作增加，课程体系，如课程开发、联合培养、课程资格互认以及交流项目类别等，近年来呈多元化、灵活化和高级别化的趋势。如"伊拉斯谟硕士联合培养计划"，年限为1—2年，学生需在至少两个欧盟国家进行学习，最终拿到联合硕士学位。2014—2017年，参与此项目的阿尔巴尼亚学生共45人，在巴尔干西部地区数量仅次于塞尔维亚。[1]

5. 高等教育著名学府

（1）地拉那大学。地拉那大学原名地拉那国立大学，成立于1957年，是阿尔巴尼亚规模最大、历史最悠久的综合性公立大学，由6个学院（师范学院、理工学院、医学院、农学院、经济学院和法学院）合并而来。1994年更名为地拉那大学。自成立以来，该大学始终致力于培养高质量人才，在科学、教育、文化、经济等领域做出了杰出贡献，曾获得"国家荣誉勋章"。

目前，地拉那大学是阿尔巴尼亚招生规模最大、开设学科最多、教学与科研层次最全、师资力量最雄厚的大学，共设9个学院，分别是欧洲研

---
[1] 资料来源于欧洲教育网官网。

究学院、核能研究院、孔子学院、法学院、自然科学学院、社会科学学院、经济学学院、文史学院和外国语学院。每个学院下设不同的系。各学院均设有硕士教学点和博士教学点。在校生超 25 000 人，教师超 1 000 人。在欧盟"伊拉斯谟加""伊拉斯谟世界"等高等教育项目的支持下，地拉那大学与国际上多所大学开展了校际交流合作。

（2）斯库台卢伊奇·古拉库齐大学。斯库台"卢伊奇·古拉库齐"大学原名斯库台卢伊奇·古拉库齐高等师范学院，成立于 1957 年，位于阿尔巴尼亚的文化、艺术、教育中心斯库台市，是当时最重要的高等院校之一，专门培养师范人才。1957—1991 年，阿尔巴尼亚绝大多数教师毕业于此。1991 年，正式获得大学资格，更名为斯库台卢伊奇·古拉库齐大学。

目前，该大学共设 6 个学院和 21 个系。6 个学院包括自然科学学院、教育学学院、法学院、社会科学学院、经济学学院和外国语学院。该大学采取民主管理模式，实行岗位职称竞争聘任制度，学生有权参与学校决策过程并对教学质量、教职工进行评估。在国际交流方面，该大学与巴尔干地区、奥地利、意大利、美国等地的大学保持着稳定的合作关系。

（3）地拉那理工大学。地拉那理工大学是阿尔巴尼亚唯一的理工大学，前身是 1951 年的高等理工学院，有超过 65 年的办学历史，始终肩负着发展国家工业的历史使命。设有机械工程学院、电力工程学院、建筑工程学院。1957 年并入地拉那国立大学，增设地质与矿业工程学院。1991 年更名为地拉那理工大学。随后，为适应国内经济发展需求，增设了信息技术，数学与物理工程，建筑与城市规划，地球科学，能源、水和环境等学科。该校目前共有 8 个学部，包括：建筑工程学部，城市建设学部，信息技术学部，机械工程学部，地质学部，电子工程学部，数学与物理学部，能源、水利与环境学学部。在国际交流方面，地拉那理工大学与意大利巴里理工大学、都灵理工大学以及德国、法国、爱尔兰等欧洲传统理工大学一直保持着良好的合作关系。

（4）时代大学。时代大学成立于2007年，位于阿尔巴尼亚首都地拉那，是一所非营利性的国际化私立高校，除个别课程以阿尔巴尼亚语开设外，其他所有课程的教学语言均为英语。

目前，时代大学共设3个学院和9个系，即建筑与工程学院（下设建筑系、土木工程系、计算机工程系）、经济与行政科学学院（下设银行金融系、工商管理系、经济学系）、法律与社会科学学院（下设法律系、政治科学和国际关系系、欧洲研究中心）。大学设有学士、硕士、博士三个教学层次学位，其中学士项目10个，硕士项目14个，博士项目6个。外籍学生人数占总学生人数的4%。外籍教职工约占教职工总数的38%，主要来自美国、英国、俄罗斯及欧洲其他国家。

时代大学以国际化为目标，与国内外多家机构签署了合作协议，积极与国外大学开展交流项目，是阿尔巴尼亚为数不多的获欧盟资助项目的私立高校之一。

总体而言，阿尔巴尼亚高等教育起步较晚，始于20世纪50年代后期。初期多以为满足国内发展需求而设立的专科院校为主。但是，随着各专科院校的合并和扩充，阿尔巴尼亚成立了一批公立综合性大学，在办学规模及教育质量上均取得了较大进展。私立高等教育的发展进一步丰富了阿尔巴尼亚高等教育机构的形态，在阿尔巴尼亚各届政府和欧盟的支持下，这些高等院校已逐步参与到了国际高等教育的发展进程中。

（四）高等教育改革及争议

高等教育改革在近十年间取得了显著成绩。首先，基本实现高等教育普及化，入学率和毕业率都显著提高。[1] 高等院校学生人数由1992年的16 000人上升至2019学年的130 264人，毕业率由2004年的12%上升至

---

[1] 但在2014—2017年，高等教育毛入学率呈逐年下降的趋势，这一方面与该国人口数量，特别是高等教育适龄人口数量的下降有关，另一方面与2014年后政府关闭了一批不符合办学资质的高等教育机构有关。

36%，[1] 高等教育覆盖了全国大部分地区。其次，高校自治权进一步扩大，学术自由度进一步提高；通过建立学士、硕士、博士三级学位制度、引入学分互认与转换学分体制、建立终身学习计划、规范课程设置、建立质量保证体系等结构性改革等，规范了高等教育模式，进一步融入欧洲高等教育改革一体化进程之中。

除了以上的改革成就，高等教育改革在实施的过程中也遇到了不少问题和阻碍。近年来，高等教育的财政改革一直是各界讨论的焦点。2014年，拉马政府出台了一系列新的改革措施，但在2017年引发了大规模抗议活动。抗议主要针对拉马政府通过的一项关于执行新自由主义教育改革的法案。这次改革涉及公立和私立大学的转型，通过上涨公立大学学费、增加预算等措施为私立大学提供财政支持。另外，根据新修改的法案，所有大学根据其表现都可获得公共资金，资助原则是教育部根据大学的课程、科研、创新与发展的成果来决定资金发放额度。2017年，教育部部长琳迪达·尼古拉在致阿尔巴尼亚大学生的公开信中表示："新的财政规划引进了自由竞争的现代化概念。国家将持续加大对高等教育的投入。自由竞争的机制有利于推动高等教育的现代化、改善教育服务、创新科研和开展广泛的国际合作。"[2] 反对者认为政府有意偏向私立大学并获得政治利益，而拥护者则认为此次改革有利于增强大学的教育质量，也能为学生提供更多的就读选择。

另一个引发争议的问题是大学招生标准。根据此法案，入学资格将不再仅凭全国统一考试的成绩决定，而是由相关教育部门及大学根据学生的学习实践情况决定。这对高中毕业生申请大学造成了冲击，因为他们并不了解此项政策的运作模式，同时由于教育机构缺乏透明度，有可能导致在考试中获得高分的毕业生未能被录取。如果没有全国统考，优胜者的选拔程序无法确保公正透明，教育行业的腐败也将无法消除。抗议引发了人们有关大学独立

---

[1] 与欧盟其他国家接近50%的毕业率相比仍然较低。

[2] 资料来源于阿尔巴尼亚教育部官网。

性与公开性、公立与私立大学在国家教育体制中的地位等问题的讨论。截至 2019 年，阿尔巴尼亚国内对于教育改革的反对声音依然存在。

第二节 高等教育的挑战

阿尔巴尼亚高等教育改革发展虽然取得了显著成就，但仍存在突出问题，如高校的自主权仍然较低；质量保障体系、监管机制、评鉴机制仍不完善；产学研的结合有待进一步加强；国际化水平依然偏低。具体表现如下。

一、体制性障碍

"体制"指的是有关组织形式的制度，是管理机构和管理规范的统一体。现代意义上的制度化教育通常难以避免体制性障碍。[1] 首先，同一层级政府内部关于教育管理存在体制性障碍，政府中的不同职能部门之间存在沟通障碍，直接管理教育事务的部门往往需要与负责教育财政资源配置的财政部门、负责教师资源配置的人事部门协调工作。其次，政府和教育部依然存在过度介入的问题。教育需要政府、学校、社会之间的互动，仔细观察阿尔巴尼亚自 1992 年以来的高等教育发展，不难发现，教育的行政化管理虽在逐步向"放权"和"高校自治"靠近，但高等教育的行政化管理趋向并没有明显弱化，政府和教育部对高校的过度介入不仅造成了高校管理方面的纵向集权，也削弱了大学自主权。这种"管制"化的政校关系使得各种社会力量难以参与进来，不利于打破封闭的高等教育生态系统。

---

[1] 范国睿. 教育政策与教育改革 [M]. 北京：教育科学出版社，2016：8.

同时，阿尔巴尼亚政府历年来倾向于制定中短期政策，此举虽然有利于应对快速且直接的变化，但无法满足国家的长远发展需求。现阶段，阿尔巴尼亚依然处于高等教育发展的初级阶段，政府更多地致力于高等教育的大众化，而对质量保障和监管机制重视力度不足，这一点在大学的创办过程中表现得尤其显著。由于教育治理和评价机制不健全，导致不合规范、质量不达标的高等教育机构过度扩张，与已有高校形成恶性竞争。同时，高等教育机构的年度报告缺乏透明度，缺少对教学质量或科研工作的系统性评估，这些问题导致高等教育质量难以提升。

二、缺乏产学研的结合

阿尔巴尼亚高等教育机构的科研水平与欧洲其他国家相比还处于较低水平。科研水平的提高既需要政策上的配合与引导、经济上的支持与促进、文化上的鼓励等宏观环境，也需要丰富多元的课程设置与科研项目、建立校企合作模式等微观机制。目前，阿尔巴尼亚高等教育机构缺乏产教融合、科教融合的协同培养机制以及以实际需求为导向的教育体系，这直接导致学生创新创业能力较低。同时，高等教育机构中的科技成果转化仍处于初级阶段，[1]这阻碍了高层次创新人才的发展，也影响了社会经济的转型。

三、私立高等教育面临发展瓶颈

由于历史原因，阿尔巴尼亚在1990年以前没有私立高等教育机构。在

---

[1] 据阿尔巴尼亚专利局发布的2016—2020年专利申请数量显示，在2016—2020年国家专利申请单位中，高等教育和科研机构占比不足2%。

进行高等教育改革的过程中，伴随高等教育机构规模的扩大，数十所私立大学、学院、研究院在 2000 年前后相继创办起来，但这些高等教育机构的质量参差不齐。从宏观层面看，国家无法及时建立起配套的质量保障和监管机制，政府对私立教育机构的定位仍缺乏清晰的标准。从微观层面看，私立高等院校存在规划缺乏整体性和连贯性、专业设置不合理等问题。一些机构和项目只面向或服务于少部分学生，从而造成教育的投入与产出无法平衡，教育机构的质量受到影响。同时，在私立高等教育机构的非全日制体系中也存在指导性政策碎片化、不合规、不达标的问题，这有悖于此体系建立的初衷。

四、国际化水平偏低

阿尔巴尼亚高等教育机构的国际交流水平偏低。例如：缺乏与跨国高等教育机构长期的、有规划的合作，由政府主导的国际交流项目数量也较为有限。目前，只有少数私立高等院校提供欧盟认可的学位，学生的交流数量非常有限，这导致阿尔巴尼亚学生在欧洲区域间流动性较低。尽管阿尔巴尼亚很早就加入了多项欧盟高等教育交流计划，但参与人数十分有限。

同时，高等教育机构的封闭性还体现在本国高等教育机构间缺乏相同领域的合作，机构间并没有开展和落实统一的、可持续性的跨机构研究项目，合作仅局限于所在的城市或者地区。

五、教研经费不足与人才流失

阿尔巴尼亚政府在高等教育领域的支出一直以来都处于较低水平，近年来，平均占比约为 0.6%。尽管 2018 年政府承诺加大高等教育的投入，但与欧洲其他国家相比，这一占比仍然很低。教育与科研经费不足直接影响了高等教育的持续发展，导致了近年来高素质人才的大量流失，给阿尔巴尼亚带来了直接的经济损失。据我国商务部援引世界银行的最新报告显示，西巴尔干国家人才流失比例较高，其中阿尔巴尼亚占 39.8%，这一比例在西巴尔干五个国家中仅次于波黑。[1]

六、政策执行力和连贯性不足

阿尔巴尼亚历届政府制定的高等教育发展纲要和法律在执行过程中通常难以得到长期的贯彻和落实。例如：2005—2013 年，阿尔巴尼亚民主党执政，政府在高等教育领域的战略重点是大力发展私立教育，以缓解公立高等教育机构无法满足日益增长的社会经济发展压力。2013 年，阿尔巴尼亚社会党执政，致力于合并公立和私立高等教育机构，将所有高等教育机构转变为非营利机构，并开始调整民主党执政时期制定的私立高等教育发展战略。

第三节 高等教育的对策与启示

自 1992 年阿尔巴尼亚高等教育转型以来，尤其是自 2007 年《高等教育法》颁布以来，阿尔巴尼亚在高等教育领域取得了显著成绩，但仍存在明显的问题与挑战。

---

[1] 中华人民共和国商务部官网 [EB/OL]. [2020-06-07]. http://www.mofcom.gov.cn/article/i/jyjl/m/201910/20191002906505.shtml.

一、经费增加与资源效率提升

2013年阿尔巴尼亚政府出台的《国家发展与融合战略（2015—2020年）》指出，高等教育经费要以政府投入为主，受教育者合理分担培养成本，拓宽资金支持渠道。增加高等教育经费投入，除了加大公共财政中高等教育经费的投入，还需拓展高等教育资金的渠道，采取兼顾地方、社会和个人的模式。由于阿尔巴尼亚人均收入水平较低，因此以政府为主导，兼顾来自地方、社会的经费投入模式最为有效。同时，政府可建立高等教育经费捐赠机制，增强高校自身的社会服务能力。

二、激励人才回流

阿尔巴尼亚政府优化人才引进政策，改善人才引进环境，采取建立人才流动激励和补偿机制等有效措施。近年来，除了加大对教育领域的财政投入以外，阿尔巴尼亚历届政府也采取措施招揽人才，政府为了消除学术人员的后顾之忧，还努力解决他们的住房问题。例如：经济确有困难的学术人员在购房时会得到一笔由政府提供的低息贷款。但随着欧洲经济低迷、阿尔巴尼亚政府预算缩紧，这些财政支撑和保障能否得到持续落实还有待观察。

三、提升国际化水平

阿尔巴尼亚是欧盟高等教育合作框架中多个项目的参与国，这些项目对阿尔巴尼亚高等教育机构的影响将会是多层面的。阿尔巴尼亚在这些国际项目中的参与程度较低，涉及人员结构和合作交流的领域较窄。因此，首先，阿尔巴尼亚应加大国际交流与合作力度，通过拓展合作领域、深化合作内涵、提高合作成效，切实带动学校间、区域间和国际间的资源共享与文化交流，有效促进全方位、多层次、宽领域的教育国际交流与合作。其次，推进教师和科研人员互派、学生互换、学分互换和学位互授等模式。最后，扩大出国留学规模和在校生国际交流规模，创新和完善公派出国留学机制并加大对优秀的自费留学人员的资助和奖励力度。

四、提升科学研究水平与推动产学研结合

在高等教育国际化的趋势下，阿尔巴尼亚高校应充分利用正在参与的科研项目等资源优势，加大与国际高等教育科研机构的合作力度，为国家培养创新人才、研发技术提供多层次、宽领域的发展路径。同时，发挥高校在国家创新中的重要作用，鼓励高校进行知识创新和技术创新。大力开展自然科学、技术科学研究。促进高校、科研院所、企业科技教育资源共享，创立高校与科研院所、行业企业联合培养人才的机制。以教学科研促进产业发展，以产业发展反哺教学科研。

高等教育涉及众多层面。总体来说，阿尔巴尼亚高等教育的发展与改革是一个复杂、长期的过程。从冷战时期对南斯拉夫、苏联教育模式的移植到向欧洲高等教育模式的靠拢，阿尔巴尼亚高等教育改革几经波折，但成果也有目共睹。20世纪90年代以来，历届政府都在摸索阿尔巴尼亚高等教育的发展与改革模式。同社会其他领域的改革相比，高等教育改革更加复杂、缓慢，但无论怎样，正如阿尔巴尼亚教育专家艾尔扬·琼查所说："我们的发展模式不能是简单的移植或是复制他国经验，而应根据本国的特定条件实行改革，只有这样才能体现阿尔巴尼亚高等教育的特点和传统"[1]。

---

[1] 资料来源于阿尔巴尼亚《全景报》官网。

第七章 职业教育与成人教育

职业教育是培养高素质技术型人才的基础工程，是国家推动经济发展、促进就业、改善民生的关键环节，而成人教育的发展则关系到国民的终身教育水平。阿尔巴尼亚的职业教育和成人教育发展时间较短，但鉴于二者对国家经济社会发展的重要性，近年来，阿尔巴尼亚政府在欧洲一体化进程中，不断探索适合本国国情的发展理念，逐步形成了具有本国特色、适应新时代发展、体现终身教育理念的职业教育体系和成人教育模式。

第一节 职业教育与成人教育的发展与现状

一、教育历史

阿尔巴尼亚的职业教育和成人教育始于社会主义时期，均可分为中等教育和高等教育两个层次。1944年后，伴随全国教育改革的拓展，中等教育随之起步。为了提高国民的文化水平，使教育更好地与社会实践相结合，政府大力开办中等专科学校和技术学校，确定职业教育的具体类型，推进中等职业教育的发展。

截至 1950 年，全国已创建医药、财会、商务、化工和农业等领域的中等职业专科学校。20 世纪 60—70 年代，中等职业教育得到进一步发展，教师人数从 1938 年的 34 名增加至 1983 年的 1 360 名，开设专业增加到近 70 余个。[1] 这一时期，政府还创办了夜校，招收往届和应届高中毕业生和大专毕业生以及在职人员等，明确了成人教育的补充性作用。

二、教育现状

2002 年，阿尔巴尼亚出台第一部《职业教育与培训法》，正式确定职业教育在阿尔巴尼亚教育体系中的独立性。而成人教育又称继续教育，不属于独立的教育类别，形式以短期职业课程和培训为主。因此，总体来看，职业教育具有统一的体系和组织规范，而成人教育并无固定体系，组织较为松散。20 世纪 90 年代中后期，政府将职业教育设施向社会开放，试图将成人教育纳入职业教育体系之中，实现二者的资源共享，但目前进展较慢。

（一）职业教育现状

1. 管理机构与组织运作

阿尔巴尼亚的职业教育管理分属财政与经济部、教育部、就业与社会福利部。2013 年，职业教育系统由教育部划归至财政与经济部、就业与社会福利部。这两个部门通过下设的职业教育、培训与资格认证局、就业与技能局等统筹实施与欧洲标准相符的职业教育与培训的现代化改革，起草

---

[1] 马细谱，郑恩波. 阿尔巴尼亚 [M]. 北京：社会科学文献出版社，2004：173-174.

职业教育培训机构运作的统一标准,确定相关教师聘用的核心标准、程序和资格,审查和评估相关机构办学资质,审批核心课程,为参加职业教育与培训人员进行评估与认证,监督相关教育活动。同时,财政与经济部、教育部、就业与社会福利部共同制定有关职业教育的法律法规。[1] 教育部目前仅承担部分组织运作职能,如确定职业教育工作者的资格认证,起草教师职业发展相关政策并提供相关支持等。阿尔巴尼亚职业教育组织架构如图 7.1 所示。

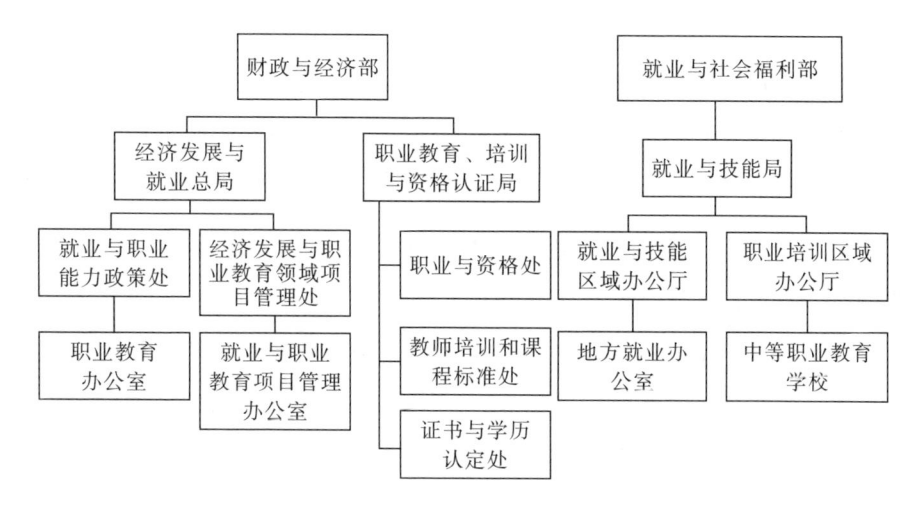

图 7.1 阿尔巴尼亚职业教育组织架构

其中,与职业教育发展较为紧密的部门有职业教育、培训与资格认证局,就业与技能局,大学前教育质量保障局,高等教育质量保障局。

职业教育、培训与资格认证局成立于 2006 年,隶属于财政与经济部。其核心任务是根据欧洲标准为本国提供统一的职业资格框架,同时为职业教育与培训的发展提供支持。该局有四项主要任务：发展与社会经济需求相一致的职业教育培训；确保社会全方位参与公共职业教育与培训的规划、制定和实施等；将教育、培训与就业纳入终身学习体系；通过确保

---
[1] 资料来源于阿尔巴尼亚财政与经济部官网。

与欧洲统一市场所需能力的一致性，强化本国职业教育与培训的"欧洲维度"。

就业与技能局成立于 2019 年，是阿尔巴尼亚就业与社会福利部的隶属机构。该机构旨在通过开展与组织国家就业与技能发展的相关活动，提高就业者的就业水平。该机构下设 12 个就业与技能区域办公厅和 10 个职业培训区域办公厅，向大众提供就业、职业教育与培训服务。所提供的职业教育培训课程在全国 8 个主要城市的固定培训中心和其他流动性培训站展开。[1]

大学前教育质量保障局 2019 年由教育发展司和国家教育监管司合并而成，主要职责为监管教育体系的整体质量。其中涉及制定职业教育课程体系，确定职业学校外部评估与自我评估的指导方针，提供进行学校外部评估人员的培训，负责教学活动中相关技术工作等。该局下设课程、标准与资格司，教学法与教学技术司和教育政策发展司。

高等教育质量保障局是阿尔巴尼亚高等教育领域唯一的质量监督与评估机构。依据《高等教育质量规范》，每年公布高等教育机构及项目的年度发展报告，负责监管和评估高等职业教育质量。

2．现行政策与培养原则

2002 年，阿尔巴尼亚出台《职业教育与培训法》，2008 年、2011 年、2017 年又相继出台了一系列相关修订法案，对阿尔巴尼亚职业教育做出了明确分类和重点规划。依据《职业教育与培训法》，阿尔巴尼亚职业教育的总体目标为开展与社会、经济、科技发展和劳动力市场需求相适应的职业与教育培训，实现对人力、财力和基础设置资源的最佳利用，最终为所有

---

[1] 8 个主要城市（地拉那、都拉斯、爱尔巴桑、费里、吉诺卡斯特、科尔察、斯库台、发罗拉）均设有固定的培训中心。

受教育者创造终身学习的平等机会。

3．职业教育资格框架

阿尔巴尼亚的职业教育体系资格框架是在国际教育分类标准和欧洲职业教育体系资格框架基础上建立的，目的在于为不同层次的学生进入国内外劳动力市场提供较为灵活的渠道。

职业教育资格框架由中等职业教育和高等职业教育两个阶段构成。中等职业教育按照国际教育级别分为中等职业教育一级、中等职业教育二级和中等职业教育三级，对应阿尔巴尼亚学制中的10年级和11年级、12年级、13年级，学习年限为2—4年。中等职业教育阶段的政策遵循2012年的《大学前教育体制法》和2000年出台的《欧盟基本权利宪章》。

高等职业教育是高等教育体系的分支之一，分为专科学士、专科硕士和博士学位，对应阿尔巴尼亚资格框架的五级及以上。攻读专科学士学位的学习年限为2年，需修满120学分。各专业的课程方案由学校和所在院系共同制定。攻读专科硕士学位的学习年限为1.5年，需修满60—90学分，这一层级的学生在获得学位前，需通过国际认证的英语考试。高等职业教育阶段的政策遵循2007年的《高等教育法》和2000年出台的《欧盟基本权利宪章》。

4．职业教育机构

在阿尔巴尼亚职业教育体系中，提供常规教育的机构是职业教育学校。大部分职业教育学校集中在国内主要城市，开设专业主要有旅游与酒店、机械、电子与化学技术、农业、水暖、纺织、医护等。职业教育学校分为中等职业学校和高等职业学校两类，目前全国共有39所公立中等职业学校。[1]根据阿尔巴尼亚职业教育资格框架，这两种职业学校需要长期提供不同级别的专业课程与培训课程。

中等职业教育主要由职业技术学校开展。课程由大学前教育质量保障局制定的30个课程项目组成，课程遵循"逐步专业化"的原则，即通过学习时长，逐步缩小通识教育内容与职业教育内容的比例。课程模式分为"2+1+1"模式、"2+2"模式和4年贯通模式（见表7.1）。三种模式所设学科相同，组合略有不同。所开课程均分为通识课、专业知识和专业实践三个模块，通识课均为52学时，后两个模块在不同模式中所占比例不同。

表7.1 阿尔巴尼亚中等职业教育三种模式所设学科模块及学时情况[2]

科目	"2+1+1"模式			"2+2"模式			4年贯通模式		
	职业教育一级	职业教育二级	职业教育三级	职业教育一级		职业教育三级	职业教育一级		职业教育三级
	10年级	11年级	12年级	13年级	10年级	11年级	12年级	13年级	10年级	11年级	12年级	13年级
学时											
通识课	15	12	9	16	15	11	11	15	16	11	11	14
阿尔巴尼亚语	1	1	1	1	1	1	1	1	1	1	1	1
文学	1	1	1	1	1	1	1	1	1	1	1	1
第一外语	2	2	2	2	2	2	2	2	2	2	2	2
第二外语（选修）	(1)	(1)	(1)	(1)	(1)	(1)	(1)	(1)	(1)	(1)	(1)	(1)
数学	2	2	2	2	2	2	2	2	2	2	2	2

---

[1] 资料来源于阿尔巴尼亚职业教育与培训官网。
[2] 资料来源于阿尔巴尼亚大学前教育质量保障局官网。

续表

物理	2	—	—	1	2	—	—	1	2	—	—	1
化学	—	2	—	—	—	2	—	—	1	—	1	—
生物	—	—	—	2	—	—	—	2	—	—	1	1
社会学	2	—	—	1	2	—	—	1	2	—	—	1
历史	—	2	—	1	—	1	1	1	—	2	—	1
地理	1	—	—	1	1	—	1	—	1	—	1	—
信息与通信	1	—	1	1	1	—	1	1	1	1	—	1
体育与健康	2	1	1	2	2	1	1	2	2	1	1	2
专业知识	10	8	7	9	10	8	8	10	9	11	8	9
专业实践	6	12	15	6	6	12	12	6	6	9	11	8
总课时	31	32	31	31	31	31	31	31	31	31	30	31

高等职业教育由高等专科学校和专科研究所开展，其中高等专科学校为主要教育机构。高等专科学校创办历史较短，所设专业较少，但特色突出，一般设有工程、技术、农林、经济、金融、工商管理、设计、护理等专业。课程方案由高校和所在院系共同制定，制定原则较灵活。课程内容除必要的基础理论课程外，多偏重于应用类课程。专业分类较细，教学安排紧凑。学制较短，一般为2个学年，学生每年须修得60个学分。其办学模式也较为灵活，可隶属于大学或与大学联合授课。通过综合考试的学生最终获得高等职业教育专科文凭。若继续攻读硕士学位，高等职业教育专科文凭可转换为本科学历。

职业培训中心和多功能职业中心也是职业教育的机构，可分为公立和私立两类，负责提供全国短期职业教育和培训课程。此类机构主要面向年满16周岁且未完成义务教育的人群和计划完成高中教育的成年人。职业培训中心可为前者提供专业教育课程，为后者提供短期专业课程。

公立职业培训中心的课程由职业教育、培训与资格认证局制定，由教育部审批。课程时长从一个月到几个月不等，旨在采取灵活的办学模式，满足国内劳动力市场的人才需求。近年来，政府面向失业人员和求职者的短期课程实施了学费减免、奖学金发放等具体鼓励政策，在一定程度上降低了社会的失业率。私立职业培训中心的课程由各机构自行制定，学习形式灵活，与成人教育相似。

5. 职业教育注册人数与毕业人数

近年来，在阿尔巴尼亚中等职业教育体系中，注册人数和实际毕业人数[1]均呈下降趋势。据2020年阿尔巴尼亚统计局数据显示，2019—2020学年，中等职业教育机构招生人数为18 192人，较2016—2017学年下降15%，注册人数占同年高中教育注册总人数的16.8%。2018—2019学年中等职业教育毕业人数为3 807人，较2016—2017学年下降15%（见表7.2）。

表7.2 阿尔巴尼亚2015—2020年中等职业教育注册人数与毕业人数[2]

学年	2015—2016	2016—2017	2017—2018	2018—2019	2019—2020
注册人数	21 424	20 981	20 605	21 289	18 192
毕业人数	4 507	4 281	4 189	3 807	—

另外，近年来，阿尔巴尼亚中等职业教育的辍学率较高，一直处于70%—75%。造成这一现象的原因较为复杂，既有学生自身因素（如基础教育阶段的学业基础差、缺乏良好的学习习惯和自我约束力），也有学校因素

---

[1] 目前高等职业教育的在册人数和毕业人数未有具体统计数据。
[2] 资料来源于阿尔巴尼亚统计局官网。

（如中等职业教育质量参差不齐、对学生缺少职业引导）和社会因素（如对职业教育的偏见、学生家庭经济贫困）等。

（二）成人教育现状

在阿尔巴尼亚现行的教育体系中，虽然对成人教育没有明确的政策与定位，却长期存在对成人教育的较高现实需求，成人教育在促进社会经济发展和科学技术进步方面也发挥着不可替代的作用。据 2018 年《成人教育调查报告》显示，受访者在回答"参与继续教育的原因"时，最为关注能否获得证书或文凭、能否获得日常生活所需知识和技能、是否符合雇主的要求和能否改善职业前景这四点，可见成人继续教育的个体诉求根源于就业市场对成人职业能力提升的客观需求。

成人教育与培训作为与社会经济发展高度相关的教育类型，其组织运行需由教育、财政、就业等部门的通力合作。阿尔巴尼亚政府先后在财政与经济部、就业与福利部和教育部下设直接管理和组织职业教育与成人教育的部门；在财政与经济部组织框架内，增设经济发展与就业总局和职业教育、培训与资格认证局；在就业与福利部增设国家就业与技能局，联合印发相关政策、标准，协作开展相关教育活动。但是，由于管理机构均属兼管，在指导政策、组织架构等层面存在高度的交叉性和模糊性，目前阿尔巴尼亚并未对成人教育单独立法。

据 2018 年《成人教育调查报告》显示，阿尔巴尼亚的成人教育实际分为正式教育、非正式教育和自主学习三大类。前两类又可基本分为中等成人教育与高等成人教育两个阶段，学员学习培训课程后均可获得相应的文凭或证书。中等成人教育机构主要为私立职业培训中心和大学，向法定年龄超过 16 岁的学生提供短期课程与培训，课程由各机构自行制定。高等成人教育主要通过大学的非全日制教育体系开展。据阿尔巴尼亚统计局数据显示，2017 年，在全国 25—64 岁的人群中，有 9.2% 的成年人接受过这两类教育和培训。第三类自主学习的方式更为灵活，包括从媒体、网络、家庭与工作场所获得的相关教育。数据显示，有 67.8% 的成年人接受过第三类教育。[1]

第二节 职业教育与成人教育的特点与经验

2008 年经济危机的爆发导致包括阿尔巴尼亚在内的欧洲国家经济增速放缓，失业率飙升。2013 年后，伴随欧洲经济的复苏，阿尔巴尼亚经济也逐步回暖，国内就业水平保持稳定增长，但就业率，尤其是年轻劳动力的就业率依然较低。2018 年，阿尔巴尼亚青年失业率为 31%，远高于经合组织的 11.9%。[2] 为解决这一问题，阿尔巴尼亚政府除了实施相应改革来振兴经济外，还加大了与经济社会发展息息相关的职业教育和成人教育的建设，以培养高素质专业型技术人才，更大范围地保障对国家经济发展的人才支持。

一、全方位现代化改革

2013 年以来，阿尔巴尼亚新一届政府启动了职业教育与培训体系的现代化改革。改革的重点是优化法律框架，调整职业教育体系结构、建设模块化课程体系和加强财政支持力度等。

在法律层面，阿尔巴尼亚通过修订一系列相关法案，逐步完善职业教育

---

[1] 资料来源于阿尔巴尼亚统计局官网。

[2] 资料来源于经合组织官网。

与培训体系的法律框架。比如：在2017年出台的《职业教育与培训法》修订条例补充了职业教育应树立的"自治""重质""协作""多元"四大原则。

在体系结构层面，2010年，阿尔巴尼亚将职业教育与培训由教育部划归至财政与经济部负责。这一结构性调整，体现了阿尔巴尼亚政府逐步认识到职业教育与培训在国家建设现代化经济体系、实现更高质量就业、对接科技发展和市场需求等过程中所起到的重要作用。阿尔巴尼亚创建就业与技能局等机构，以市场需求为导向对职业教育体系进行结构性调整，优化职业教育管理机制并与市场实际需求进行有效对接。

在课程设置和教学方式上，积极引入模块化教学理念。模块化教学作为一种改革现代职业教育和培训的手段，通过进一步打通传统的"学科教学"模式的局限，提高适应经济、技术和社会变化的灵活性，提高职业教育的一致性和效率。

在财政支持方面，阿尔巴尼亚大幅增加了职业教育的预算金额。据2020年数据显示，政府对职业教育学校的投入从2015年的15亿列克增加到2020年的30亿列克。[1] 同时，政府还增加了用于建设职业教育与培训机构、更新教学设备、搭建实验室等的预算，在保障职业教育机构的教学质量提供了进一步的财政支持。

二、国际视野与本土经验结合

欧洲一体化进程对阿尔巴尼亚的职业教育发展产生了积极影响。在欧盟"博洛尼亚进程""哥本哈根进程"和"里斯本战略"的倡导下，阿尔巴尼亚政府积极推动与欧洲先进教育国家的合作。

---

[1] 资料来源于阿尔巴尼亚职业教育与培训官网。

2013年，阿尔巴尼亚政府建立基于国际教育标准分类和欧洲资格框架的职业教育体系资格框架，这一框架制度的建立有助于推动阿尔巴尼亚职业教育体系向欧洲职业教育体系靠拢，从制度与政策层面融入欧洲职业教育的发展进程。

在制度框架的国际化保障下，阿尔巴尼亚政府积极参与国际教育合作，如加入"德国成人教育协会"项目，通过借鉴德国成人教育的经验，完善本国的教育体系。2018年，阿尔巴尼亚政府与瑞士、法国等国家共同开展了"就业技能"项目。此项目作为职业教育改革的重点工程，获得了国内外广泛的财政支持。同时，通过借鉴国际经验，阿尔巴尼亚政府为年轻人提供适合本国市场发展需求的职业教育与培训，推动了阿尔巴尼亚职业教育与培训体系的现代化和可持续发展。该项目的一期成果使来自地拉那、斯库台、培拉特和发罗拉的9 700名年轻人和1 400家公司受益，获得了国际认可。

第三节 职业教育与成人教育的对策与启示

伴随职业教育现代化改革的推进以及政府对成人教育的逐步重视，职业教育和成人教育取得了显著成就。但随着国际局势的转变，劳动力市场需求和就业者个人选择容易产生变化，这些内外部因素都对教育体系的发展提出了新的挑战。

一、职业教育改革应"稳中求变"

职业教育与国家的经济社会发展有着密切的联系，在职业教育改革中，应在继续巩固现有成果的同时，特别推进课程体系与教学模式的创新。在课程体系改革中，继续推进模块化教学与探索，在国际化视野下完善职业教育的课程设置和体系构建，完善以培养新时代核心竞争力以及满足市场实际需求为导向的课程改革。同时，重视并推进中等职业教育和高等职业教育的课程衔接以及各级别职业院校课程标准和职业技能标准的衔接，从而完善职业教育中的升学制度，拓宽毕业生继续教育与培训的通道。在教学模式中，除了"慕课"的引入及网络教育资源平台的搭建，还应丰富学生的专业技能实践。

二、提高职业教育与成人教育的社会地位

职业教育与成人教育对国家发展的重要性不言而喻，它为国家和地方的传统产业与新兴产业等的发展提供有力的人才支撑和保障，但社会对这两类教育仍存在广泛偏见。在阿尔巴尼亚，职业学校的办学条件、师资配备普遍低于普通院校，职业学校毕业生的就业质量普遍偏低。为解决这一问题，政府与社会应通力合作，赋予职业教育和成人教育与普通教育同等的地位，同时积极完善职业教育的支持政策，包括资助经济困难的学生、提高技能型人才的社会地位和待遇等，大力增强职业教育的吸引力。

三、完善产学合作机制

提升职业教育和成人教育质量离不开以行业企业为代表的产业部门的积极参与，换句话说，职业教育与成人教育应该与目前由行业、企业主导的成人教育形成互补，谋求共同发展。

首先，行业企业、学校及相关产业机构都是落实职业教育与培训质量

保障举措的主体，产业的升级需要获得职业技能劳动者的支持，提升职业教育质量的前提就是为产业部门的发展需求服务。职业教育与产业发展是相辅相成的关系，通过深化和开拓产学合作项目，能够逐步优化职业教育与培训质量。

其次，相对于质量保障的内容而言，企业与职业教育及成人教育的主体有共同的目标，因此，两者可针对同一项目在产学方面不断拓展和深化合作。在阿尔巴尼亚，中小企业对人才的需求量较大，但是难以招聘到符合需求的劳动者，这就需要开拓产学合作的途径，强化技能院校与产业部门的沟通协作，使教育机构更为了解企业需求并培训符合产业发展所需的人才。

最后，建立健全政府主导、行业指导、企业参与的办学机制，制定促进校企合作的办学法规，促进校企合作制度化。政府应鼓励行业组织、企业创办职业或成人学校，鼓励企业委托职业学校进行职工（即成人）培训。政府制定优惠政策，鼓励企业接收实习生，鼓励企业加大对职业教育和成人教育的投入。

四、加大成人教育支持力度

据《成人教育调查报告》显示，25—64岁年龄层中47.8%的受访者表达了愿意接受教育与培训的意愿和需求，但由于教育成本高、家庭经济负担重、公共服务缺失等原因导致他们无法接受相关教育（见图7.2）。[1]

---

[1] 资料来源于阿尔巴尼亚统计局官网。

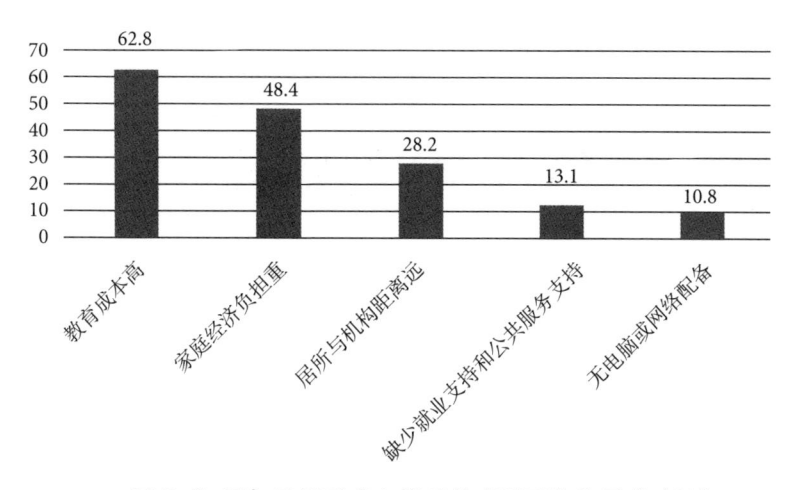

图 7.2 阿尔巴尼亚成人接受教育所面临的困难（%）

柱状图数据：教育成本高 62.8；家庭经济负担重 48.4；居所与机构距离远 28.2；缺少就业支持和公共服务支持 13.1；无电脑或网络配备 10.8

与职业教育相比，成人教育在阿尔巴尼亚的定位仍不明确，这不利于成人教育的稳定发展。政府应在大力发展职业教育的同时，积极推进成人教育的系统化发展，并且根据社会经济的实际发展状况和受教育群体的现实需求，通过如适当降低学费、增设成人教育机构、加大就业支持和公共服务支持等措施，切实解决成人教育面临的主要障碍。

职业教育与成人教育均与国内外社会经济发展息息相关。与西欧国家相比，阿尔巴尼亚的职业教育体系形成时间较晚，基础也较为薄弱，但整体发展较快。20 世纪 90 年代以来，伴随阿尔巴尼亚高等教育的迅猛发展和欧洲一体化进程的加快，高等职业教育也随之起步，并在三十年间取得了长足的进展。在欧盟职业教育资格框架下，阿尔巴尼亚目前已建立起较为完善的职业教育与培训体系，推动了本国职业教育体系与欧洲职业教育体系的对接。但需要指出的是，在职业教育逐步完善的同时，成人教育的定位与属性并不明确，与职业教育的交叉关系可能带来管理无序、低效等问题，这也在一定程度上反映出阿尔巴尼亚对成人教育的重视程度和支持力度有待提高。

第八章 教师教育

在阿尔巴尼亚，教师教育是对教师培养和培训的统称，即在终身教育思想指导下，按照教师专业发展的不同阶段，对教师实施职前培养、入职培训和在职研修等一体化的教育过程。

第一节 教师教育的发展与现状

一、教育历史

1909年9月2日，阿尔巴尼亚历史上第一所师范学校成立，学生来自阿尔巴尼亚各地。1913—1914年，学校开设了心理学和教学法理论两门课程，在20世纪初成为国家培养教师的重要阵地。[1]

1912年，阿尔巴尼亚独立，这为全国的教育发展创造了良好的政治环境，师范教育也得到初步发展。1913—1914年，时任阿尔巴尼亚教育部部长卢伊奇·古拉库齐在全国各城镇、农村创办小学和师范学校，包括1913

---

[1] 马细谱，郑恩波. 阿尔巴尼亚 [M]. 北京：社会科学文献出版社，2004：170.

年创办的培拉特师范中学、1917 年创办的斯库台师范中学、地拉那女子师范学院和 1924 年创办的科尔察师范中学。1928 年,《教师》杂志首次发行,刊登关于小学算术、几何、语文、音乐等科目的教学方法与理论知识,同时还附有教育部的重要决定和通函,这对普及师范教育,提高师范教育水平有着重大意义。

在社会主义时期,阿尔巴尼亚的师范教育得到进一步发展。阿尔巴尼亚政府通过兴建中小学校、编纂统一教科书、发展义务教育、开展扫盲运动等,进一步在全国普及小学教育和初中教育,并开启高中教育和高等教育。在此背景下,为满足教育的发展需要,1946 年 12 月 20 日,地拉那成立了阿尔巴尼亚第一所两年制高等师范学院。1957 年,地拉那高等师范学院与其他学院合并成立了地拉那国立大学。这为高等师范教育的发展奠定了基础。1947—1956 年,阿尔巴尼亚还相继创立了斯库台两年制师范学校,都拉斯四年制师范学校等多所师范院校。[1] 政府规定,没有接受过专业教育的 40 岁及以下教师均需在函授学校进行学习。此外,政府还派出教育代表团出国访问,进行交流学习。[2] 20 世纪 70 年代,阿尔巴尼亚高等师范教育初具雏形,并于随后的几十年内在全国各地蓬勃发展,逐步覆盖从学前教育到高等教育各个教育阶段的师资培养,涌现出了一批至今仍具有相当影响力的高等师范院校。

1990 年后,阿尔巴尼亚师范学院逐步向综合性大学过渡,师范专业也逐渐向综合化方向发展。这些大学在保留师范教育这一传统学科的基础上增设了其他专业,这既进一步发扬了传统学科的优势,为本国培养优秀的师范人才,输送坚实的师资力量,又体现出阿尔巴尼亚逐步迈向欧洲高等教育体系的发展趋势。

---

[1] 达利皮,米弗蒂乌. 阿尔巴尼亚历史与文化遗产概览 [M]. 柯静,马赛,译. 北京:外语教学与研究出版社,2017.

[2] GJEVOÇI XH. Historia e popullit shqiptar: Vol. 4 [M]. Toena: Tiranë, 2009: 223.

二、教育现状

在阿尔巴尼亚，教师教育在阶段上可分为教师的职前培养和在职培训两大类。根据国家教育体制的层级，又可分为初级教师教育和高级教师教育两个级别。初级教师教育培养大学前教育阶段的教师，高级教师教育培养高等教育阶段的教师。据《大学前教育发展战略（2014—2020 年）》显示，2014—2015 学年，全国大学前教育阶段的教师人数为 37 943 人，其中 90% 就职于公立学校，83.9% 的教师拥有本科或硕士学位，具有相当于国际教育标准 5A 级资格，但这一比例仍低于经合组织 85.5% 的均比。[1]

（一）教师教育现行政策与组织管理

目前，阿尔巴尼亚有关教师教育的法律政策为《大学前教育体制法》《高等教育法》《监管职业法》三部法案，为树立教师培养与培训标准、获取教师资格、促进教师职业发展等提供了法律保障。

阿尔巴尼亚教师教育的最高管理机构为教育部。在现有法律的框架内，教育部主要负责大专院校师范生教育、教师在职培训的有关政策制定、颁布和实施。下设的核心部门有教育质量保障局、教育服务中心、高等教育公共认证局。

教育质量保障局由教育发展司和国家教育监管司于 2019 年合并而成，负责规划教师培训课程，为教学活动提供相关的技术保障等。保障局下设教师课程、教师标准与资格司，教学法与教学技术司和教育政策发展司。

教育服务中心的前身是国家考试局，负责开展一年两次的教师资格考试。

高等教育公共认证局负责初级教师教育与培训计划的认证。

---

[1] 资料来源于阿尔巴尼亚公共政策官网。

（二）教师资格制度与评级标准

近年来，教育部对于教师资格认定给予了高度重视，通过一系列法案进一步规范了获取教师资格的标准。2009年出台的《监管职业法》第57条规定，教师的文凭均由教育部颁发。从事学前教育的教师需具备本科学位，从事基础教育阶段的教师需具备硕士学位，在中级职业学校等就职的教师需具备教育专业硕士学位。中小学教师在完成专业实践并通过国家考试后，方可从事教学工作。

2000年，阿尔巴尼亚加入"博洛尼亚进程"后，阿尔巴尼亚政府对教师在职培训的指导方针做出了新规定，即候选教师获得教师资格后，不论是属于合同聘用制还是终身制，均须在任职期间接受定期的专业培训并通过三级资格考试。此规定的目的是使教师适应不断发展变化的教育培养目标。

根据《监管职业法》第59条，教师也可在在职期间获得职业资格。根据所通过的资格考试类别和工作年限，教师可申请三个级别的教师资格，分别为职业级（工龄至少5年）、专家级（工龄至少10年，获得职业级5年）和特级（工龄至少20年，获得专家级10年）。教师资格的标准和申请程序由教育部确定。每一个级别对应不同的工资额度，工资额度由议会确定。

（三）教师教育类型与机构

教师教育分为职前培养和继续教育。职前培养以初级教师教育为主，主要由公立高等教育机构开展。全国共有7所公立大学承担中小学教师教育与培训的任务（见表8.1）。除上述公立大学外，全国另有13所私立大学有资质提供初级教师的教育课程项目，目前共有16个项目。

表 8.1 阿尔巴尼亚中小学教师教育与培训公立机构

	地拉那大学	斯库台卢伊奇·古拉库齐大学	发罗拉伊斯玛依尔·捷玛利大学	科尔察范·诺里大学	埃切雷姆·恰贝伊大学	亚历山大·莫伊修大学	爱尔巴桑亚历山大·朱万尼大学
小学教师		√	√	√	√	√	√
初中教师		√	√	√	√		√
高中教师	√	√		√	√		

在职前培养阶段，阿尔巴尼亚对初级教师教育做出了较为明确的规定。根据《监管职业法》，初级教师教育分为三级。一级为学士项目，培养学前教师。二级为硕士项目，培养小学教师。初高中教师需参加三级专业硕士学习项目并修满 120 个学分。在第三级学习项目中，至少 80% 的课程内容须与第二级硕士项目课程的内容一致。这些法律条款进一步规范了教师教育的课程体系，增强了初级教师教育与基础教育改革的一致性。

在继续教育阶段，根据 2009 年《监管职业法》第 58 条规定，教育机构根据教师的需求、中央与地方及教育机构的政策来规划教师的职业发展。培训基于教育机构的实际需求和培训机构的服务水平开展，培训机构分为公立和私立两类。除了上述公立和私立大学外，教育部及其下设的人力资源部门和教育发展局作为专门的培训机构承担教师在职培训的主要任务。培训项目需由教育部部长审批通过。培训计划按照教育部的相关流程进行公开竞标，培训的资金源于教育工作者个人捐款、国家预算拨款、非营利组织的教育项目、基金、地方或国外机构捐赠及其他合法来源。

（四）教师教育课程标准与实施

职前阶段的教师教育课程建设与能力培养标准由教育部下设的教育发

展局负责制定，包括通用标准和学科标准两部分，二者共同确定教师应具备的学术研究能力、授课能力、学习能力、社区协作能力以及道德与行为标准。标准确定后，由负责培养各类教师的大学的教务部门和学术委员会共同实施。

在教师教育课程改革的推动下，为切实提高教师的综合能力，初级教师教育课程设置更加明确，包含知识模块和实践模块。知识模块所开设课程包括教学法课程和学术类课程。近年来，政府加大了对教师学术研究能力的要求，并在课程设置中将学术类课程的学分占比提高到了65%。同时，从2008—2009学年起，教师教育类的硕士学位项目须增设一门教育研究课程，要求将学术研究融入教学实践之中，并且在读研期间须发表至少一篇研究类学术论文。在实践模块中，分为课堂观摩和授课实践两种模式。在课堂观摩模式中，师范生一周至少要参与5节课的观摩。在授课实践模式中，师范生须每周完成5个课时的授课。这两种模式主要在中小学进行，由师范生所在大学和实践学校共同制定教学内容，同时分配相应导师进行指导。模块化设计能够使师范生接受系统的知识与能力培养。

近年来，国家对教师的在职培训也予以较高重视。基于实施的大学前教育改革，培训重点落在大学前教育体系中的残障学生教育、全纳教育和预防偏差行为教育三个方面。培训形式较为灵活，包括内部职业发展、培训、咨询、长期课程和短期课程等。另外，教师和校长每年必须接受统一培训。

（五）主要师范院校

1. 爱尔巴桑亚历山大·朱万尼大学

爱尔巴桑亚历山大·朱万尼大学的前身是成立于1909年的爱尔巴桑亚

历山大·朱万尼高等师范学院。1909 年 9 月，在爱尔巴桑召开的教育大会上，为满足国内阿尔巴尼亚语学校日益增加的师资需求，教育部决定成立师范学校。12 月 1 日，第一所阿尔巴尼亚语师范学校——爱尔巴桑师范学校——正式成立。该学校的教学模式借鉴了当时法国的师范教育模式，成为当时阿尔巴尼亚语教育的中心，为后来的师范教育打下了基础。爱尔巴桑师范学校首届招收了约 140 名来自本国和周边国家的阿尔巴尼亚族学生。[1] 亚历山大·朱万尼、西芒·舒泰里奇、克里斯托·达科、埃切雷姆·恰贝伊等杰出的教育家、语言学家都曾在此任教。

1971 年，该校以 20 世纪上半叶阿尔巴尼亚著名教育家亚历山大·朱万尼的名字命名，更名为爱尔巴桑亚历山大·朱万尼高等师范学院。学院借鉴当时欧洲先进的教育学理念，研究制定了一整套教学计划和培养方案，主要为阿尔巴尼亚的义务教育和中等职业学校培养师资。其开设的 4 个全日制专业均为复合型专业，包括语言文学、历史地理、数学物理、生物化学。1982 年，学院由三年制改为四年制，增设心理教育学专业以及通识教育学专业。

1991 年，爱尔巴桑亚历山大·朱万尼高等师范学院更名为爱尔巴桑亚历山大·朱万尼大学。目前，该大学的师范教育专业仍处于全国顶尖水平，大学的教育学院设有体育与运动系、心理教育系、社会科学系、文化教育系和教学法系，开设超过 100 门课程，涵盖本科、硕士、博士三个层次。

2．埃切雷姆·恰贝伊大学

埃切雷姆·恰贝伊大学的前身是成立于 1969 年的埃切雷姆·恰贝伊师范学院。成立初期，师范学院的学制为两年制，开设有语言文学、历史地

---

[1] 资料来源于爱尔巴桑市电子档案官网。

理、生物化学、数学物理专业，招收全日制学生。1971年，学院由两年制中等师范学院改为三年制高等师范学院。随后，学院开始招收历史地理、数学物理、生物化学三个复合专业的非全日制学生，为学生提供了较为灵活的就读模式。1981年，学院改为四年制高等师范学院，增设阿尔巴尼亚语语言文学专业并开设本科教育课程。此后10年，学院不断发展扩建，课程内容和教学资源均得到了极大丰富。

1990年后，该校更名为埃切雷姆·恰贝伊大学。1994年起，该校增设英语语言文学专业以及专门面向希腊少数民族学生的希腊语专业。目前，埃切雷姆·恰贝伊大学拥有本科、硕士、博士三个层次的培养资质，招收全日制及非全日制学生，共有社会科学与教育学院、自然科学院、经济学院3个学院，下设14个系。其中，社会科学与教育学院是其特色学院，该学院开设专业最多，包括历史、地理、外语、希腊语言文明、阿尔巴尼亚语、阿尔巴尼亚文学、教学法教育7个专业。

3. 斯库台卢伊奇·古拉库齐大学

斯库台卢伊奇·古拉库齐大学的前身是成立于1957年的斯库台卢伊奇·古拉库齐高等师范学院，自成立以来，一直作为阿尔巴尼亚重要的师范人才培养单位。1957—1990年，毕业生达9 585名，约占全国师范生总数的四分之一，是阿尔巴尼亚基础教育阶段师资培养的重要基地。

成立初期，学院为两年制，1970年改为三年制，专业由2个增加至5个，包括语言文学、历史地理、数学物理、生物化学以及专门培养小学一至四年级教师的课程。该学院是阿尔巴尼亚首个与境外师范院校进行交流合作的院校。1971年，科索沃普里什蒂纳高等师范学院代表团访问该学院，开启了阿尔巴尼亚师范教育的国际交流之路。1982年，该师范学院改为四年制，学校的师资水平、科研能力均得到进一步的提升。

1991 年，学院更名为斯库台卢伊奇·古拉库齐大学。1996 年，大学开始培养学前教育师资。目前，大学教育学院开设学前教育、心理学、社会工作、运动与体育教育、音乐、美术专业，覆盖本科、硕士和博士三个层次。2000 年后，在欧洲教育一体化的框架内，该大学发展为实力强劲的综合性大学，同时通过与周边国家的师范院校的交流，持续优化师范教育这一传统优势学科。

第二节 教师教育的特点与经验

教师教育在阿尔巴尼亚有着较长的发展历史，与基础教育、高等教育不同的是，自 20 世纪初第一所师范学校建立以来，教师教育一直未曾中断，而且在保持传统师范学科的基础上，不断发展与调整，逐步摸索出符合本国国情和欧洲教育一体化进程的教师教育模式。

一、教师教育与基础教育改革同行

2014 年国家出台的《大学前教育发展战略（2014—2020 年）》，进一步明确了"培养自由市场经济环境下需具备的知识、技能、竞争力"[1]的培养目标，同时开启了基础教育课程改革。在此背景下，政府结合基础教育课程改革的目标与要求，与高等教育机构合作设计出了新的初级教师教育课程，开启了初级教师教育的课程改革。

改革旨在增强教师对基础教育阶段以能力为核心的课程改革的适应性，通过减少科目数量、强化核心课程、侧重教学法和方法论的指导，加强对

---

[1] 资料来源于阿尔巴尼亚教育部官网。

教师核心技能以及教学实践与研究能力的培养。此外，初级教师教育课程设置也考虑了教师职业的实际需要。

二、教师综合性教育机制的转变

在1990年以前，国内的教师教育均由独立的师范学院承担。1990年，阿尔巴尼亚教师的培养机制已由传统的师范教育转变为教师的综合性教育。1990年后，在国家经济社会发展和欧洲教育一体化的进程中，阿尔巴尼亚教育规模逐步扩大，教育对象逐渐多元化，教师教育也从封闭、定向走向开放、多元。例如：阿尔巴尼亚逐渐取消封闭式的师范院校，将原有的师范院校转变为综合性大学，与专业化的培训机构共同承接国家教师教育的任务。教师教育的渠道由此得到拓宽，教师来源也呈现出多元化的发展趋势。这种转变既符合国际上教师教育的发展模式，也继承了具有本国特色的师范传统。

三、从职前培养到终身学习

长期以来，阿尔巴尼亚传统的师范教育以职前教育为主，加入"博洛尼亚"进程后，终身学习的理念对教师教育产生了重大影响。2017年教育部出台《教育从业者继续教育法》、成立大学前教育从业人员培训计划认证委员会等，给予了教师在职培训较高的重视。国家教育发展局作为在职培训的主导部门，负责制定培训总纲领并协同专门的培训机构开展教师在职培训。通过政策保障和部门协作，阿尔巴尼亚从终身教育理念出发，已逐步在教师教育领域实现了职前培养与在职培训的一体化。

第三节 教师教育的挑战与应对

1990年后，随着国家经济建设的发展，社会对人才的需求量大幅增加，教师的角色也变得更加重要。在欧盟的教育理念中，教师的角色已从单纯的知识输出者逐步转变为帮助学生获得自主学习能力的辅助者，教学方式从教师讲授为主转向以学生参与为主。这些都使得教师的角色不断发展变化，教师教育也面临多重挑战。

一、数字化时代的新教学手段

据2018年国际学生能力评估计划报告显示，阿尔巴尼亚学生的数字化能力不足。为了解决这一问题，近年来，阿尔巴尼亚启动基础教育阶段课程体系改革，把提高学生在数字化时代的适应力作为培养目标之一，由此政府对教师能力、教学模式等也提出了新的要求。政府出台了一系列教师教育的相关政策和改革措施，包括将信息与通信技术列入教师培养课程体系的主干课程等。目前这一课程所占的比例仍不明确，具体实施方式的效果有待检验。就目前的发展趋势来看，数字化教学模式已成为主流趋势之一，教师应不断学习新知，更新教学法和教学理念，掌握现代信息技术，这样才能更好地推动教育在新时代下的良好发展。

二、人才培养模式的优化

近年来，阿尔巴尼亚教育部启动了初级教师教育改革，在课程建设和教师能力培养方面做出了重要调整，对教师教育的课程模块已进行了基础性规范，但目前仍未出台有关教师教育标准的官方文件，各大学提供的课程项目存在较大差异，如课程项目数量、课程安排等不尽相同。这造成教师教育的课程体系散乱，不利于国家进一步推动系统化的教师培训。

在教师职前能力培养方面，教育部虽加大了对教师学术研究能力和教学实践的要求，但在教师教育课程中，学术研究所占比例依然较低，学术研究融入教学实践的效果并不明显。在教师的职前实践方面，尽管政府明确了课堂观摩和授课实践两种模式，但在开展过程中，会出现导师并无实际教学经验或没有相应的指导资质等问题。同时，在各大学之间，甚至在同一大学的不同院系之间，对于这一实践模块的学分要求也并不统一。

因此，政府应在继续推进教师教育课程改革的同时，进一步明确教师教育的各项标准，在完善教师教育与培训课程方案的基础上，明确每门课程建设的具体要求。此外，积极建设各类教师教育课程。例如：目前阿尔巴尼亚一些高等教育机构已在欧盟教育框架的指导下，开设本科和硕士层次的残障儿童师范专业的教师教育项目，初步打破了传统师范专业与其他学科间的壁垒。

三、调整教师教育资源分布不均

由于阿尔巴尼亚经济发展仍处于较低水平，城乡贫富差距显著，导致教师教育资源长期存在地区分布不均的现象。据联合国 2017 年发布的报告显示，2017 年，阿尔巴尼亚农村地区至少空缺 600 名基础教育阶段的教师。[1] 据欧盟欧洲培训基金会 2019 年发布的报告显示，在地拉那、斯库台、都拉斯、科尔察等大城市的教师中，超过 90% 的教师拥有在职培训的机会，而

---

[1] 资料来源于联合国数字图书馆官网。

在东北部乡村地区的教师中，这一比例仅有 47%。[1] 报告还显示，农村地区的教育培训机构和培训课程数量均远低于大城市，这也直接导致了农村地区缺少教师资源。优化教师教育的资源配置事关国家整体的教育发展，阿尔巴尼亚应对社会总资源的分配以及教育资源在教师教育间、各级各类教育机构间的分配制定宏观且长远的战略规划。

四、提升教师教育国际化水平

阿尔巴尼亚是欧盟高等教育合作框架中多个项目的参与国，这些项目对阿尔巴尼亚高等教育机构产生了多层面的影响。但数据显示，阿尔巴尼亚在这些国际项目中参与程度较低，涉及的人员结构和合作交流的领域较窄。因此，首先，阿尔巴尼亚应加大国际交流与合作力度，通过拓展合作领域、深化合作内涵、提高合作成效，切实带动学校间、区域间和国际间的师资共享和跨文化交流。其次，推进教师互派、互访、互授、联授等模式，加强国际和区域间的教师流动。最后，扩大教师访学规模，创新和完善教师公派出国留学机制。

自 1909 年第一所师范学校建立以来，阿尔巴尼亚的教师教育已历经了一个多世纪的发展。尽管在不同时期教师教育的发展与改革面临种种阻碍，同国际发达的教育水平相比还存在明显差距，但也取得了一定的历史成就。从建国初期法国模式的运用、社会主义时期苏联模式的借鉴，到欧洲一体化进程中具有本国特色教育体制的探索，教师教育不断发展与完善，为培养本国优秀教师提供了坚实基础。

---

[1] 资料来源于欧洲培训基金会网。

第九章 教育行政与教育政策

教育行政与教育政策是一国教育发展的基石，也是宏观了解阿尔巴尼亚教育体系的重要视角。教育行政体制是政府行政管理体制的一个组成部分，教育政策则为国家发展教育提供政策支持。作为公共政策在教育领域的具体表现，教育政策的落实离不开不断优化的教育行政体制，二者的重要性不言而喻。

第一节 教育行政

2014年，阿尔巴尼亚成为欧盟候选国，同时在国内开启了全方位的改革，其中也包括教育改革。在教育行政的管理体制方面，阿尔巴尼亚重点调整了中央与地方的关系，完善了由中央统一领导、地方分级管理的教育管理体制。

一、中央教育行政

目前，阿尔巴尼亚主管教育的最高行政机构是阿尔巴尼亚教育部，其最高行政长官是教育部部长。教育部下设三个总局（发展与政策总局、监管与协调总局、财政与服务支持总局）和若干局处单位（见图9.1）。

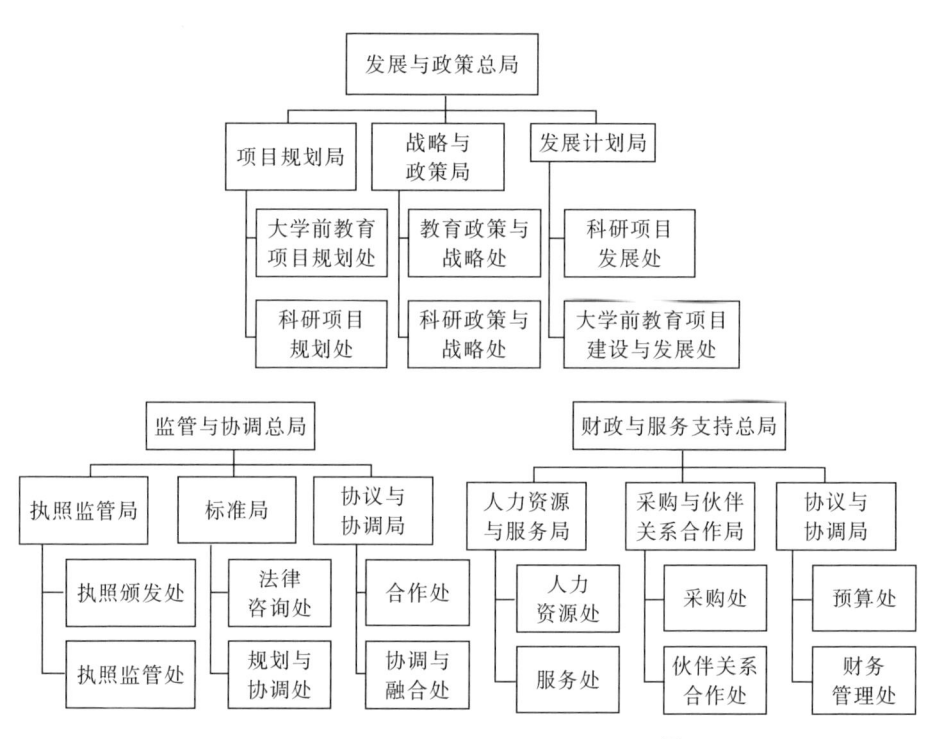

图 9.1 阿尔巴尼亚教育部局处单位[1]

（一）主要职能

在现有法律框架内，教育部的主要职能如下。

（1）拟定国家教育方针、政策，包括起草国家的教育政策、各项规章条例和教育发展计划，研究提出教育改革与发展战略和全国教育事业发展规划，拟定教育体制改革的政策以及教育发展的重点。

---

[1] 资料来源于阿尔巴尼亚教育部官网。

（2）统一全国的教育内容及目标，包括统筹管理普通高等教育、研究生教育、高等职业教育、成人高等教育和继续教育等工作。

（3）审核高等学校的办学资质，制定学科专业目录，指导高校教育教学改革和教育评估工作。

（4）对私立学校进行监督与管理，包括设立私立学校备案制度、监管教学和科研经费及相关管理法规的施行。

（5）制定大学前教育各类学校的办学标准、教学基本要求、教学基本文件，组织审定统编教材，指导大学前教育教学改革。

（6）参与拟定教育经费筹措、教育拨款及教育基建投资的方针、政策，监管全国教育经费的筹措和使用情况，按有关规定管理国外教育援助和教育贷款。

（7）主管全国的教师工作，包括制定各级各类教师资格标准以及各级各类学校的编制标准，统筹规划学校教师和管理人员的队伍建设工作。

（8）负责与联合国教科文组织开展教育、科技、文化等方面的交流与合作。

（二）直属行政机构

近年来，阿尔巴尼亚教育系统内的专业机构职责不断拓展与完善。阿尔巴尼亚教育部进行了行政改组，目前直属的行政机构分为大学前教育行政管理机构和高等教育行政管理机构两大类。

1. 大学前教育行政管理机构

大学前教育总局创建于2019年。主要职责包括：协调专业发展和课程开展，对学校进行检查和评估，管理学校资金和人力资源的分配，协助学生成绩管理和全国基础教育考试，收集和管理教育领域相关数据。

大学前教育质量保障局由教育发展司和国家教育监管司 2019 年合并而成。主要职责包括：负责教师资格、课程体系、教学备案等标准的制定和项目的策划；确定学校外部评估与学校自我评估的指导方针，修订学校评估框架；为评估人员提供培训指导；监管教育体系整体质量。

大学前教育委员会是大学前教育的政策建议部门，由来自财政部、内务部、社会问题部、各行政区最大规模的协会、全国家长协会以及教育领域的杰出人士共 14 人组成，负责对大学前教育发展纲要与政策战略的起草提供建议并对课程及其质量评估进行监管。

2．高等教育行政管理机构

高等教育与科学研究委员会负责在国家现有法律框架和《博洛尼亚宣言》框架内制定高等教育发展政策与战略，起草课程及其质量评估监管规划。

高等教育财政局统筹管理高等教育机构公共资金，包括确定发放标准，向高等教育机构发放公共资金等。

科研与创新局负责管理科学技术研究，并将其纳入高等教育体系，公布高等教育科研国际合作项目信息并协调实施。该局通过资助各项研究项目，促进国内外和区域间的科研交流，为国家的可持续发展提供智力支持。

高等教育质量保障局是国内高等教育领域唯一一家质量监督和评估机构。该局依据欧洲高等教育领域的质量标准和指导方针《高等教育质量规范》，每年公布高等教育机构及项目的年度报告，负责监管和评估高等教育质量。高等教育质量保障局负责人由总理任命。

认证理事会隶属于高等教育质量保障局，由 11 名成员组成，其中外籍成员 3—5 名，所有成员须具备相应的专业知识并具有丰富的教学和科研实践经验。理事长和理事会成员由总理任命。

此外，2015年，阿尔巴尼亚教育部建立教育服务中心。该中心由国家考试局发展而来，是涵盖大学前教育和高等教育的教育部直属行政单位，负责提供与各层级教育及教育改革相关的组织、监督、审查等服务。在大学前教育领域，负责开发、管理、分析、发布国内和国际的评估结果，起草相关法律法规，管理阿尔巴尼亚的四个教育数据库。在高等教育领域，负责统计每学年本科生、硕士、博士三个层次的招收人数和毕业人数等数据。

二、地方教育行政

（一）地方行政管理机构设置

自2003年起，阿尔巴尼亚教育行政体系呈现去集中化的趋势。教育部在地方设立教育管理机构，即区域教育办公厅。区域教育办公厅下设地方教育办公室。区域办公厅配有视察联络员，定期向教育总局汇报区域教育机构的情况，并协同教育部落实全国性的教育政策，共同保障教育质量。在大学前教育阶段，教育部的大学前教育总局在都拉斯地区、莱兹区、科尔察地区、费里地区设立办公厅，每一个区域教育办公厅下设12—16个地方教育办公室。[1]

2019年，国家出台《大学前教育地方组织架构》条例，大学前教育地方组织架构进一步拓展和优化。教育部的权力进一步下放，区域行政部门开始承担学校外部评估的职能并受大学前教育总局的监管。在权力下放的行政改革中，教育服务职能也进一步下放至地方，为各地区的中小学校能

---

[1] 资料来源于阿尔巴尼亚教育部官网。

够更好更快地得到服务创造了条件。

同时，政府提高了对地方教育部门领导的资质要求，推选流程更加透明化。具体表现为：首先，地方教育部门领导候选人需具有教师资格证书，任职期间不得兼有政党身份；其次，地方教育部门的领导须由地方教育机构职工以公开普选的形式产生。

（二）校级行政管理机构设置

国家在地方实施教育行政改革的同时，对学校层面的行政管理及组织架构也做出了进一步细分。校级层面的管理机构分为大学前教育和高等教育两个层级。

1. 大学前教育阶段的行政管理机构

大学前行为与道德委员会由教师、家长和学生组成，负责审核和处理在教学活动、科研经费使用等方面违反道德准则的申诉并向校长提出相关处理建议。

教育机构委员会由家长、教师、学生、地方行政代表和社区代表组成，负责审批教育机构的中期和年度计划，批准课程，参与校长、教师的任命和解雇程序。

教师委员会由所有教育机构的正式教师组成，负责探讨研究教育机构的教育教学活动，包括各校教师的工作方案和授课方式等。

2. 高等教育阶段的行政管理机构

学术理事会是高校学术管理的最高机构，由校长担任理事会主席，成员由教授和学生代表组成，学生代表的人数至少占理事会总人数的 10%。

校董事会由校长、副校长、行政管理人员组成，是高校的最高权力组织、学校的宏观决策单位，职能由各高校章程确定。

高等教育伦理委员会负责审查教学和科研过程中与伦理有关的问题，旨在加强对高等教育机构教学与科研项目的伦理监管。

三、教育行政改革的重点及特征

教育作为社会管理和公共服务的重要组成部分，其事务具有中央和地方交叉性的特点，同时教育机构自身又具有相对的自主性，在教育领域如何平衡中央与地方的权力分配，如何协调国家行政管理与高校自治权的关系，对一国教育制度及教育发展有着重要影响。一般来说，中央向地方逐渐放权与中央逐渐集权是国际上两种教育行政改革的主流趋势。伴随 2014 年开始的旨在切实建设地方行政、财政自治，激活基层单位活力的改革，阿尔巴尼亚在教育行政体制改革中体现出了前一种趋势的明显特征。

（一）大学前教育行政改革的权力下放

在教育领域的行政体制改革中，伴随 2012 年《大学前教育体制法》和一系列地方组织架构条例的出台，教育部逐步把权力下放给较低层级的政府部门，尤其是在大学前教育领域，这一特征更为明显。

2014 年，阿尔巴尼亚政府出台《大学前教育发展战略（2014—2020 年）》，为大学前教育发展与改革做出了重要指示。《大学前教育发展战略（2014—2020 年）》提出了 7 项改革原则，其中去集中化和问责制成为 7 项改革中的两个优先事项。基于此,阿尔巴尼亚对大学前教育的资金分配与校长的选拔任命做出重要调整。在教育资金分配方面,2014年起,教育部把由统一分配与下拨的中央财政资源,即教育预算资金的分配权下放给各地方教育机构。此举不仅拓宽了大学前教育机构自主支配的资金来源,还在一定程度上提高了地方政府财政管理的效率和竞争力,充分调动了地方政府的能动性。《大学前教育发展战略(2014—2020年)》对校长的选拔和任命做出了新的规定,即校长由公立教育机构所在市的市长任命,同时提高校长候选人的门槛与标准,如须具有教育领域的工作经验、不能同时任职于任何政党机关等。

通过对行政架构与管理模式的改革,基层教育部门的自主性得到增强。同时,都拉斯、发罗拉等地的政府在新的行政机制下能够以更先进的教育管理思想为指导,因地制宜,更加灵活地探索和改进地方政府的运行方式,并以此作为教育行政改革试点,进一步推动全国教育改革的落实。

(二)高等教育行政管理权的弱化

与大学前教育行政改革相对应,在高等教育领域,教育部门的行政化管理趋向逐步弱化。1999年加入"博洛尼亚进程"以来,阿尔巴尼亚政府通过出台一系列重要法案、高等教育发展战略,赋予了大学更大的自主权和自治权,从之前的"自上而下"的模式调整为"自上而下"与"自下而上"相互作用的模式,由之前政府任命高校校长转变为辅以高校管理层的民主推举制度。随着这些法案的出台与落实,长期以来政府和教育部对高校的过度介入与"管制"化的政校关系得到了显著改善。但需要指出的是,在教育行政体制去集中化的改革中,中央政府政策的执行有可能受到诸多复杂内外部因素的影响和制约,这也是世界各国在教育体制改革过程中所面临的共同问题之一。

总体来说，阿尔巴尼亚的教育行政管理模式没有照搬他国模式，并非是从欧盟的"硬移植"，而是在借鉴欧盟国家较为先进的行政管理模式的基础上，不断探索适合自身的发展模式，即将中央集权制与扩大学校自主权相结合。这种模式符合本国的教育历史与现状，同时也顺应世界教育行政管理主流模式的发展趋势。

第二节 教育政策

教育政策属于公共政策范畴，是国家管理和发展教育的主要手段。在阿尔巴尼亚，随着义务教育的普及、教育规模的扩大和国家职能的加强，教育越来越具有社会公共事务的属性。作为公共政策在教育领域的具体表现，教育政策以公权力为依托，以各种具有国家强制力的行为为工具，规范和管理教育实践活动，解决教育领域中出现的问题，分配和调整教育活动中的具体利益，其重要性不言而喻。自1990年以来，随着阿尔巴尼亚政府对教育发展的逐步重视以及欧洲一体化进程的不断推进，各层级、各类型的教育政策不断出台并在实践中得到修订与调整。

一、政策与规划

自20世纪90年代以来，在社会改革和欧洲一体化的进程中，阿尔巴尼亚历届政府出台了一系列重要的教育文件与发展纲要，其中重要的法律文件如表9.1所示。

表9.1 1994—2020年阿尔巴尼亚颁布的主要教育法律文件

年份	教育政策文件名称
1994	《高等教育法》
1995	《大学前教育体制法》
1996	《公立学校规范条例》
1998	《高等教育法》
2002	《职业教育与培训法》
2006	《高等学校招生统一考试法》
2007	《高等教育法》
2007	《国家高等教育发展战略》
2008	《社会性别平等法》
2008	《大学前教育发展战略（2008—2013年）》
2008	《国家高等教育发展战略（2008—2013年）》
2009	《监管职业法》
2012	《大学前教育体制法》
2013	《国家发展与融合战略（2015—2020年）》
2014	《大学前教育发展战略（2014—2020年）》
2015	《国家科学、技术与创新战略纲要》
2015	《高等教育与科学研究法》
2016	《性别平等与行动计划国家战略（2016—2020年）》
2020	《大学前教育机构运行章程》

这一系列教育法律文件指向大学前教育和高等教育两个阶段，从宏观层面明确了国家的教育目的与使命、教育体制、升学模式，规定了学校教育的培育目标、课程内容、授课方式以及各种教育资源的来源与配置方案、教师的准入条件、专业身份、工作权责、待遇等细则。

（一）大学前教育政策

现行的大学前教育核心政策为 2012 年《大学前教育体制法》。《大学前教育体制法》进一步明确了大学前教育的三个阶段（学前教育、小学教育和初中教育、高中教育）的划分，在总结三十年来国内外教育领域的转型经验与改革成果的基础上，将大学前教育目标设定为"促使每一个学生认识、尊重并捍卫民族的认同感和文化传统与多样性；培养品行、审美、智力、体力的能力和思辨与创造力，为社会的进步、自由和民主做出应有的贡献"[1]。同时，此法案首次对残障儿童教育、少数民族教育、家长在学校管理中的作用、中小学校的自主权等长期被忽视的事项做出规定。

2015 年 9 月 25 日，联合国大会通过《2030 年可持续发展议程》，议程的核心是确立 17 项可持续发展目标，其中第 4 项"教育"的核心宣导理念为"优质教育"与"全纳性教育"，旨在通过包容和公平的优质教育，让全民终身享有学习机会。在这一理念的引导下，阿尔巴尼亚政府在核心政策的基础上，出台了《大学前教育发展战略（2014—2020 年）》《大学前教育机构运行章程》等，进一步明确了这一阶段"培养自由市场经济环境下需具备的知识、技能、竞争力"的培养目标，同时启动了从学前教育到高中教育的一整套课程改革。

（二）高等教育政策

在转型初期，阿尔巴尼亚在政治经济领域开启"回归欧洲"进程，在高等教育领域，阿尔巴尼亚在"博洛尼亚进程"和"里斯本战略"框架下通过《高等教育法》《高等教育发展战略（2008—2013 年）》《国家发展与融

---

[1] 资料来源于阿尔巴尼亚教育部官网。

合战略（2015—2020 年）》《国家科学、技术与创新战略纲要》《高等教育与科学研究法》等一系列里程碑式的政策和纲要，不断对传统高等教育体系进行技术性调整，进一步建立健全法律机制。例如：在 2008 年出台的《国家高等教育发展战略（2008—2013 年）》中，阿尔巴尼亚第一次将高等教育体制改革纳入国家发展战略，通过调整学位结构和资格框架、建立学分转换与累计系统、实现学位互认，加大对高等教育机构的财政支持力度、提高学术研究自主权等具体措施，在"博洛尼亚进程"框架下进一步推动了高等教育的现代化发展和高等教育改革的深化落实。

2013 年，阿尔巴尼亚政府出台《国家发展与融合战略（2015—2020 年）》，并以此为框架制定了现行的《高等教育与科学研究法》，通过进一步完善办学模式，提高高等教育质量，优化资金来源与运用，调整管理制度、课程设置并加强专业多样化和综合化等，进一步加大了阿尔巴尼亚高等教育与"博洛尼亚进程"的相适度。

从加入"博洛尼亚进程"至今，阿尔巴尼亚高等教育在欧洲一体化框架下基本步入正轨，不论是从组织架构、政府的支持力度，还是从办学规模和形式上，都在向着继续推进和深化高等教育改革的方向迈进。

（三）基于"包容"与"全纳"教育理念的教育政策

除了上述在不同教育阶段颁布的核心法律外，在阿尔巴尼亚不同的教育政策和指导纲领中，国家对女性受教育权利、残障人士受教育权利以及少数民族受教育权利的保护也得到体现。《性别平等与行动计划国家战略（2016—2020 年）》《保护少数民族法》等一系列法律条例的出台，凸显了在欧洲教育一体化进程中，阿尔巴尼亚教育政策与欧盟教育精神中"包容"与"全纳"理念的相适性以及阿尔巴尼亚教育国际化的趋势。

1. 性别平等的推进

教育中的性别平等观念是阿尔巴尼亚教育体系向欧盟靠拢的又一重要特征。保障性别平等已写入阿尔巴尼亚宪法，并在国家的各项教育政策中都得到了体现。阿尔巴尼亚宪法规定，公民需完成九年义务教育，包括五年小学教育和四年初中教育。宪法保障每一个公民享有平等的受教育权利。在此基础上，自2008年以来，国家相继通过《社会性别平等法》《家庭暴力措施法》《性别平等与行动计划国家战略（2016—2020年）》等一系列法律法规及修订案，在性别平等、保障女性受教育权等方面取得了重要进展。

2. 特殊群体受教育权利的增加

特殊群体，尤其是残障儿童的受教育权是欧盟与联合国在教育领域的核心关切，也是"教育"可持续发展目标中的核心关切之一。在阿尔巴尼亚，有智力缺陷和身体缺陷的儿童的受教育权利受到国家法律的保护。在2006年联合国颁布的《残疾人权利公约》的基础上，阿尔巴尼亚政府于2012年出台《大学前教育体制法》，该法含括《残疾人权利公约》中"多元、包容、共享"的重要精神，其中第十一章第63条阐述了国家对残疾儿童教育的主旨是"确保残疾儿童智力、身体潜能的充分开发，改善其生活质量，旨在为这一人群更好融入社会和劳动力市场做好准备"[1]。《大学前教育体制法》中规定残疾儿童进入特殊教育机构只是暂时性的，在儿童自身条件允许后，使其融入幼儿园或常规基础教育机构是首要任务。第65条规定残疾儿童的教育组织应使用合适的常规教材或者由教师和心理学家共同制定的特殊教材。2016年，阿尔巴尼亚青年与社会福利部本着《残疾人权利公约》的精

---

[1] 资料来源于阿尔巴尼亚教育部官网。

神，与联合国开发计划署共同出台了另一部重要文件《国家残疾人行动计划（2016—2020年）》，其中对于残障儿童受教育问题予以了高度重视。

3．少数民族受教育权利的推进

在国际法中，保护少数民族权益是国际人权法的重要组成部分。1992年，联合国通过并颁布了《欧洲保护少数民族框架公约》。其中第12条第3款明确规定了为少数民族获得受教育权提供平等机会。

2006年，阿尔巴尼亚与欧盟签署《稳定与合作协议》，阿尔巴尼亚少数民族保护法案的事宜提上日程。2017年，阿尔巴尼亚议会通过《保护少数民族法》，这一法案填补了阿尔巴尼亚法律体系中有关少数民族受教育权利的空白。2019年，欧盟委员会在第四次"进展报告"中指出，阿尔巴尼亚境内的两大少数民族——罗姆人和埃及人——依然面临不平等与受歧视的现状，尤其在地方层面，政府须进一步加强对境内少数民族的立法保护，改善其就业、教育等权利。

关于少数民族的受教育权，《保护少数民族法》第13条仅规定了少数民族学习本国语言的权利，而受教育权利的核心并没有在此法案中得到体现。就现阶段而言，阿尔巴尼亚仍面临难以平衡为少数族裔提供保护与加强全社会凝聚力的问题。从法律角度看，阿尔巴尼亚出台了保护所有公民受教育权利的相关法律，但是在义务教育体系外，对罗姆人和埃及人的歧视与偏见仍广泛存在，其受教育的比例远低于主体民族。

二、政策实施与挑战

多年来，阿尔巴尼亚的教育政策通过借鉴国外先进的教育理念，探索适合本国发展的教育模式，不断得到优化。尤其是《2030年可持续发展议程》提出的"通过包容和公平的优质教育，让全民终身享有学习机会"的教育发展理念在阿尔巴尼亚近年来的教育政策中得到了充分体现，但同时也对本国的教育提出了更多挑战。

（一）丰富教育政策的分类

在阿尔巴尼亚，学前教育的发展还相对落后，发展规模和速度也明显落后于其他教育阶段。从法律层面来看，《幼儿园管理条例》《幼儿园工作规程》等缺乏法律权威，其内容也无法解决经济体制和社会结构转型带来的一系列新问题。随着《大学前教育体制法》《监管职业法》《高等教育法》等教育法律的颁布和实施，大学前教育体系的学制阶段中，只有学前教育没有立法，所有涉及学前教育领域的法案都笼统地划归至大学前教育。这直接导致了学前教育的法律地位不够明确，管理体制和投入体制不顺畅，政府责任不清，难以建立良好的学前教育管理秩序。在国家开展学前教育的过程中，更是面临无法可依的情况。2014年，阿尔巴尼亚政府出台了《大学前教育发展战略（2014—2020年）》，尽管对学前教育的发展愿景、政府职责、各环节的实施方案等均有规划，但由于各部门无法协同配合，导致落实效果不佳。因此，政府必须进一步加快学前教育立法进程，明确其法律地位及发展标准，为可持续的学前教育机制提供法律保障。

（二）细化教育政策及法律条款

除了上述提到的教育政策分类不全的问题外，目前阿尔巴尼亚的教育政策还面临较为粗放的问题，在特殊教育领域体现得尤为明显。阿尔巴尼亚残障儿童的受教育权利在1998年宪法及修订法中得以保障，但目前这一群体受教育的比例依然较低，特殊教育的法制建设仍然滞后。从政策层面看，目前缺少更为详细、具体、操作性强的法规，例如：各层面的政策未能明确残障群体的评定机制，同时对于特殊教育的教师未能规定具体的教育方针、培养方案等。这些都不利于特殊教育的发展。

（三）强化数字化时代教育政策的指引

阿尔巴尼亚在教育领域一直鼓励信息化、智能化的转型，早在 2008 年出台的《大学前教育发展战略（2008—2013 年）》中，就将信息与通信列为国家大学前教育的发展事项。2015 年，阿尔巴尼亚创新与公共行政部颁布《数字化战略（2015—2020 年）》并对信息与通信技术在教育中的重要性给予一定关注。2016 年，教育部启动大学前教育课程，阿尔巴尼亚政府通过《小学教育核心课程》《初中教育核心课程》《高中教育核心课程》等立法，进一步推动以培养新时代核心竞争力为导向的课程改革。在这一系列政策的指导下，信息化以及智能化理念在国家的教育层面得到了一定体现。但这些政策文件中依然缺乏对于数字化时代人才培养的目标设定以及具体的培养方针，在地方层面的政策中更是鲜有提及。因此，政府应进一步明确探索方向，制定相关政策细则，为高素质人才的培养提供良好的政策保障。

教育政策与法规的出台为教育的革新提供了最初的推动力，但政策在实施过程中的推助力则非政府一力可为。不论是基础教育、高等教育，还是教师教育，其革新都离不开教育单位以及全社会的共同努力。

第十章 中阿教育交流

自1949年中阿建交以来，中阿关系经历了70余年的发展，其中文化教育领域的交流与合作是重要的组成部分。"一带一路"倡议和中国-中东欧合作机制的提出翻开了中国同中东欧国家深化合作的新篇章，中国与阿尔巴尼亚的交流合作也呈现出多层次、多领域的发展态势。习近平主席提出的人类命运共同体理念，强调了在国际政策沟通机制中"民心相通"的重要性。要开展中国同"一带一路"沿线国家的深入合作，做到"民心相通"，文化、教育交流是根基和桥梁。近年来，两国高校间的合作方兴未艾，互派留学生项目扎实推进，中文、阿尔巴尼亚语教学蓬勃发展，图书互译成果喜人，这些交流有力地促进了双方教育界互学互鉴，为中阿双边人文合作的健康发展提供了有力支持。

第一节 交流历史

一、历史早期的文化交流

中国和阿尔巴尼亚相距遥远，但两国在早期便有了文化交流活动。据史料记载，公元前 4 世纪，中国就曾与阿尔巴尼亚人的祖先伊利里亚人有过交往。在之后的上百年间，伴随东西方文化交流的发展，阿尔巴尼亚学者对中国文化产生了浓厚的兴趣，并留下了弥足珍贵的文化交往印记。[1]

二、两国建交后的教育交流

1949 年 11 月 23 日，中国与阿尔巴尼亚建交，两国真正开始了文化教育交流。1954 年，为建立密切的文化合作关系，发展两国人民的友谊，促进两国人民的相互了解，双方在北京签署了《中华人民共和国阿尔巴尼亚人民共和国文化合作协定》（以下简称《协定》），主要内容包括：促进和协助两国科学机构、文化教育组织间的合作；鼓励译介两国著名的政治、科学、文学、艺术著作；鼓励两国科学、文学、艺术和教育工作者相互访问；互派留学生交流学习。《协定》的签订开启了两国当代教育文化交流的先河，也为两国教育交流合作确定了指导原则、合作范畴和具体内容。

1962 年，阿尔巴尼亚外交部致驻华使馆《关于拓展对话关系》的函中提及两国应在文化和教育合作领域扩展双边关系，签订与落实中阿高校间的合作协议。这一时期，阿方不仅派遣了一定数量的人员进行交流学习，还增加了在科学、文化和艺术领域的经验交流等；开展政治、艺术、科学、文学类书籍的互译项目；每年组织"中阿友谊月"活动，双方的文化教育交流得到进一步发展。时任阿尔巴尼亚驻华大使马利列在致阿尔巴尼亚外交部的《关于中阿关系的报告》中称，1962 年，"中阿两国文化关系进展较大"，阿方向北京外国语学院[2]派遣了一位阿尔巴尼亚语专家，中方派出

---

[1] 陈逢华. 中国文学在阿尔巴尼亚的译介 [C]// 北京外国语大学欧洲语言文化学院. 欧洲语言文化研究：第 4 辑. 北京：时事出版社，2008：498-513.

[2] 1994 年，北京外国语学院正式更名为北京外国语大学。

两位中国学生赴地拉那大学学习，并派出一位无线电专家赴阿尔巴尼亚进行交流指导。此外，在中阿建交13周年之际，中国在成都、哈尔滨、天津和西安举办了阿尔巴尼亚摄影展，将近100万中国民众参观了展览。同时，中方出版了48万册《阿尔巴尼亚民间故事》和6 360册《阿尔巴尼亚民歌集》。

教学点建设方面，为响应国家建设外语人才的号召，北京外国语学院在1961年首先创建了阿尔巴尼亚语专业，正式开启了国内阿尔巴尼亚语人才的培养进程。六十年间，在中阿两国教师的共同努力下，共培养了一百多名阿尔巴尼亚语专业人才，这是两国教育合作方面最重要的开创性成果。同年，中国著名文学理论专家童庆炳先生以客座教授的身份来到地拉那大学，为历史语文系学生开设了为期三年的《汉语》和《中国古典文学》课程。[1]

伴随我国阿尔巴尼亚语教学的开启，双方在人才培养、对外交流和教材辞书建设方面取得了从无到有的成就，尤其是教材建设取得了开创性的成果。20世纪80年代，在当时教学资源短缺、中阿文化教育交流较为有限的情况下，由北京外国语学院阿尔巴尼亚语教研室尹产良、夏镇、季冰、张林辉、肖桂芬等阿尔巴尼亚语专业教师编写的《阿尔巴尼亚语教程》《简明阿尔巴尼亚语语法》等一系列基础教材，填补了国内相关教材的空白。2004年前，该系列教材一直作为北京外国语大学阿尔巴尼亚语专业本科生使用的主干教材。

在经典译介方面，据笔者不完全统计，1950—1976年，中阿互译的作品共有100余部。在阿尔巴尼亚出版发行的中国文学译介有64部，总印刷量达51万册。中国古典诗词《离骚》《杜甫诗集》《中国唐代古典诗歌》、现代文学作品《雷雨》等都曾在阿尔巴尼亚流传广泛，深受读者好评。在中

---

[1] 资料来源于阿尔巴尼亚《每日报》官网。

国出版的阿尔巴尼亚文学译介作品也较为丰富，据统计，1951—1976年，我国出版的阿尔巴尼亚作品涵盖诗歌、小说、戏剧等18种类型。[1]

第二节 现状与模式

进入21世纪，经中阿双方的共同努力，两国官方层面的教育交流与合作稳步发展，民间交流日趋活跃，规模日益扩大，领域不断拓宽。稳步发展的中阿教育交流与合作已成为中阿关系的重要组成部分，为增进两国全方位合作发挥着积极作用。

一、现状

（一）留学人员交流——推动互学互鉴

1. 赴阿尔巴尼亚留学

留学生是教育交流的主体。中国赴阿尔巴尼亚交流的留学人员主要为国家公派人员。[2]2004年，我国时任教育部副部长张保庆与阿尔巴尼亚教育部部长在北京签署了教育合作协议。两国高等院校开始实施政府互换奖学金项目、国家奖学金项目、国别与区域研究奖学金项目、高水平建设国家公派研究生项目。以北京外国语大学为例，阿尔巴尼亚语专业与阿尔巴尼亚地拉那大学、阿尔巴尼亚科学院等院校及科研机构逐步建立本科、硕士、

---

[1] 丁超，宋炳辉. 中外文学交流史：中国-中东欧卷[M]. 济南：山东教育出版社，2015：336.

[2] 近年也出现自费留学人员，但人数不多，以语言学习和人文研究为主。

博士三个层次的人才培养与交流模式（见表 10.1）。2009 年 10 月，中阿签署《中华人民共和国教育部与阿尔巴尼亚共和国教育和科学部教育执行协议》，进一步完善了中阿两国政府互换奖学金项目。

表 10.1 2005—2020 年北京外国语大学阿尔巴尼亚语专业公派留学情况

年份	本科留学人数	硕士留学人数	博士留学人数
2005—2006	6		
2006—2007	6		
2009—2010	6	1	
2010—2011	6		
2013—2014	5	1	
2014—2015	5		
2016—2017			1
2017—2018	6		1
2018—2019	7		
2019—2020	5		

2．来华留学

阿尔巴尼亚在华留学生的数量自中国与中东欧国家合作以来逐年增加。在中国与中东欧国家合作背景下，中方加大了对阿尔巴尼亚留学生奖学金的实施力度，增加了阿尔巴尼亚学生年度赴华留学生名额。根据温家宝总理 2012 年出席中国与中东欧国家领导人会晤和经贸论坛时对外做出的"未来 5 年向中东欧国家提供 5 000 个奖学金名额"的承诺，自 2013—2014 学年至 2017—2018 学年，我国每学年向中东欧国家增加了 200 个单方奖名额，其中向阿尔巴尼亚每学年增加 5 个单方奖名额。[1] 由阿尔巴尼亚教育部和地方政府选派优秀学生，赴北京外国语大学、上海交通大学、对外经贸大学等多所中国知名高校进行深造，专业涵盖建筑、医学、电子工程、工商管理、国际关系等多个学科领域。此外，阿尔巴尼亚学生也可通过高校自主招生等途径申请中国政府奖学金。双方互派留学生不仅有利于促进中阿教育人文交流、培育中阿友好新生力量，更为两国政治、经贸、科技等各领域的务实合作提供了人才储备。

（二）教学点建设——夯实人才培养基础

目前，北京外国语大学和北京第二外国语学院开设了阿尔巴尼亚语教学点。

1. 北京外国语大学

北京外国语大学阿尔巴尼亚语专业是国内历史最悠久、层次最齐全、师资力量最雄厚的阿尔巴尼亚语人才培养和科研基地。[2] 1961 年起，北京外国语大学招收本科生，2000 年起招收硕士生，2014 年起招收博士生，是国内唯一涵盖本科、硕士、博士三个层次的阿尔巴尼亚语教学点，为国家培养了许多本科生、硕士生和博士生（见表 10.2）。毕业生基础扎实，视野开阔，专业化、国际化水平高，主要活跃在中阿外交、经贸、文化、教育等领域。近年来，随着阿尔巴尼亚语专业师资及招生规模的扩大，出国留学或进修的人数也有所增加，两国校际交流水平提升，在教学和科研方面的

---

[1] 中华人民共和国教育部官网 [EB/OL]. [2020-05-02]. http://www.moe.gov.cn/s78/A20/s3117/moe_853/201005/t20100511_87475.html.

[2] 2017 年，北京外国语大学依托阿尔巴尼亚语专业建立的国内首个阿尔巴尼亚研究中心获批为教育部国别和区域研究备案中心。2019 年，北京外国语大学阿尔巴尼亚语专业获批为国家级一流本科专业。

合作积极拓展,特别是建立了与阿尔巴尼亚科学院的长期合作模式,为高层次专业人才的培养奠定了坚实基础。

表10.2 2000—2020年北京外国语大学阿尔巴尼亚语专业本科、
硕士、博士招收数据

年份	本科生人数	年份	硕士研究生人数	年份	博士研究生人数
2000—2004	24	2004—2007	1	2014—2019	1
2004—2008	22	2008—2011	1	2015—2018	1
2008—2012	16	2012—2015	2	2016—2020	2
2012—2016	10	2020—2023	2	2018—	1
2016—	19			2020—	1
2018—	9				
2020—	15				

2．北京第二外国语学院

为积极响应国家"一带一路"倡议,北京第二外国语学院自2015年成立中欧语学院后,复建了阿尔巴尼亚语等一批中东欧语种专业,并于2018年开设了阿尔巴尼亚语本科教学点。目前,阿尔巴尼亚语专业在校生共17人,其中参加贯通培养项目的学生共6人。

北京第二外国语学院的贯通培养模式是阿尔巴尼亚语人才培养模式的创新探索。项目采取"4+2+1"的培养模式,即第一阶段在国内大学学习4年,第二阶段在国外大学学习2年,第三阶段在国内大学学习1年。学生在第一阶段若综合成绩优秀,且达到国外院校专业考核标准及该国家语言水平要求、通过中阿双方设置的选拔机制,则由政府给予该学生在第二阶段前往国外院校进行2年访学研修的部分资助。学生完成学业后,可按照国家政

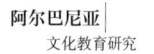

策要求，考取相应专业的等级资格证书，若达到国家政策规定要求以及学校学业标准，将获得北京第二外国语学院本科毕业证书和学士学位证书。

国内这两所院校的阿尔巴尼亚语人才培养模式，不仅使学生参与到中阿教育、人文领域的交流交往中，同时还丰富了两国文化教育合作模式。

（三）教材、辞书建设——保障人才培养质量

教材与辞书对阿尔巴尼亚语专业建设与发展至关重要。在教材方面，从 2004 年起，在第一批教材的基础上，国内相继出版了《新编阿尔巴尼亚语教程》《阿汉汉阿翻译教程》《阿尔巴尼亚语实用语法》《阿尔巴尼亚语听力教程》《阿尔巴尼亚语口语教程》《阿尔巴尼亚语口译教程》等一批新编主干课程教材，内容的实用性和持久性、知识点的系统性和专业性、语言的准确性和规范性均有提升，全方位覆盖了语法、语音、口语、听力、翻译等方面，初步完成与本科人才培养目标相适应的教材建设，满足了我国阿尔巴尼亚语专业学生和社会语言学习者的基本需求。

在辞书方面，国内近年来也取得了新的进展。《阿尔巴尼亚语汉语汉语阿尔巴尼亚语精编词典》填补了国内阿尔巴尼亚语和汉语双语辞书的空白。中阿两国学者合作编纂出版的多部工具书，如《阿汉图解词典》《汉语阿尔巴尼亚语分类词典》《阿尔巴尼亚语英语汉语图解词典》等也相继出版。目前，《阿汉词典》《汉阿小词典》等辞书编纂工作正积极展开。

（四）学术研讨——深化高层次教育交流

在中国-中东欧合作机制下，中阿两国的高层次教育交往日益密切，形式更加多样。

首先，高校与科研机构积极建立高水平人才培养和科学研究合作机制。

比如：自 2014 年起，北京外国语大学与阿尔巴尼亚最高学术机构阿尔巴尼亚科学院建立了良好的交流合作机制，北京外国语大学连续多年聘请阿尔巴尼亚科学院院士及人文学科著名学者来华授课，开展学术交流与博士生联合培养。

其次，校园学术讲座、国际学术会议的举办促进了中阿双方学者的学术探讨，进一步提升了双边教育文化交流的水平。在校际交流的合作框架下，依托近年来成立的阿尔巴尼亚研究中心，北京外国语大学定期邀请阿尔巴尼亚知名学者来华为阿尔巴尼亚语专业的师生进行学术讲座，讲座内容涉及阿尔巴尼亚历史、文化、政治、中阿交流史等领域，不仅激发了学生学习阿尔巴尼亚语的热情、进一步提高科研人员的研究水平，还为国内阿尔巴尼亚语专业的对外交往搭建了更广阔的学术平台。

2019 年，为庆祝中阿建交 70 周年，由北京外国语大学、阿尔巴尼亚科学院、发罗拉大学和吉诺卡斯特大学共同主办了"阿中关系：历史、现状及前景"国际学术研讨会。来自中国社科院、中国-中东欧研究院、阿尔巴尼亚科学院、阿尔巴尼亚历史研究所、地拉那大学、贝尔格莱德大学等 14 家机构的 49 名中外专家学者就两国建交 70 年来的双边关系、文化交流、教育合作等话题进行了深入的探讨和交流。此次国际学术研讨会是近年来我国首次以高校为依托，与阿尔巴尼亚联合举办的国际性学术会议，其成功举办积极推动了中阿高校及科研院所的合作，增进了中国对阿尔巴尼亚及周边区域的了解与关注，促进了中阿两国的文化交往和文明互鉴。

最后，在高校设立阿尔巴尼亚研究中心，重点关注国别与区域研究。2017 年，由中国教育部备案成立的首个对阿尔巴尼亚展开全方位研究的非实体研究中心建立。该研究中心依托北京外国语大学阿尔巴尼亚语专业和区域与全球治理高等研究院的平台，以国别与区域研究为重点，致力于培养阿尔巴尼亚语专业高层次国际化人才，并与阿尔巴尼亚及其周边国家的高校与科研院所建立了长期、稳定的人才培养及科学研究合作关系。目前，在国情、文学、文化、辞书编撰等领域已产出若干成果，对中国的阿尔巴尼亚研究的长远发展具有重要意义。

中阿双方丰富、密切的学术交流与合作，不仅增进了两国学者的沟通，还有效促进了"一带一路"和中国-中东欧合作机制下中阿两国在高级别人文、教育、学术领域的多层次、实质性交流与合作机制的形成，切实推动了国别与区域研究的发展。这些学术交流与合作的深入开展为两国人民的相互了解创造了有利条件。

（五）经典互译——文化互鉴拉近民心

随着"一带一路"倡议的推广和中阿两国在教育领域的密切合作，两国民间的文化交流在广度和深度上也进入了新的层次。

我国多家出版社加大了对阿尔巴尼亚文学的关注与译介，释放出了国内出版界推动中阿文化交流的积极信号。从2012年起，花城出版社的"蓝色东欧"系列、重庆出版社的"重现经典"丛书、浙江文艺出版社的"卡达莱作品集"，以及上海译文出版社推介的多部阿尔巴尼亚作家伊斯梅尔·卡达莱的作品，让中国读者得以走近阿尔巴尼亚，在阅读中感受阿尔巴尼亚文学大家的风范。为进一步落实李克强总理于2014年12月与中东欧领导人会晤后发布的《中国-中东欧国家合作贝尔格莱德纲要》，2015年，两国签署了《中阿经典图书互译出版项目合作协议》，计划五年内中阿双方各互译25部作品，涵盖政治、经济、历史、文化等领域，这是两国迄今为止最大的出版合作项目。截至2020年5月，图书出版的成果有中译阿作品——《中国经济改革发展之路》《中国历史十五讲》《中国传统文化》等；

阿译中作品——《阿尔巴尼亚历史与文化遗产概览》《母亲阿尔巴尼亚》[1]《藏炮的人》等。这些文学文化作品的译介既让中国和阿尔巴尼亚的广大读者有机会接触到两国的文学经典，扩大双方的读者群，又为两国的文化交流做出了重大贡献。此外，政治类经典著作，如阿尔巴尼亚文版《习近平经典引句解读》《习近平谈治国理政》也相继出版，双方政府都给予了高度重视。

日益繁荣的出版交流活动有力增进了两国人民对彼此的了解，为不断发展中阿友好关系注入了更多的文化内涵，提供了更强的精神支撑，为两国在"一带一路"框架下的人文交流打下了坚实基础。

（六）文化教育活动——丰富教育交流色彩

在两国教育交流的过程中，文化交流活动是必不可少的一个环节。近年来，在两国政府的努力下，文化交流活动日渐丰富。

"阿尔巴尼亚学中国日"是一年一度的中阿大学生联谊活动。2018年10月31日，中国驻阿尔巴尼亚大使姜瑜主持此活动并发表主旨演讲，阿尔巴尼亚教育部副部长诺拉·马拉伊、中国香港大公文汇传媒集团董事长姜在忠、地拉那大学孔子学院外方院长埃里昂·马拉伊作为嘉宾在活动中致辞。在联谊活动中，地拉那大学孔子学院学生代表接受了中国香港大学生代表赠送的纪念品，中方大学生演唱了《明天会更好》，地拉那大学孔子学院师生演唱了《我和我的祖国》，受到了全场嘉宾的一致好评。该联谊活动增进了中阿青年学子对"一带一路"倡议、中国-中东欧合作框架的了解，促进

---

[1]《母亲阿尔巴尼亚》是"中阿经典图书互译出版项目"的首部重要成果，该书由我国著名阿尔巴尼亚文学翻译家郑恩波先生从阿尔巴尼亚文坛最著名、最具影响力的诗人、作家阿里的15本诗集中精选并翻译而成，该书体现了阿果里诗歌创作的全貌，诗中洋溢着作者强烈的爱国主义精神和浓厚的乡土情怀。该书出版后，外语教学与研究出版社在2016年北京国际书展举行了新书发布会。

了两国青年间的文化交流。

2019年，为庆祝中阿建交70周年，中阿双方都举行了丰富的文化活动。9月，阿尔巴尼亚驻华使馆举办了由郑恩波先生编译的《阿尔巴尼亚诗选》新书推介会。外交部、中国艺术研究院、中央广播电视总台、北京外国语大学、北京第二外国语学院等相关单位均受邀出席。塞利姆·贝洛尔塔亚大使高度赞扬了郑恩波先生在中阿文化交流领域半个多世纪的耕耘与贡献，并强调了在"一带一路"和中国-中东欧合作机制下中阿人文交流的重要性。此次推介会不仅让在场的嘉宾近距离领略了阿尔巴尼亚文学的魅力，见证了翻译工作者数十年如一日的不辍奉献，同时也对文学、文化在"民心相通"中的桥梁作用有了更深刻的认识。10月，北京外国语大学联合阿尔巴尼亚科学院、阿尔巴尼亚国家图书馆在阿尔巴尼亚举办了"中阿建交70周年图书出版成果展暨新书推介会"。此次书展共展出了中阿两国历史、政治、经济、文化、艺术等领域的重要图书约300册，让阿尔巴尼亚读者更好地回顾了中阿建交70年来在出版领域取得的丰硕成果，特别是让阿尔巴尼亚年轻人更加直观地了解到中国近二三十年来在经济、社会、文化等领域的飞速发展。

此外，地拉那大学孔子学院举办的中阿电影展、中阿文化体验日等文化活动，也进一步推动了双边文化、教育和学术交流，为"一带一路"倡议及中国-中东欧国家合作框架下的中阿关系发展注入新的活力。

（七）媒体合作——助力文化教育交流

近年来，中阿两国高层互访不断，政治互信不断加强，各领域交流全面深化。

中国国际广播电台同阿尔巴尼亚通讯社一直在新闻共享、视频产品交流等方面保持着紧密的合作。例如：2016年，中国驻阿尔巴尼亚使馆与中国国际广播电台阿尔巴尼亚语部联合精心制作的中国春节宣传片在地拉那市区广场巨屏循环播放，激发了阿尔巴尼亚民众，特别是当地年轻人了解中国文化的强烈兴趣，掀起了新一轮"中国文化旋风"。

2017年5月，由中国国际广播电台与阿尔巴尼亚国家电视台合作拍摄制作的"一带一路"纪录片首播仪式在地拉那举行。阿尔巴尼亚通讯社、《阿尔巴尼亚日报》、24小时新闻电视台等主流媒体对首播仪式进行了报道，反响强烈。同时，中国驻阿尔巴尼亚使馆与阿尔巴尼亚权威性国际问题杂志《欧洲》合作，出版有关中国话题的专刊，对当前中国经济社会新进展、新趋势进行了较为详尽的报道。其间，在中国驻阿尔巴尼亚使馆的支持下，《欧洲时报》等欧洲六国华文媒体记者团访问阿尔巴尼亚，阿尔巴尼亚议会对中阿新闻媒体交流合作高度重视，议长梅塔亲自会见了代表团。此后，中国驻阿尔巴尼亚使馆与中国香港《文汇报》合作，推出首部阿尔巴尼亚文画册《一带一路》，展示了几年来"一带一路"建设取得的成果以及有关沿线国家积极响应、参与合作的具体实例。

中阿两国媒体广泛深入的报道切实增进了两国人民的友谊，同时也激发了热爱两国语言文化的年轻人的热情，为双方教育交流与合作营造了良好的氛围。

二、主要合作模式

阿尔巴尼亚是与新中国建交最早的国家之一。70余年来，中阿关系虽历经考验，但两国始终秉持平等相待、互利共赢的原则发展双边关系。自"一带一路"倡议和中国-中东欧合作机制提出以来，两国在政治互信原则的引领下，不断拓展和深化人文与教育交流，逐步形成了多层次的合作模式。

（一）以政府合作纲要为主导，以项目为依托，以校际交流为主要路径

2000 年后，中阿两国教育交流日益紧密。从 2004 年《中华人民共和国和阿尔巴尼亚共和国联合公报》、2009 年《中华人民共和国和阿尔巴尼亚共和国关于深化传统友好关系的联合声明》和《中华人民共和国教育部与阿尔巴尼亚共和国教育和科学部教育执行协议》、2014 年《中国-中东欧国家合作贝尔格莱德纲要》到 2019 年的《中国-中东欧国家合作杜布罗夫尼克纲要》，双方政府都强调了扩大两国人文教育交流与合作的重要性。为了落实双方签署的各项合作协议，中阿教育交流围绕项目主题展开合作，主要包括各类奖学金项目[1]、"中阿经典图书互译"项目、孔子学院项目等。中阿政府通过依托各类项目，不仅为双方高校、机构和智库间在留学人员交流、人才培养、教材建设、国别与区域研究等方面，还是为双方媒体在宣传与引导方面提供了可靠的政策支持和机制保障。

（二）探索创新合作模式，联合培养高层次人才

联合培养博士生模式在国内外高校中并不少见。近年来，中阿教育交流领域正在逐步探索这一模式。

2016 年起，通过我国留学基金委的"国家建设高水平大学公派研究生项目"的资助，北京外国语大学与阿尔巴尼亚科学院展开了博士生联合培养计划。2016—2020 年，共同培养 5 位博士生，[2] 研究领域涉及阿尔巴尼亚文学、政治等。从目前的成效看来，这种模式不仅有助于拓宽双方研究生的学术视野、提高研究水平，还丰富了两国教育交流内容，加强了人才培

---

[1] 主要包括中国政府奖学金、国际区域问题研究、国家建设高水平大学公派研究生项目。
[2] 其中包括 2 名阿尔巴尼亚籍博士研究生。

养和科研领域的合作，进一步实现了中阿高校与科研机构间的资源共享和优势互补。

第三节 案例与思考

一、中文教学与推广——以孔子学院为例

伴随中国-中东欧合作机制的推广，对外中文教学在中阿教育交流中的重要性日益突出。2004年至今，孔子学院[1]已在全球120多个国家开设，其中19所分布在巴尔干地区，覆盖了巴尔干地区11个国家。2013年，阿尔巴尼亚第一所孔子学院在首都地拉那成立。自成立以来，通过中阿双方不断的摸索、创新，对外中文教学事业不断发展深入，地拉那大学孔子学院现已成为阿尔巴尼亚最重要的传播中文及中国文化的阵地。

早在20世纪60年代，我国就开始派中文教师赴阿尔巴尼亚任教。20世纪70年代后期，由于双边关系紧张，中阿文化交往多年停滞，中文教学在阿尔巴尼亚也中断多年。2009年9月，根据中国驻阿尔巴尼亚大使馆和阿尔巴尼亚地拉那大学签订的教育协议，地拉那大学开设了首个中文学习班。这是中阿恢复关系后，我国首次向阿尔巴尼亚派出中文教师，也是阿尔巴尼亚首次在其国内大学设置中文课程。为了满足当地民众学习中文的需要，2011年2月，地拉那大学外国语教学中心开设了中文夜间成人班。当时，除公立教学机构外，也建立了几所私立中文培训学校。但在这一时期，阿尔巴尼亚尚未开设孔子学院，也没有大学开设中文选修课，中文教

---

[1] 孔子学院总部于2020年年初更名为教育部中外语言交流合作中心。

育不论从办学规模还是教学层次上都相对滞后（见表10.3）。

表10.3 2009—2013年阿尔巴尼亚中文学校和师资情况 [1]

学校	类型	学生人数	中文教师人数
地拉那大学	公立	100	1（专职教师）
东方汉语中心	私立	28	1（专职教师） 1（兼职教师）
伊利索芙特语言中心	私立	10	1（兼职教师）

（一）教学点建设及办学规模

阿尔巴尼亚地拉那大学孔子学院于2013年11月成立，是阿尔巴尼亚成立的第一所孔子学院，目前也是阿尔巴尼亚国内唯一一所孔子学院。7年来，孔子学院通过提供优质的汉语教学及丰富的文化活动，已成为阿尔巴尼亚推广中文、传播中国文化最重要的交流机构，为阿尔巴尼亚人学习中文、了解中国文化提供了重要平台。

从2016年起，地拉那大学孔子学院不断扩大招生，相继在地拉那、都拉斯、发罗拉等城市开办中文教学点，覆盖大学、中学和小学。截至2019年年底，已在都拉斯公立大学、地拉那都市大学、地拉那国际学校、地拉那世界学院、地拉那国际机场等地设立6个教学点（见表10.4）。2020—2021学年，孔子学院将在地拉那的中小学增设5个中文教学点。[2]

---

[1] 董洪杰. 阿尔巴尼亚首都汉语推广与教学状况调查 [J]. 宝鸡文理学院学报，2010（1）: 89-91.

[2] 分别为塔法依高中（Sinan Tafaj School）、马尔斯初中（Marsi School）、克塔高中（Myslym Keta School）、柯达拉初中（Siri Kodara School）、柯卡拉里小学（Musine Kokalari School）。

表 10.4 2016—2019 年阿尔巴尼亚孔子学院教学点分布情况 [1]

名称	类型	师资人数	学生人数	课型／课时	教学点建立时间
都拉斯公立大学	公立	1	37	兴趣班／3课时／周	2017 年 4 月
地拉那都市大学	私立	1	11	兴趣班／4课时／周	2017 年 12 月
地拉那国际学校	私立	1	7	兴趣班／1课时／周	2016 年 9 月
地拉那世界学院	私立	1	14	兴趣班、语言选修班／1—3课时／周	2016 年 9 月
发罗拉社会教学班	私立	1	20	培训班／2课时／周	2018 年 10 月
地拉那国际机场教学班	私立	1	33	培训班／2课时／周	2017 年 10 月

2016 年 10 月以来，孔子学院、中国驻阿尔巴尼亚使馆积极与阿尔巴尼亚各大高等院校沟通，推进中文教学点的建立。从表 10.4 可以看出，中文教学点目前涉及地拉那、都拉斯和发罗拉三个城市，教学点总体呈增长态势，但进展较缓。中文推广，尤其是在公立院校的推广面临较大困难。在阿尔巴尼亚，一些公立机构虽表示出积极态度，但教室、场地等事宜常常无法落实。原因可概括为三点。一是对于阿尔巴尼亚人来说，意大利语、德语、法语是其传统第二外语选择，中文本身难度大、门槛高，一些学生会有畏难心理。二是在阿尔巴尼亚，中文教学才刚刚起步，远未达到普及的程度，学生较难找到明确的学习动力。三是由于公立学校制度相对僵化，开设中文课程需要从校领导到理事会层层审议，效率略显低下。相反，一些私立学校，如地拉那国际学校和地拉那世界学院，因为竞争激烈，都纷纷向孔子学院抛出橄榄枝，希望将中文纳入学校的课程体系。这些私立学校内部体制相对灵活有弹性，可操作性强。中文教学在私立学校的推广近年来呈明显的增长趋势。

---

[1] 数据来源于笔者对阿尔巴尼亚孔子学院中方院长的采访及地拉那大学孔子学院官网。

目前中文教学已覆盖阿尔巴尼亚小学、中学和大学各个阶段，虽然阿尔巴尼亚的学生和家长对中文兴致浓厚，但受多种因素影响，阿尔巴尼亚教学机构目前无法满足不同学段学生的学习需求。阿尔巴尼亚中小学每一个年龄层的学生对教材和教师的需求不同。比如：地拉那世界学院一年级学生，由于年龄小，自律性差，上课较随性，导致教学难以按计划实施。而地拉那国际学校的情况则是，所有年级的学生都选修一门中文课程，但由于学生的水平参差不齐，导致教师很难把握教学难度。在教材方面，阿尔巴尼亚当前缺乏针对中小学生的教材。可见，在目前向中小学推广中文的趋势下，找到适合中小学生的中文读物和教具是当务之急。同时，对教授不同学段的中文教师的要求也应有所差异，如教授中小学中文的教师需要具备较好的英语水平以及与小孩沟通交流的经验，课堂要有趣味性，通过游戏、手工制作等手段增加互动，将寓教于乐贯穿始终。

（二）学生来源

孔子学院中文学员主要分为两类。一类是学分制学员。从2014—2015学年起，地拉那大学外语系和经济系在本科二三年级开设了中文选修课，成绩纳入学分体系，计划在未来逐步建立学历制。此类学员是孔子学院近年来重点扩充的对象。另一类是非学分制学员，来自各类高校、中小学及社会兴趣班。据地拉那大学孔子学院官网显示，2017—2018学年，地拉那大学孔子学院共有中文学员950人，同比增长74.7%，其中地拉那大学经济系的中文选修课学员60人，占总学员的6%；非学分学员890人。2018—2019学年，学生人数为609人，其中地拉那大学外语系的中文选修课学员90人，占总学员的14%。[1]从数据可以看出，近年来学分学员的比例增加，

---

[1] 资料来源于地拉那大学孔子学院官网。

这反映出阿尔巴尼亚大学生学习中文的动力和热情逐步增强。

（三）课程设置及教材使用

2016 年以前，孔子学院中文课只开设一个初级班，选用的教材是由吴中伟主编的《当代中文（阿尔巴尼亚语版）》。但笔者在对孔子学院教师的采访中了解到，该教材对于无中文基础的学生来说难度过大，并且缺乏统一的检验标准，这导致学生在学习的过程中略显动力不足。

2017 年，孔子学院成立了汉语考试中心。2017 年全年举办了 3 次汉语水平考试（简称 HSK），参考人数共计 117 人，其中 108 人获得考试合格证书。地拉那大学孔子学院通过引入汉语水平考试，使学生学习汉语的动力明显增强，学习目标也更加明确。同时，孔子学院选择了相应的适配教程，主要有《HSK 标准教程 1》《HSK 标准教程 2》《HSK 标准教程 3》。此教程的教学进度明确、合理、有针对性，学生平均一学期便可学完一本教材。截至 2018 年 2 月，孔子学院的中文课程分为 1—4 级。将 HSK 考试与班级设置和课程教学结合，有助于稳步提高中文教学水平。

除了基础的中文课程外，孔子学院还利用当地资源开设中国文化课程，比如：聘请当地华侨开设太极拳训练课，吸引了众多阿尔巴尼亚学生及社会人士的参与。

（四）奖学金设置

近年来，中方积极设立各类奖学金，鼓励阿尔巴尼亚优秀学员来华学习与体验。比如：2017—2019 年，共 25 名优秀学员获得奖学金（见表 10.5），这些学生已经赴中国北京、上海、长春、厦门、长沙等地的大学学习。每一位通过 3 级考试的学生都有机会申请奖学金。奖学金的设立和落实使学生有机会亲身赴华体验中国文化，学以致用，有效提高了学生学习中文的热情。

表10.5 2017—2019年阿尔巴尼亚孔子学院奖学金项目及获奖人数

年份	奖学金项目	人数
2017	中国政府奖学金、"一带一路"沿线国家语言生奖学金	10
2018	中国政府奖学金、孔子学院奖学金	9
2019	中国政府奖学金、孔子学院奖学金	6

（五）文化活动

在中国驻阿尔巴尼亚使馆和阿尔巴尼亚孔子学院的共同努力下，近年来，阿尔巴尼亚中文推广活动逐渐增多，代表性活动有"汉语桥"比赛、孔子学院日活动等。

"汉语桥"是由孔子学院举办的中文比赛，是世界人文交流领域的知名品牌活动。"汉语桥"中文比赛已成为各国大学生学习汉语、了解中国的重要平台，在中国与世界各国青年之间架起了一座沟通心灵的桥梁。如2017年5月30日，第十六届"汉语桥"世界大学生中文比赛阿尔巴尼亚赛区决赛在地拉那大学举行，此次活动由地拉那大学孔子学院承办、中国驻阿尔巴尼亚使馆协办，是"汉语桥"这一知名文化品牌活动在阿尔巴尼亚的首次亮相。决赛分为汉语主题演讲和中华才艺展示两个环节。选手们热情洋溢地讲述了各自的中国情结、中国梦，展示了歌舞、绘画、朗诵、功夫等丰富多彩的中华才艺，表达了对中国语言、文化的理解和热爱，引发全场阵阵掌声。最终获奖选手代表阿尔巴尼亚来华参加"汉语桥"总决赛，与全球的汉语爱好者欢聚北京、同台竞技、共叙友谊。

孔子学院日活动旨在向阿尔巴尼亚民众展示中国文化，宣传"一带一路"建设构想。孔子学院日活动分为两部分：一是举办"一带一路"建设宣传图片展及中国文化体验活动，二是进行中华文化文艺汇演。例如：2017年，中方在该活动中充分展示了中国的自然人文风貌、"一带一路"倡议及中国改革开放以来取得的成就。当地华人华侨代表呈上了中医、厨艺、武术等方面的互动展示，孔子学院中方院长和各位教师准备了精彩的书法演绎、古筝弹奏、双节棍表演、中华时装秀、茶艺展示等节目，让现场的观众们充分感受到中国文化的博大精深。孔子学院学生用汉语演唱了歌曲《今天是你的生日》，用中阿双语演唱了阿尔巴尼亚民歌《你是一朵含苞待放的花》，使现场气氛达到高潮。

这些文化活动形式丰富多样，有效提高了地拉那大学孔子学院的知名度，也使更多的阿尔巴尼亚民众进一步了解当地的中文教学情况，对中华文化传播和中阿文化交流起到了积极的促进作用。

（六）中文学习问卷调查与分析

笔者于2017年9月至2018年3月在阿尔巴尼亚访学，在中文教师李蓓蕾2012年做过的一份问卷调查[1]的基础上，对相同问题进行了重新调查，问卷调查分为四个部分，内容涉及语言和文化态度、学习动机、学习者希望社会提供的学习条件、对中文教材的要求等。[2]

经比较，"认为中文学习最难的部分"和"学习中文的时间"这两个问题的结果均为"汉字为中文学习最难的部分"和"工作后的空闲时间"，而以下问题的结果则出现了较大变化。

第一个问题是"对学习中文是否有兴趣"。2012年的问卷结果显示，80%的受访者表示有兴趣，20%的受访者表示没有兴趣。在2018年的问卷

---

[1] 此文章尚未发表，本文所引数据已经作者李蓓蕾授权。
[2] 共收到有效问卷51份。受访者为2017—2018学年地拉那大学孔子学院和历史语文系学生。

中，100%的受访者对学习中文感兴趣。这个趋势表明阿尔巴尼亚人对学习中文的兴趣进一步提高。

第二个问题为"为何对学习中文感兴趣"。在2018年的问卷中，49%的受访者认为"学习中文对我的未来发展有益"，38%的受访者认为"中国文化博大精深"，11%受访者认为是因为"中国经济实力的增加"，2%的受访者认为是因为"中阿的传统友谊"。较之前的问卷，可以看出"中国综合实力的提升"已经成为阿尔巴尼亚人学习中文的动机之一。

第三个问题为"希望社会提供哪些中文学习条件"。2012年与2018年的问卷调查结果有较大出入。在2012年的问卷中，更多人选择"有更多的中文教师"。而2018年问卷中大部分受访者选择了"希望有更多的大学可以教授中文"。受访者希望中文成为所在学校的一门必修课程而非辅修课程。从"希望有更多的中文教师"到"希望中文学习正式进入大学课程"，这既反映出地拉那大学孔子学院近年来的快速发展、汉语教学师资力量的不断增强，也反映了阿尔巴尼亚民众对中文学习的需求进一步增长。

中文教学与推广是中阿文化和教育合作的核心内容之一，基于两次的问卷调查可以看出，以孔子学院为平台的中文教学已形成较为成熟且特色鲜明的办学模式，同时其在中文的教学与推广方面还有一些待改进之处。

首先，需要进一步探索提高学生中文水平的发展模式。近两年来，虽然学生在各种文化交流活动中表现活跃，但他们的中文水平远不能满足在阿尔巴尼亚中资企业的实际需求。2017年起，孔子学院实行了一学期的分级教学，效果明显，这是目前切实有效的提高中文水平的主要手段。

其次，中文教学需进一步融入阿尔巴尼亚大学及社区，向建设中文专业发展。从2013年起，地拉那大学孔子学院已在地拉那大学外语系、经济系开设了学分课程。课程设置应进一步纳入地拉那大学各院系的学分体系，力争在较短时间内使中文成为地拉那大学的学历课程，并以建立中文专业为最终发展目标。这样既能够增强学生学习中文的动力，规范学生的学习行为，同时也有利于中文教师对学生的统一化管理。

再次，鉴于学生对中文学习兴趣的增加，应继续增加教学点，进一步增设孔子教学课堂，开设网络课堂，开展多媒体教学，同时加强与公立或私立学校、机构甚至是企业的合作，以此满足学生多样化的学习需求。

最后，随着孔子学院的日益发展，其功能已从教育文化交流延伸到社会服务与就业领域。随着中国在阿尔巴尼亚投资的增多，中资企业对懂中文的当地阿尔巴尼亚工作人员需求量增加。孔子学院应加强与阿尔巴尼亚中资企业的联系，主动参与企业活动，合作内容涵盖语言实习、中文培训、科研合作，将学生的学习兴趣与就业需要相结合。这样既能提高学生的中文水平，又能激发学生的学习动力，从而为在阿尔巴尼亚中资企业提供人才输送，切实为国家的"一带一路"倡议和中国与中东欧国家的合作做出应有的贡献。

二、对中阿教育交流的思考和建议

在 1992 年两国关系恢复常态后，中阿文化教育的交流逐步得到政府部门及教学机构的大力支持，特别是在"一带一路"倡议和中国-中东欧合作框架提出后，教育领域的合作更加彰显出重要意义，也引发了我们进一步的思考。

（一）继续落实纲领性教育合作协议

在教育合作层面，2009 年签署的《中华人民共和国教育部与阿尔巴尼亚共和国教育和科学部教育执行协议》为现行的指导性文件，为中文教学点的建设、两国留学人员的互换、教师的互访奠定了法律基础。为进一步完善教育合作模式，推动教育合作交流，双方需要在"一带一路"倡议和中国-中东欧合作机制的框架内继续落实已有合作协议并定期根据两国教育发展的现实情况做出调整，同时细化如奖学金发放、派出人员数量与条件、资助渠道等条款，进一步发挥教育合作协议的保障性功能。

（二）促进教育合作模式的常态化

在确保落实指导性纲领文件的基础上，两国应继续推进较为成熟的合作模式。进一步搭建双边智库合作平台，建立双边高等院校高层次联合培养机制，探索中阿图书互译等新模式，形成常态化的机制性合作，提升文化教育领域的交流与合作水平。

（三）推动多元化教育合作

自"一带一路"倡议和中国-中东欧合作机制提出后，中阿教育合作伴随两国人文交流的深入呈现出多层次、多元化的特点。在合作办学方面，以地拉那大学孔子学院为依托，办学对象已从大学拓展到主要城市的中小学。在高等教育领域，目前，两国主要依托校际合作，落实高层次联合培养、互派留学生等项目，开展双边多层次实质性的教育交流，并取得了显著成果。但在加强公立院校间的交流合作的同时，可适当开展与私立院校的合作，推动双方优势学科互补，进一步深化与拓展合作模式。

（四）在线教育——全球教育合作的新方向

在教育全球化的背景下，在线教育已成为目前国际教育的主要模式之一。新冠疫情进一步推动了这一教育模式的发展。相对低成本、高效率、大规模的在线传播形式为国际教育交流合作打开了新的窗口。在这一背景下，中阿教育合作也应充分利用现代科技的发展，开展并完善线上教育。

中阿两国的教育文化交流自 20 世纪 50 年代起，已历经 70 余年的发展。从历史发展的角度看，中阿教育交流已经逐步形成了内在运行的规律和模式，具有相对的稳定性和独立性。随着"一带一路"和中国-中东欧合作框架的开展，中阿两国教育交流在广度和深度上都上升到了新的层次。两国应继续立足政治互信，进一步发挥教育的积极作用，切实推动两国的教育文化交流与发展。事实证明，孔子学院的开办、中阿图书的互译、教材辞书的编纂、两国人才培养合作模式的建立等教育交流实践，切实促进了两国人民的相互理解，为"民心相通"注入了持久的生命力。中阿教育文化领域的交流与互动跨越了地理上的局限，跨过了不同政治制度与发展模式的差异，在今天绽放出了新的生机。

结　语

　　阿尔巴尼亚位于欧洲巴尔干半岛西侧，国土面积虽小，人口不过300万，但身处东西方文明交汇处的地理优势使其受到东西方文明的长期浸润，形成了朴素的教育文化传统与观念，特别是在19世纪中后期的民族复兴运动的深远影响下，文化教育开始与阿尔巴尼亚民族的理想相结合，发展教育事业承载了阿尔巴尼亚国家独立与社会进步的强烈愿望。但遗憾的是，受长期政治不稳定和经济欠发达影响，文化教育的发展受到严重制约，直到1912年阿尔巴尼亚宣布独立并建立主权国家后，以阿尔巴尼亚语为官方语言的教育文化事业才得到实质性的发展。因此，在本书中我们重点研究1912年以来阿尔巴尼亚教育文化发展的历史与现状，同时展望其未来。

　　从历史的视角看，自阿尔巴尼亚独立以来，阿尔巴尼亚文化教育领域在1912—1944年和1945—1990年这两大历史阶段，均发生了翻天覆地的变化，取得了长足的发展与显著的成就。在动荡纷乱的20世纪上半叶，从第一届阿尔巴尼亚政府倡导全民教育政策至索古执政时期，阿尔巴尼亚有效启动了以阿尔巴尼亚语为官方语言的国民教育体系建设，西式的教育理论与模式首次融入了阿尔巴尼亚本土教育体系之中，兴办中小学、出版民族语言标准化教材、建立小学义务教育制度等政策与措施，使国民教育的受重视程度明显提升，教育领域也成为捍卫国家独立、发展民族文化的重要阵地。在社会主义时期，以苏联教育模式为代表的社会主义现代教育体系奠定了阿尔巴尼亚教育的发展方向。在社会主义思想的指导下，具有本国特色的教育体系得以全面建立，爱国主义教育进一步加强，标准化、世俗化、民族化的特点强化为培养社会主义新人的全民教育理念，推行教学活动、生产劳动、体育锻炼和军事训练相结合的教育发展模式。全国不但普及八年制义务教育，建立基础教育的教材体系，也普遍开展师资培养，而且在大力发展基础教育的条件下，全国迅速完成消除文盲和落后腐朽思想的任务，女性受教育水平得到明显提高，城乡学前教育的规模与质量明显提升，高等教育发展起来。当然，受政治形势与经济发展水平所限，至20世纪90年代，与欧洲大多数国家相比，阿尔巴尼亚教育的总体质量偏低，发展水平较为滞后，各类型的教育均不发达，全国长期仅有一所大学，人才培养难以满足经济社会发展的根本需求。

从近三十年的现状看，20世纪90年代初，阿尔巴尼亚社会转轨以后，随着政治经济制度的重大变革，阿尔巴尼亚教育领域也随之步入变革调整的时期，国际教育理念的深入影响和融入欧盟的现实需求正在逐步推动阿尔巴尼亚教育的改革与发展。阿尔巴尼亚回归欧洲现代化教育体系，借鉴西欧模式优化学前教育、基础教育、职业教育和高等教育，在政策法规、管理机构、财政投入、课程体系、教材设置、师资培养和国际交流等方面积极探索。第一，国家出台《私立教育法》《大学前教育发展战略（2008—2013年）》《大学前教育体制法》《大学前教育发展战略（2014—2020年）》《大学前教育机构运行章程》等法律法规，最终明确把阿尔巴尼亚大学前教育划分为三个阶段（学前教育、小学教育和初中教育、高中教育），大力普及学前教育，推行义务教育，完善以具备知识、技能、竞争力为培养目标的从学前教育到高中教育的课程改革，加强各类教育阶段的衔接，等等。第二，在以欧洲模式发展高等教育的宗旨上，以"博洛尼亚进程"和"里斯本战略"框架为指导，阿尔巴尼亚在《国家发展与融合战略（2015—2020年）》《国家科学、技术与创新战略纲要》等宏观政策中确立顶层设计，通过《高等教育法》《高等教育与科学研究法》等具体法律政策的出台，对高等教育进行技术性调整，在公立大学具备规模与质量的前提下大力支持私立教育机构发展。第三，国家颁布《职业教育与培训法》，确立职业教育的独立性，建立分级职业教育体系框架，鼓励设立与发展公立、私立职业学校与培训中心，体现职业教育与培训的终身教育理念。第四，国家制定《监管职业法》，倡导对教师实施职前培养、入职培训和在职研修等可持续教育，优化教师队伍建设。第五，国家以法律形式推进全面教育改革，特别是教育行政机构和教育政策的深度调整，实施中央教育行政管理机构的简政放权以及弱化大学教育机构的行政化管理。第六，阿尔巴尼亚多元包容的教育特色也在教育改革中逐渐显现出来。从教育类型和对象上看，各类教育的性别比例基本达标，全纳教育体系逐步发展，终身教育理念得以建立；从资金投入上看，学前教育社会化，基础教育、职业教育和高等教育中私立机构的数量明显增加，个人、家庭和社会对教育的投入与需求也不断提升。上述几点体现了阿尔巴尼亚教育改革与发展的成果，也奠定了阿尔巴尼亚目前教育体系的基本面貌。

值得注意的是，阿尔巴尼亚社会转型后，政治、经济与文化体制的极速变革不仅带来了暂时混乱无序的局面，延缓了教育领域的改革，而且政治体制、经济结构转变所无法解决的顽疾依然成为教育领域改革的障碍，比如：教育法律法规不健全和严重滞后，教育部门监管力度不足，教育区域发展日益不平衡，人才资源流失严重，教育国际化程度不高等。而且，聚焦近年来的教育改革，特别是近两年来导致大规模示威游行的高等教育改革，恐怕需要更大范围地学习世界先进教育理念。向欧盟的教育框架及标准靠拢固然是阿尔巴尼亚教育改革的现实选择，但在教育改革深入推进的过程中，要充分结合阿尔巴尼亚教育的社会现实和国民教育的根本需求，才能真正有利于阿尔巴尼亚教育事业的可持续发展。

另外，阿尔巴尼亚的经济发展水平依旧严重制约着本国教育的长远发展。就教育投入而言，阿尔巴尼亚不仅在欧洲处于较低水平，近年来国家与地方的教育财政投入实际并不充足，无论是基础教育，还是高等教育、职业教育等能够获得的财政支持相当有限。教育投入的低水平，不仅使得教育软硬件条件无法适应教育理念及需求日益提高的需要，也在一定程度上带来公立教育与私立教育比例失衡，矛盾激化等更大范围的社会问题，这些问题值得国家充分持续的重视并采取切实举措加以改善和解决。

自1949年11月23日中国和阿尔巴尼亚正式建交以来，两国在政治、经济和文化等领域的双边关系经历了70余年的风雨历程，粗略可分为三个阶段，即建交伊始至20世纪70年代末为第一阶段（开创期），20世纪70年代末至90年代初为第二阶段（调整期），20世纪90年代初至今为第三阶段（发展期）。在这三个阶段中，中国与阿尔巴尼亚的教育文化关系经历了从以意识形态为决定性因素到各领域互学互鉴的发展历程，而这一发展的核心要素便是文化教育领域的交往程度，即文化教育交往在两国关系中的比重。回顾历史，在第一阶段，两国签署《协定》正值冷战形势下美苏两极格局形成时期，中阿关系的现实需求虽以政治安全和经济援助为主，但同时也促进了文化教育领域的交流迅速启动与发展，交流合作的层次和规模至今都难以望其项背。当然，文化教育领域的交往成果并非短期就可以显现出来的，而且彼时的交流深广度、成果的文化价值都囿于历史与现实的局限，但正如阿尔巴尼亚语谚语所言，"好的开始是成功的一半"，第一阶段的文化教育交流状况确立了两国这一领域交往的主基调，具有开创之功，而从官方至民间积蓄起来的共同记忆与真挚情感更是泽被后世，为文化教育交往最终成为双边交往的重要内容奠定了坚实基础。在第二阶段，虽然两国的政治外交关系经历波折，进入调整期，文化教育领域的各类交往也暂时停止，但双方文化教育领域的人才也幸运地获得了积蓄力量、冷静思考的有利时机，为第三阶段的继续前进做好了准备。在第三阶段，《协定》范围内的交流与合作，文化科学教育机构的合作、各类著作的译介、各领域学者的互访及教育工作者、留学生的学习交流已经全面恢复，甚至随着中国日益开放、走向世界的步伐加快，两国交往也不断增添新的内容。通过这一阶段更深入的交往，我们更加认识到，中国与阿尔巴尼亚包括文化教育在内的各领域的相互沟通与理解还远远不够，中国对阿尔巴尼亚及其周边区域的研究依旧方兴未艾，文化教育领域的交流与合作应该先行一步，更加着眼于面向未来，提高相关领域人才的培养质量及专业化水平。

作为面向未来的中阿文化教育交流，其所涉内容丰富，既有文化教育代表团的不定期互访，双方留学生的长期互换项目，文学和电影作品的译介与传播等传统模式，又有海外中文教学推广、高层次国际化人才联合培养、国别与区域研究学术交流等新增长点。我们必须思考，形式内容多样的文化教育交流如何继往开来，开拓创新。在我们看来，两国间的文化交流合作焕发光彩的根本是一代又一代的人才。因此，立足于长期培养双方的高素质专门化人才是双方努力的重中之重。以史为鉴，早期留学阿尔巴尼亚的前辈学人多数都成了中阿两国交往的中坚力量。他们是既通晓语言，又了解对象国国情的高素质人才，尽管人数有限，却一生致力于两国在外交、经贸、文化、教育等各领域的交流合作，是几十年来两国关系得以克服各种困难险阻，健康发展的重要保障与必要支持。如今，阿尔巴尼亚语教学点的建设、海外中文推广事业、高层次学术交流活动、经典互译和媒体合作项目等各方面的持续进展，离不开这几十年来双方培养的相关领域的专门人才。特别是中阿双方通过政府间互派留学生项目，在高校及科研院所之间搭建起的卓有成效的互学互鉴平台，能够源源不断地培养出一批又一批的青年人才，他们既体现了两国教育交流合作的实质性成果，又为两国在政治、经济等更多领域友好合作的未来发展准备了智力支持。因此，在面向未来的"一带一路"倡议和中国-中东欧合作机制的推进过程中，中阿教育交流合作必须以人才培养为核心，瞄准高层次、多元化的国际化人才培养方向，大胆创新人才培养模式，切实提升人才培养质量，才能满足日益复杂多变的国内外环境对专门人才的更高需求。

近年来，国内外不同类型与层次的机构与组织积极参与中阿两国的文化教育交流，它们初衷虽好，但可能诉求不同、方向各异，在专业程度、对外界认知度等方面良莠不齐，缺乏评价标准与机制等现实问题，极易给两国的文化教育交流带来潜在风险和不良效应。当然，这并不等于说文化教育交流合作要固守自上而下的单一模式或鼓励单打独斗，而是在合作与交流中应倡导合作精神，鼓励集思广益，既能激发各类机构与组织的参与热情，又要避免盲目恶性竞争，真正使各项交流合作百花齐放，不断转化为两国文化教育关系发展的内在动力。同时，在长期鼓励以人才培养为导向的国别与区域基础性研究过程中，我国应加强国别与区域人才培养的联通与借鉴，进一步拓宽人才培养的国际视野，加强区域乃至世界性的学术交流互动，让学术成果在广阔的格局上推进文化教育交往的长远发展。总之，立足于高素质专门化人才的培养，积极为中阿两国的青年人才提供成长空间，才能最终使中阿两国的文化教育交流，乃至政治、经贸等各领域的交流合作更具活力。

教育以培养人才为根本任务，因而教育必然具有面向未来的属性，改革中的阿尔巴尼亚教育更是如此。近年来，如何更好地以欧盟教育为标准因地制宜地深化改革，是阿尔巴尼亚教育面临的重大任务，也是阿尔巴尼亚教育在未来很长一段时间的前进方向。目前来看，在基础教育层面，为推动欧洲一体化进程，阿尔巴尼亚政府通过引入欧盟基础教育理念、改革核心基础课程框架、加入PISA测试等措施，已在不断探索既具有国际视野，又适合本国国情的基础教育体系与发展模式，为国家青少年综合素质的提高提供了有力保障。而在高等教育层面，随着高等教育步入大众化阶段，2003年阿尔巴尼亚通过加入"博洛尼亚进程"，已经启动欧洲一体化框架下高等教育的改革及高等教育现代化的进程，阿尔巴尼亚高等教育加速融入欧洲教育体系趋势已经形成。那么，在推进阿尔巴尼亚融入欧洲教育体系的过程中，阿尔巴尼亚如何从教育的长远发展考虑教育改革的宏观与微观问题，充分发挥国际教育理念与模式的借鉴价值，确保建立的教育质量保障体系有效运作，让"伊拉斯谟加计划"和"田普斯计划"等欧盟高等教育交流计划为师生的国际交流和教育机构的国际化发展做出实质贡献，同时在国内相关政策法规的制定、出台、实施与监督方面体现出政策前瞻性、科学性与执行力度，实现公立与私立高等院校在有序、公平、透明、健康的环境中平衡发展，为本国经济社会发展提供了有效的智力支撑和人才支持，都是阿尔巴尼亚文化教育研究领域必须面对的挑战与机遇。

毋庸置疑，教育改革与发展在教育整体发展水平相对落后的阿尔巴尼亚并非易事，无论是学前教育、基础教育，还是高等教育、职业教育、成人教育，各类型与各阶段的教育创新发展都是复杂、漫长和变化的过程，在这一过程中，各种困难与挑战有可能暂停或打乱当前有序开展的各项改革工作。例如：2020年3月，阿尔巴尼亚爆发新冠肺炎疫情，阿尔巴尼亚网络教学在基础设施与人才培训等多方面的缺失就充分显露出来。教育与国计民生关系密切，只有高度发达的教育，才能为发展中的阿尔巴尼亚带来前进的真正希望。

附 录

一、阿尔巴尼亚主要大学基本信息

大学名称	所在地	建立时间	学院	分校	教学层次	国际合作交流
埃切雷姆·恰贝伊大学	吉诺卡斯特	1969年	教育与社会科学学院 自然科学学院 经济学院	无	本科 硕士 博士	"伊拉斯谟加计划"
地拉那大学	地拉那	1957年	法学学院 自然科学学院 社会科学学院 经济学学院 历史语文学院 外语学院	萨兰达分校	本科 硕士 博士	"伊拉斯谟加计划"
地拉那理工大学	地拉那	1951年	建筑工程学院 城市建设学院 信息技术学院 机械工程学院 地质学院 电子工程学院 数学与物理学院 能源、水利与环境学院	无	本科 硕士 博士	"伊拉斯谟加计划"

续表

大学名称	所在地	建立时间	学院	分校	教学层次	国际合作交流
地拉那欧洲大学	地拉那	2010年	人文、教育与艺术学院 经济、商业与发展学院 法律、政治学与国际关系学院 工程、统计与建筑学院 技术与医学学院	无	本科 硕士 博士	"伊拉斯谟加计划"
科尔察范·诺里大学	科尔察	1992年	教育与语言学学院 农学院 经济学院 自然科学与人文科学学院	无	本科 硕士 博士	"伊拉斯谟加计划"
斯库台卢伊奇·古拉库齐大学	斯库台	1957年	自然科学学院 教育学学院 经济学学院 法学学院 社会科学学院外语学院	无	本科 硕士 博士	"伊拉斯谟加计划"
地拉那纽约大学	地拉那	2002年	法律与社会科学学院 经济与商学院 工程与建筑学院	无	本科 硕士 博士	"伊拉斯谟加计划"
时代大学	地拉那	2007年	建筑与工程学院 经济及行政科学院 法律和社会科学学院	无	本科 硕士 博士	"伊拉斯谟加计划"

续表

大学名称	所在地	建立时间	学院	分校	教学层次	国际合作交流
亚历山大·莫伊修大学	都拉斯	2005年	商学院 教育学院 政治法律学院 信息技术学院 实践融合学院	无	本科 硕士 博士	"伊拉斯谟加计划"
爱尔巴桑亚历山大·朱万尼大学	爱尔巴桑	1971年	人文科学学院 自然科学学院 教育科学学院 经济学院 技术医学学院	无	本科 硕士 博士	"伊拉斯谟加计划"
发罗拉伊斯玛依尔·捷玛利大学	发罗拉	1994年	经济学院 人文科学学院 技术科学学院 生理健康学学院	无	本科 硕士 博士	"伊拉斯谟加计划"

二、2015—2019年阿尔巴尼亚教育经费投入及占比 [1]

据阿尔巴尼亚统计局报告，2015—2019年，阿尔巴尼亚政府在教育领域的支出持续增加。2019年阿尔巴尼亚政府在教育领域的支出为54.3亿美元，较2018年增长7%。2019年教育支出占国内生产总值的3.3%，占全国公共支出的11.3%。（见图1）。近五年教育领域的支出占全国公共总支出以及GDP的比例也持续增加（见图2）。

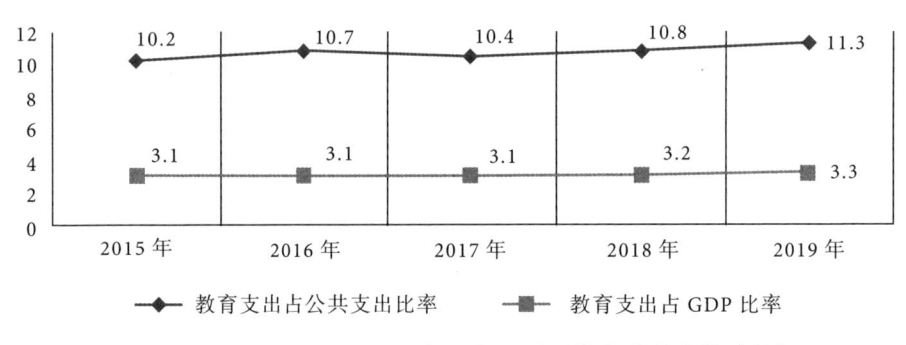

图1 2015—2019年阿尔巴尼亚教育支出占比（%）

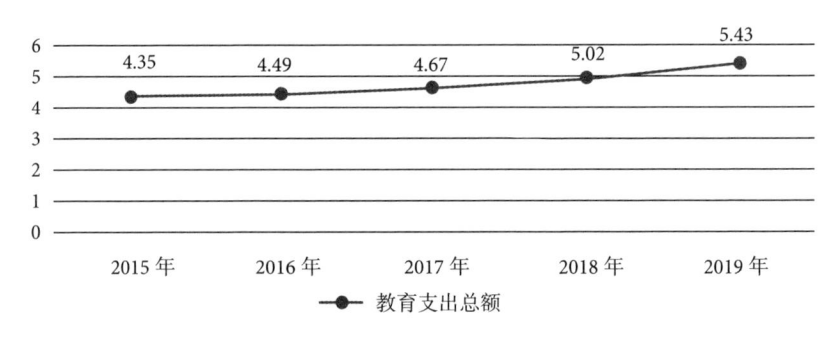

图2 2015—2019年阿尔巴尼亚教育支出总额（十亿美元）

---

[1] 资料来源于阿尔巴尼亚统计局官网。

三、2018—2019学年阿尔巴尼亚公立大学招生情况 [1]

公立大学及学院	总招生人数 共计	总招生人数 女性	全日制招生人数 共计	全日制招生人数 女性
总人数	113 277	69 404	109 087	67 696
本科	75 604	45 904	72 245	44 241
1．地拉那大学	19 582	15 134	18 778	14 575
社会学学院	2 097	1 822	1 716	1 524
外语学院	3 877	3 216	3 877	3 216
历史语言学院	2 164	1 851	2 079	1 812
自然科学学院	5 352	3 449	5 352	3 449
法律学院	2 243	1 763	2 136	1 702
经济学院	3 693	2 919	3 462	2 758
经济学院（萨兰达分校）	94	67	94	67
2．医科大学	1 507	1 281	1 449	1 245
护理学院	1 347	1 142	1 289	1 106
医学学院	160	139	160	139
3．理工大学	10 057	3 083	10 057	3 083
电子工程学院	1 464	114	1 464	114
信息技术学院	1 451	566	1 451	566
工程技术学院	2 363	664	2 363	664
工程建筑学院	1 821	670	1 821	670
矿业地质学院	2 177	632	2 177	632
数学物理学院	722	384	722	384
4．地拉那农业大学	5 927	3 195	5 037	2 849
农业经济学院	2 334	1 502	2 019	1 299
农业环境学院	2 320	1 162	1 982	1 066
生物科技与食品学院	756	469	655	429
林业科学学院	517	62	381	55

[1] 资料来源于阿尔巴尼亚统计局官网。

续表

公立大学及学院	总招生人数		全日制招生人数	
	共计	女性	共计	女性
5．地拉那艺术大学	693	332	693	332
表演学院	198	107	198	107
设计学院	245	133	245	133
音乐学院	250	92	250	92
6．体育大学	1 010	316	986	314
运动科学学院	494	155	475	153
体育学院	516	161	511	161
7．爱尔巴桑大学	8 701	5 463	8 701	5 463
人文科学学院	2 122	1 336	2 122	1 336
自然科学学院	960	329	960	329
护理学院	2 202	1 712	2 202	1 712
教育科学学院	997	763	997	763
经济学院	2 420	1 323	2 420	1 323
8．科尔察大学	3 045	1 816	3 045	1 816
师范学院	622	479	622	479
经济学院	820	406	820	406
农业学院	292	48	292	48
自然科学与人文科学学院	1 311	883	1 311	883
9．斯库台大学	7 058	4 407	7 058	4 407
社会学学院	1 255	975	1 255	975
外语学院	311	249	311	249
自然科学学院	2 100	1 161	2 100	1 161
经济学院	1 848	962	1 848	962
法律学院	778	508	778	508
教育科学学院	766	552	766	552
10．吉诺卡斯特大学	841	482	841	482
教育与社会学学院	255	196	255	196
经济学院	204	90	204	90
自然科学学院	382	196	382	196

续表

公立大学及学院	总招生人数		全日制招生人数	
	共计	女性	共计	女性
11．发罗拉大学	3 971	2 599	3 971	2 599
经济学院	1 209	726	1 209	726
技术科学学院	800	222	800	222
公共健康学院	862	761	862	761
人文科学学院	1 100	890	1 100	890
12．都拉斯大学	12 887	7 726	11 304	7 006
商学院	4 121	2 000	3 413	1 850
政治法律学院	2 187	1 568	1 921	1 487
教育学院	2 730	2 399	2 296	2 027
信息科技学院	2 436	783	2 436	783
职业研究学院	1 311	920	1 136	803
实践应用学院	102	56	102	56
13．国防研究院	325	70	325	70
安全与调查学院	325	70	325	70
硕士（或同等学历）	32 786	21 363	31 955	21 318
1．地拉那大学	8 963	7 039	8 963	7 039
社会学学院	1 109	970	1 109	970
外语学院	1 014	873	1 014	873
经济学院	2 465	1 909	2 465	1 909
法律学院	872	556	872	556
历史语言学院	1 979	1 662	1 979	1 662
自然科学学院	1 396	986	1 396	986
欧洲研究所	79	50	79	50
萨兰达经济学院（分校）	49	33	49	33
2．医科大学	5 129	3 432	4 365	3 421
医学学院	2 895	1 616	2 131	1 605
制药学院	719	594	719	594
牙科学院	590	440	590	440
护理学院	925	782	925	782

续表

公立大学及学院	总招生人数 共计	总招生人数 女性	全日制招生人数 共计	全日制招生人数 女性
3．理工大学	4 325	2 012	4 325	2 012
电子工程学院	401	63	401	63
技术信息学院	442	171	442	171
工程技术学院	352	136	352	136
工程建筑学院	784	292	784	292
矿业地质学院	497	167	497	167
数学物理学院	212	146	212	146
建筑学院	1 637	1 037	1 637	1 037
4．地拉那农业大学	2 739	1 428	2 672	1 394
农业经济学院	944	600	883	569
农业环境学院	803	377	797	374
生物科技与食品学院	233	159	233	159
林业学院	69	16	69	16
兽医学院	690	276	690	276
5．地拉那艺术大学	248	115	248	115
表演学院	61	19	61	19
设计学院	80	52	80	52
音乐学院	107	44	107	44
6．体育大学	422	140	422	140
7．爱尔巴桑大学	339	109	339	109
人文科学学院	83	31	83	31
自然科学学院	2 306	1 485	2 306	1 485
教学科学学院	38	24	38	24
经济学院	125	42	125	42
护理学院	977	713	977	713
8．科尔察大学	540	230	540	230
教育与语文学院	626	476	626	476
经济学院	906	495	906	495
农业学院	227	164	227	164
自然科学与人文科学学院	246	123	246	123

续表

公立大学及学院	总招生人数		全日制招生人数	
	共计	女性	共计	女性
9．斯库台大学	113	11	113	11
社会学学院	320	197	320	197
自然科学学院	1 178	825	1 178	825
经济学院	172	138	172	138
法律学院	77	56	77	56
教育学学院	233	187	233	187
10．吉诺卡斯特大学	507	315	507	315
教学与社会学学院	319	238	319	238
经济学院	188	77	188	77
11．发罗拉大学	1 800	1 215	1 800	1 215
经济学院	548	324	548	324
技术科学学院	299	131	299	131
公共卫生学院	300	256	300	256
人文科学学院	653	504	653	504
12．杜拉斯大学	4 263	2 862	4 263	2 862
教学学院	1 357	1 231	1 357	1 231
职业研究学院	255	198	255	198
公共健康学院	1 076	549	1 076	549
商学院	1 357	776	1 357	776
信息科技学院	218	108	218	108
博士	1 713	1 037	1 713	1 037
1．地拉那大学	915	627	915	627
经济学院	170	103	170	103
欧洲研究	83	42	83	42
2．医科大学	89	47	89	47
医学学院	381	298	381	298
护理学院	56	40	56	40
牙科学院	117	84	117	84

续表

公立大学及学院	总招生人数		全日制招生人数	
	共计	女性	共计	女性
3．理工大学	19	13	19	13
电子工程学院	481	265	481	265
信息技术学院	301	163	301	163
工程技术学院	152	85	152	85
工程建筑学院	28	17	28	17
矿业地质学院	184	80	184	80
数学物理学院	11	4	11	4
建筑学院	19	9	19	9
4．地拉那农业大学	51	18	51	18
经济农业学院	38	16	38	16
农业环境学院	22	14	22	14
生物科技与食品学院	43	19	43	19
兽医学院	104	46	104	46
5．斯库台大学	40	22	40	22
语言学院	38	16	38	16
6．都拉斯大学	3	2	3	2
经济学院	12	3	12	3
7．发罗拉大学	11	3	11	3
数学学院	9	9	9	9

参考文献

一、中文文献

拜德勒克斯，杰弗里斯. 东欧史：上，下册 [M]. 韩炯，等译. 上海：东方出版中心，2013.

鲍里奇. 有效教学方法 [M]. 9 版. 杨鲁新，译. 上海：华东师范大学出版社，2021.

北京外国语大学欧洲语言文化学院. 欧洲语言文化研究：第 4 辑 [C]. 北京：时事出版社，2008.

北京外国语大学欧洲语言文化学院. 欧洲语言文化研究：第 7 辑 [C]. 北京：时事出版社，2013.

本书编写组. 习近平总书记教育重要论述讲义 [M]. 北京：高等教育出版社，2020.

陈庆云. 公共政策分析 [M]. 北京：北京大学出版社，2011.

达利皮，米弗蒂乌. 阿尔巴尼亚历史与文化遗产概览 [M]. 柯静，马赛，译. 北京：外语教学与研究出版社，2017.

丁超，宋炳辉. 中外文学交流史：中国-中东欧卷 [M]. 济南：山东教育出版社，2015.

范国睿. 教育政策的理论与实践 [M]. 上海：上海教育出版社，2011.

范国睿. 教育政策与教育改革 [M]. 北京：教育科学出版社，2016.

方汉文. 比较文化学新编 [M]. 北京：北京师范大学出版社，2011.

冯增俊，陈时见，项贤明. 当代比较教育学 [M]. 2 版. 北京：人民教育出版社，2015.

弗拉舍里. 阿尔巴尼亚史纲 [M]. 樊集，译. 北京：生活·读书·新知三联书店，1972.

格利克曼. 教育督导学：一种发展性视角 [M]. 10 版. 任文，译. 上海：华东师范大学出版社，2021.

顾明远. 顾明远教育演讲录 [M]. 北京：人民教育出版社，2014.

国家信息中心"一带一路"大数据中心. "一带一路"大数据报告（2017）[M]. 北京：商务印书馆，2017.

贺国庆，朱文富，等. 外国职业教育通史 [M]. 北京：人民教育出版社，2014.

华姿. 德兰修女传：在爱中行走 [M]. 重庆：重庆出版社，2010.

教育部课题组. 深入学习习近平关于教育的重要论述 [M]. 北京：人民出版社，2019.

孔寒冰. 东欧史 [M]. 上海：上海人民出版社，2010.

李春生. 比较教育管理 [M]. 南京：江苏教育出版社，2008.

刘复兴. 国外教育政策研究 [M]. 北京：北京大学出版社，2013.

刘海峰，史静寰. 高等教育史 [M]. 北京：高等教育出版社，2010.

刘捷，谢维和. 栅栏内外：中国高等师范教育百年省思 [M]. 北京：北京师范大学出版社，2002.

刘捷. 教育的追问与求索 [M]. 北京：人民出版社，2021.

刘捷. 专业化：挑战 21 世纪的教师 [M]. 北京：教育科学出版社，2002.

刘进，张志强，孔繁盛. "一带一路"高等教育研究（2019）：国际化展望

[M]．北京：北京理工大学出版社，2020．

刘进．"一带一路"学生流动与教育国际化 [M]．北京：北京理工大学出版社，2020．

刘生全．教育成层研究 [M]．北京：教育科学出版社，2011．

卢晓中．比较教育学 [M]．北京：人民教育出版社，2020．

陆有铨．教育的哲思与审视 [M]．北京：人民教育出版社，2016．

马健生．比较教育 [M]．北京：高等教育出版社，2010．

马细谱，郑恩波．阿尔巴尼亚 [M]．北京：社会科学文献出版社，2004．

戚万学．现代西方道德教育理论研究：上，下卷 [M]．北京：人民教育出版社，2020．

秦惠民，王名扬．高等教育与家庭流动 [M]．北京：科学出版社，2019．

任钟印．东西方教育的覃思 [M]．北京：人民教育出版社，2017．

桑戴克．世界文化史 [M]．陈廷璠，译．上海：上海三联书店，2005．

单中惠．在世界范围内寻觅现代教育智慧 [M]．北京：人民教育出版社，2014．

石筠弢．学前教育课程论 [M]．2版．北京：北京师范大学出版社，2014．

孙有中．跨文化研究论丛 [M]．北京：外语教学与研究出版社，2019．

滕大春．教育史研究与教育规律探索 [M]．北京：人民教育出版社，2019．

滕大春．美国教育史 [M]．2版．北京：人民教育出版社，2001．

万作芳．谁是好学生：关于学校评优标准的社会学研究 [M]．长春：吉林人民出版社，2006．

王承绪，顾明远．比较教育 [M]．5版．北京：人民教育出版社，2015．

王定华，秦惠民．北外教育评论：第1辑 [M]．北京：外语教学与研究出版社，2019．

王定华，杨丹．人类命运的回响——中国共产党外语教育100年 [M]．北京：外语教学与研究出版社，2021．

王定华，曾天山．民族复兴的强音——新中国外语教育70年 [M]．北京：

外语教学与研究出版社，2019.

王定华. 教育路上行与思 [M]. 北京：人民出版社，2020.

王定华. 美国高等教育：观察与研究 [M]. 2 版. 北京：人民教育出版社，2021.

王定华. 美国基础教育：观察与研究 [M]. 2 版. 北京：人民教育出版社，2021.

王定华. 中国基础教育：观察与研究 [M]. 北京：人民教育出版社，2021.

王定华. 中国教师教育：观察与研究 [M]. 北京：人民教育出版社，2020.

王洪起. "山鹰之国"亲历 [M]. 北京：新华出版社，2008.

王洪起. 陨落的双头鹰——阿尔巴尼亚的复兴之路 [M]. 台北：巴尔干洋行，2014.

王晓辉. 比较教育政策 [M]. 南京：江苏教育出版社，2009.

乌本. 校长创新领导力：引领学校走向卓越 [M]. 8 版. 王定华，译. 上海：华东师范大学出版社，2021.

吴式颖，李明德. 外国教育史教程 [M]. 3 版. 北京：人民教育出版社，2015.

习近平. 论坚持推动构建人类命运共同体 [M]. 北京：中央文献出版社，2018.

习近平. 习近平谈"一带一路" [M]. 北京：中央文献出版社，2018.

谢维和. 教育活动的社会学分析：一种教育社会学研究 [M]. 修订版. 北京：教育科学出版社，2007.

谢维和. 我的教育觉悟 [M]. 北京：人民教育出版社，2016.

徐辉. 国际教育初探——比较教育的新进展 [M]. 2 版. 成都：四川教育出版社，2005.

杨汉清. 比较教育学 [M]. 3 版. 北京：人民教育出版社，2015.

裔昭印，徐善伟，赵鸣歧. 世界文化史 [M]. 增订版. 北京：北京大学出版社，2010.

苑大勇. 终身学习视角下英国高等教育扩大参与政策研究 [M]. 北京：高等教育出版社，2013.

曾天山，王定华. 改革开放的先声——中国外语教育实践探索 [M]. 2版. 北京：外语教学与研究出版社，2019.

赵刚. 中东欧国家发展报告（2016—2017）[M]. 北京：社会科学文献出版社．2018.

郑通涛，方环海，陈荣岚."一带一路"视角下的教育发展研究 [M]. 广州：世界图书出版广东有限公司，2017.

二、外文文献

AKADEMIA E SHKENCAVE E SHQIPËRISË. Fjalor enciklopedik shqiptar: Vol. 1. [M]. Tiranë: Akademia e Shkencave, 2008.

AKADEMIA E SHKENCAVE E SHQIPËRISË. Fjalor enciklopedik shqiptar: Vol. 2. [M]. Tiranë: Akademia e Shkencave, 2009.

AKADEMIA E SHKENCAVE E SHQIPËRISË. Fjalor enciklopedik shqiptar: Vol. 3. [M]. Tiranë: Akademia e Shkencave, 2009.

AKADEMIA E SHKENCAVE E SHQIPËRISË. Historia e popullit shqiptar: Vol. 3. [M]. Tiranë: TOENA, 2007.

AKADEMIA E SHKENCAVE E SHQIPËRISË. Historia e popullit shqiptar: Vol. 4. [M]. Tiranë: TOENA, 2009.

HALL D. Albania and the Albanians[M]. London: Pinter Reference, 1994.

DHANA P. Arsimi dhe kultura në Myzeqe[M]. Tiranë: LULU, 2010.

ELSIE R. Fjalor historik i Shqipërisë[M]. Tiranë: UEGEN, 2011.

GOLEMI B, MISJA V. Zhvillimi i arsimit të lartë në Shqipëri[M]. Tiranë: Universitei i Tiranës, 1987.

KAMBO E. Arsimi në Shqipër i (1945-1960) [M]. Tiranë: Instituti i Historisë, 2005.

PIPA A. Politika e gjuhës në Shqipërinë socialiste[M]. Tiranë: PRINCI, 2010.

DELAROKA R. Kombi dhe feja në Shqipëri 1920-1944[M]. Tiranë: Elena Gjika, 1994.